听权威解读，明实践方向，
中共中央党校专家带来"一带一路"公开课！

"一带一路"

与构建新发展格局

中共中央党校（国家行政学院）国际关系和"一带一路"研究所 ◎ 著

大连理工大学出版社
Dalian University of Technology Press

图书在版编目(CIP)数据

"一带一路"与构建新发展格局 / 中共中央党校（国家行政学院）国际关系和"一带一路"研究所著. -- 大连：大连理工大学出版社，2023.3
ISBN 978-7-5685-4224-1

Ⅰ.①一… Ⅱ.①中… Ⅲ.①"一带一路"－国际合作－研究 Ⅳ.①F125

中国国家版本馆CIP数据核字(2023)第043052号

YIDAIYILU
YU GOUJIAN XINFAZHAN GEJU

大连理工大学出版社出版
地址：大连市软件园路80号　邮政编码：116023
发行：0411-84708842　邮购：0411-84708943　传真：0411-84701466
E-mail:dutp@dutp.cn　URL:https://www.dutp.cn
大连图腾彩色印刷有限公司印刷　　大连理工大学出版社发行

幅面尺寸：170mm×250mm　　印张：15.75　　字数：218千字
2023年3月第1版　　　　　　　　　　　2023年3月第1次印刷

责任编辑：苏克治　于泓　　　　　　　　　　责任校对：白璐
　　　　　　　　　封面设计：奇景创意

ISBN 978-7-5685-4224-1　　　　　　　　　　定　价：58.00元

本书如有印装质量问题，请与我社发行部联系更换。

序 言

两千多年前，亚欧大陆上勤劳勇敢的人民，探索出多条连接亚欧非几大文明的贸易和人文交流通路，后人将其统称为"丝绸之路"。千百年来，"和平合作、开放包容、互学互鉴、互利共赢"的丝绸之路精神薪火相传，推进了人类文明进步，是促进沿线各国繁荣发展的重要纽带，是东西方交流合作的象征，是世界各国共有的历史文化遗产。

2013年9月和10月，中国国家主席习近平在出访中亚和东南亚国家期间，先后提出共建"丝绸之路经济带"和"21世纪海上丝绸之路"（以下简称"一带一路"）的重大倡议，得到国际社会高度关注。

2020年，党的十九届五中全会指出，实行高水平对外开放，开拓合作共赢新局面。坚持实施更大范围、更宽领域、更深层次对外开放，依托我国大市场优势，促进国际合作，实现互利共赢。要建设更高水平开放型经济新体制，全面提高对外开放水平，推动贸易和投资自由化、便利化，推进贸易创新发展，推动共建"一带一路"高质量发展，积极参与全球经济治理体系改革。

当前，中国经济和世界经济高度关联。中国将一以贯之地坚持对外开放的基本国策，构建全方位开放新格局，深度融入世界经济体系。推进"一带一路"建设既是中国扩大和深化对外开放的需要，也是加强和亚欧非及世界各国互利合作的需要，中国愿意在力所能及的范围内承担更多责任和义务，为人类和平发展做出更大的贡献。

"一带一路"的基本内涵有三点：

1. 是我国扩大对外开放的重大战略举措和经济外交的顶层设计；

2. 是践行人类命运共同体的重要实践；

3. 是中国参与全球治理的公共产品。

共建"一带一路"倡议是中国企业"飞洋过海的艺术"，需要真正有国际竞争优势的企业助益国家和民族实现"强起来"。企业是"一带一路"建设的核心力量，但和西方发达国家的知名企业相比，中国企业的全球软实力明显弱于硬实力。中国企业在工程建设、资金支持、价格定位等方面有一定的优势，但在价值观感召、标准规则制定以及法制契约合规等方面处于明显的劣势。共建"一带一路"倡议需要双引擎，就是城市和企业需要双轮驱动，一快一慢就会原地打转。

20世纪80年代的闽东，工业基础薄弱，财力不足，发展十分滞后。1988年9月，时任宁德地委书记习近平调研闽东九县以及浙南之后，写下宁德工作后的第一篇调查报告《弱鸟如何先飞——闽东九县调查随感》，指出"既飞，当然力图飞洋过海，要向外飞，在国际市场上经风雨，在商品经济中见世面"。"软功夫"是"弱鸟"借以飞洋过海的高超艺术。发展依然是中国解决一切问题的总钥匙，今天要处理好高水平自强自立与高水平对外开放的关系，继续以开放倒逼改革，以开放带动创新。

共建"一带一路"倡议是国际社会"结伴齐飞的艺术"，独行快，众行远，结伴齐飞就是要构建全球互联互通伙伴关系以开创美好未来。万物得其本者生，百事得其道者成。就共建"一带一路"倡议而言，要想走深走实、行稳致远，需要构建全球互联互通伙伴关系以"成势"。2017年5月，在第一届"一带一路"国际合作高峰论坛期间，习近平强调，"大雁之所以能够穿越风雨、行稳致远，关键在于其结伴出行，相互借力"。一个更加开放的中国，将同世界形成更加良性的互动，带来更加进步繁荣的中国和世界。

序　言

中共中央党校（国家行政学院）国际关系和"一带一路"研究所致力于共建"一带一路"倡议研究，主持多项国家级重点研究课题，是国内外这一研究领域的权威智库。本书是集体合作的成果，向参与各章写作的专家表示感谢：

导论何为共建"一带一路"倡议（赵磊）；第一章共建"一带一路"倡议的意义（惠春琳、杨捷）；第二章共建"一带一路"倡议的原则与丝路精神（赵磊、马田甜）；第三章共建"一带一路"倡议的实施路径（李云龙、李晓娴）；第四章共建"一带一路"倡议的国际对接（李云龙、赵怡然）；第五章地方政府参与"一带一路"建设的丰富实践（曲鹏飞）；第六章共建"一带一路"倡议合作愿景（曲鹏飞）；第七章共建"一带一路"倡议丰富了中国特色大国外交（惠春琳、张学儒）。

赵　磊

中共中央党校（国家行政学院）国际战略研究院副院长

商务部"一带一路"经贸合作专家组专家

目 录

导 论 何为共建"一带一路"倡议 001

第一节 共建"一带一路"倡议的时代特征 001
一、共建"一带一路"倡议顺应时代潮流 002
二、共建"一带一路"倡议是飞洋过海与结伴齐飞的艺术 007

第二节 共建"一带一路"倡议的历史渊源 010
一、共建"一带一路"倡议源于历史,又超越历史 011
二、共建"一带一路"倡议促进文明交流互鉴 013
三、共建"一带一路"倡议提升中国话语权 015

第三节 共建"一带一路"倡议的深远影响 017
一、共建"一带一路"倡议引领新型全球化 017
二、共建"一带一路"倡议是构建人类命运共同体的重要实践 018

第四节 共建"一带一路"倡议的理论定位 020
一、共建"一带一路"倡议的逻辑 020
二、共建"一带一路"倡议的公共产品属性 023

第一章 共建"一带一路"倡议的意义 028

第一节 共建"一带一路"倡议有利于中国经济高质量发展 029
一、共建"一带一路"倡议是我国扩大开放的重大举措 029
二、共建"一带一路"倡议是我国经济外交的顶层设计 032

第二节　共建"一带一路"倡议有利于破解世界发展难题　036

一、当前世界经济面临的发展难题　036

二、共建"一带一路"倡议有利于构建一个创新、活力、联动、包容的世界经济新秩序　038

第三节　共建"一带一路"倡议有利于全球治理体系变革　043

一、当前全球治理体系的现状及存在的问题　044

二、共建"一带一路"倡议补充和完善全球治理体系　046

第二章　共建"一带一路"倡议的原则与丝路精神　050

第一节　新时代实践共商共建共享原则的具体路径　051

一、第三方市场合作的中国实践　054

二、现阶段第三方市场合作的内容与成果　057

三、第三方市场合作的广阔潜力　059

四、开展第三方市场合作的意义与挑战　065

第二节　丝路精神与共商共建共享原则一脉相承　068

一、丝路精神的理论基础　069

二、丝路精神的具体内涵　072

三、丝路精神的时代演绎　075

第三章　共建"一带一路"倡议的实施路径　080

第一节　政策沟通　081

一、加强政策沟通是"一带一路"建设的重要保障　081

二、政策沟通同发展，战略对接共命运　082

三、案例：共建"一带一路"倡议与蒙古国"发展之路"的成功对接　084

目 录

第二节　设施联通　085

　　一、设施联通是"一带一路"建设的优先方向　085

　　二、设施项目落地扎根，"一带一路"建设全面开花　086

　　三、案例：比雷埃夫斯港——中希两大文明古国的合作典范　090

第三节　贸易畅通　092

　　一、投资贸易合作是"一带一路"建设的重点内容　092

　　二、贸易激发合作潜力，做大做好合作"蛋糕"　093

　　三、案例："丝路电商"惠及沿线国家千家万户　095

第四节　资金融通　096

　　一、资金融通是"一带一路"建设的重要支撑　097

　　二、开源融资拓渠道，绿色普惠助发展　098

　　三、案例：亚投行稳步发展　100

第五节　民心相通　101

　　一、民心相通是"一带一路"建设的社会根基　101

　　二、文化之旅开放融通，文明之路和谐共生　103

　　三、案例：中非民间论坛让心走得更近　106

第六节　产能合作　107

　　一、产能合作为发展提供新的动能　107

　　二、"一带一路"国家产能合作硕果累累　108

　　三、案例：中白工业园——丝绸之路经济带上的明珠　110

第四章　共建"一带一路"倡议的国际对接　111

第一节　共建"一带一路"倡议对接沿线国家　111

　　一、共建"一带一路"倡议对接印度尼西亚"全球海洋支点"战略　112

　　二、共建"一带一路"倡议对接哈萨克斯坦"光明之路"新经济政策　115

第二节　共建"一带一路"倡议对接丝路相关国家　119

一、共建"一带一路"倡议对接中东欧国家　119

二、共建"一带一路"倡议对接拉美国家　122

三、共建"一带一路"倡议对接非洲国家　125

第三节　共建"一带一路"倡议对接国际组织　129

一、共建"一带一路"倡议对接欧亚经济联盟　129

二、共建"一带一路"倡议对接欧盟"容克计划"　133

三、共建"一带一路"倡议对接联合国《2030年可持续发展议程》136

第五章　地方政府参与"一带一路"建设的丰富实践　141

第一节　西北地区参与"一带一路"建设的现状及特色　142

一、新疆丝绸之路经济带核心区建设　142

二、陕西内陆型改革开放新高地建设　146

第二节　西南地区参与"一带一路"建设的现状及特色　150

一、广西"一带一路"有机衔接的重要门户建设　150

二、云南面向南亚、东南亚的辐射中心建设　153

第三节　沿海地区参与"一带一路"建设的现状及特色　157

一、福建21世纪海上丝绸之路核心区建设　157

二、广东"一带一路"重要枢纽、经贸合作中心和重要引擎建设　160

第四节　其他地区参与"一带一路"建设的现状及特色　163

一、河南丝绸之路经济带物流通道枢纽建设　164

二、香港"一带一路"超级联系人建设　167

目 录

第六章　共建"一带一路"倡议合作愿景　171

第一节　建设合作共赢的"和平之路"　171

第二节　建设共同发展的"繁荣之路"　175

第三节　建设相互包容的"开放之路"　179

第四节　建设发展驱动的"创新之路"　183

第五节　建设互鉴互信的"文明之路"　187

第七章　共建"一带一路"倡议丰富了中国特色大国外交　192

第一节　构建互联互通伙伴关系　193

　　一、共建"一带一路"倡议助力政策沟通　193

　　二、共建"一带一路"倡议助力设施联通　195

　　三、共建"一带一路"倡议助力贸易畅通　201

　　四、共建"一带一路"倡议助力资金融通　204

　　五、共建"一带一路"倡议助力民心相通　206

第二节　夯实人类命运共同体基础　209

　　一、共建"一带一路"倡议夯实文化共同体基础　210

　　二、共建"一带一路"倡议夯实政治共同体基础　212

　　三、共建"一带一路"倡议夯实经济共同体基础　214

　　四、共建"一带一路"倡议夯实安全共同体基础　217

　　五、共建"一带一路"倡议夯实社会共同体基础　218

第三节　提升参与全球治理的制度性话语权　220

　　一、共建"一带一路"倡议充实了全球治理制度性话语权的内涵　221

　　二、共建"一带一路"倡议为中国参与全球治理提供了现实路径　225

　　三、共建"一带一路"倡议增强了世界对中国道路的认同　227

　　四、共建"一带一路"倡议为全球治理格局发展注入新动力　231

导 论
何为共建"一带一路"倡议

2013 年 9 月 7 日,国家主席习近平在哈萨克斯坦纳扎尔巴耶夫大学发表题为《弘扬人民友谊 共创美好未来》的重要演讲,盛赞中哈传统友好,全面阐述中国对中亚国家睦邻友好合作政策,倡议用创新的合作模式,共同建设丝绸之路经济带,将其作为一项造福沿线国家人民的大事业。

2013 年 10 月 3 日,国家主席习近平在印度尼西亚国会发表题为《携手建设中国-东盟命运共同体》的重要演讲时,又提到了共同建设 21 世纪海上丝绸之路的构想,在中国与东盟建立战略伙伴关系 10 周年的重要时间节点上,呼吁建立彼此信任、携手共进的命运共同体,为双方人民带来更多福祉。

丝绸之路经济带和 21 世纪海上丝绸之路共同构成了"一带一路"。

第一节
共建"一带一路"倡议的时代特征

共建"一带一路"倡议借用古丝绸之路的历史符号,融入了新的时代内涵,既是维护开放型世界经济体系,实现多元、自主、平衡和可持续发展的中国方案，也是深化区域合作，加强文明交流互鉴，维护世界和平稳定的中国主张，更体现了中国作为最大的发展中国家和世界第二大经济体，对推动全球治理体系朝着公平、公正、合理方向发展的责任担当。

一、共建"一带一路"倡议顺应时代潮流

当今世界，经济全球化、区域一体化激发出各行业巨大的生产潜力，科技进步极大地提高了生产和生活效率，人类在物质和精神财富的创造方面达到了前所未有的高度。与此同时，随着经济社会的快速发展，各国之间的利益纽带不断密切，共同面临的挑战也日益增多：世界经济增长乏力，传统增长引擎对经济的拉动作用减弱；全球化面临新的艰难险阻，符合全人类利益的开放合作理念面临威胁；全球治理体系未能反映客观变化，体制机制革新进展缓慢；发达经济体进入后工业化阶段，一些发展中国家却尚未开启现代化的大门；全球贸易投资体系有待完善，互利共赢的全球价值链尚未成型；相当多的国家基础设施不足，区域、次区域发展面临瓶颈制约。面对困难挑战，唯有加强合作才是根本出路。正基于此，中国提出共建"一带一路"倡议[1]。

共建"一带一路"倡议是促进全球和平合作和共同发展的中国方案。"一带一路"建设是所有国家不分大小、贫富，平等相待、共同参与的合作；是公开、透明、开放，为世界和平与发展增添正能量的合作；是传承丝绸之路精神，追求互利共赢和优势互补的合作；是各国共商共建共享，共同打造全球治理新体系的合作；是推动要素高效流动和市场深度融合，实现多元、自主、平衡和可持续发展的合作；是推动地区发展，促进繁荣稳定，扩大文明对话和互学互鉴的合作。

---

1 推进"一带一路"建设工作领导小组办公室.共建"一带一路"：理念、实践与中国的贡献[OL].新华网，2017-05-10.

中国愿意将自身发展过程中积累的经验和打下的基础，与各国的发展意愿和比较优势结合起来，以共建"一带一路"倡议作为重要契机和合作平台，促进各国加强经济政策协调，提高互联互通水平，开展更大范围、更高水平、更深层次的双多边合作，共同打造开放、包容、均衡、普惠的新型合作架构。共建"一带一路"倡议以其平等包容的外在特征和契合实际的内在特点，体现了"一带一路"国家的共同利益，是面向未来的国际合作新共识，展现了中国梦与世界梦相互联通，各国携手打造人类命运共同体的美好愿景。

为推动理念变为现实，2015 年 3 月，国务院授权有关部门对外发布了《推动共建丝绸之路经济带和 21 世纪海上丝绸之路的愿景与行动》，提出了共建"一带一路"倡议的顶层设计框架，为"一带一路"建设的未来描绘了宏伟蓝图。

中国政府对"一带一路"建设高度重视，成立了推进"一带一路"建设工作领导小组，在国家发展改革委设立领导小组办公室。同时，作为对首届"一带一路"国际合作高峰论坛成果的落实，"一带一路"国际合作高峰论坛咨询委员会于 2018 年成立，委员由有关国家前政要、国际组织负责人、工商界领袖、相关领域知名学者等担任。

共建"一带一路"倡议已经取得了多项成果。截至 2022 年 4 月，中国已与 149 个国家、32 个国际组织签署 200 多份共建"一带一路"合作文件，共建"一带一路"朋友圈持续扩大。中老铁路、中泰铁路、雅万高铁、匈塞铁路等项目扎实推进，瓜德尔港、汉班托塔港、比雷埃夫斯港、哈利法港等项目进展顺利。

尽管面临新冠疫情的严重冲击，中欧班列 2021 年延续良好发展态势，全年开行 1.5 万列，运送货物 146 万标准集装箱，货值 749 亿美元，以稳定、可靠、高效的物流服务有力地保障了亚欧供应链的畅通，"月行千列"

已经成为常态。中欧班列国际市场网络加快拓展，重点国别需求增长明显。截至 2022 年 1 月，中欧班列已建成 78 条运行线，通达欧洲 23 个国家的 180 个城市，与俄罗斯、波兰、德国、白俄罗斯、荷兰之间的中欧班列开行量分列前 5 位。

2019 年 4 月，商务部国际贸易经济合作研究院和联合国开发计划署驻华代表处联合发布了《中国"一带一路"境外经贸合作区助力可持续发展报告》。报告指出，境外经贸合作区作为对外投资合作的创新模式，正日益成为共建"一带一路"倡议的生动实践。2021 年全年，中国对外投资合作平稳发展。全行业对外直接投资 9 366.9 亿元人民币，同比增长 2.2%（折合 1 451.9 亿美元，同比增长 9.2%）。在新冠疫情全球流行的困难情况下，中国对外投资逆势增长，显示出中国坚持对外开放，深耕"一带一路"的决心。此外，中国在外贸承包工程、境外经贸合作区建设等方面也维持稳步发展，带动各国经济走出疫情泥潭，有效改善了各国民生。

截至 2021 年底，中国已与法国、日本、意大利、英国等 14 个国家签署第三方市场合作文件，建立第三方市场合作机制，共同为企业搭建合作平台，提供公共服务。

此外，中国先后与 20 多个沿线国家建立了双边本币互换安排，与 7 个国家建立了人民币清算安排。2019 年 4 月 25 日，财政部正式发布《"一带一路"债务可持续性分析框架》，成立多边开发融资合作中心，与国际货币基金组织联合建立了能力建设中心。"一带一路"建设在科技交流、教育合作、文化旅游、绿色发展、对外援助等方面取得一系列成果。

"一带一路"建设重要文件清单见表 0-1。

表 0-1　　　　　　　　"一带一路"建设重要文件清单

发布时间	文件名称	发布单位
2015年3月28日	《推动共建丝绸之路经济带和21世纪海上丝绸之路的愿景与行动》	国家发展改革委、外交部、商务部
2016年7月13日	《推进共建"一带一路"教育行动》	教育部
2016年12月5日	《关于加强"一带一路"软力量建设的指导意见》	中央全面深化改革领导小组
2016年12月29日	《文化部"一带一路"文化发展行动计划（2016—2020年）》	文化部
2017年4月26日	《关于推进绿色"一带一路"建设的指导意见》	环境保护部、外交部、国家发展改革委、商务部
2017年5月10日	《共建"一带一路"：理念、实践与中国的贡献》	推进"一带一路"建设工作领导小组办公室
2017年6月19日	《"一带一路"建设海上合作设想》	国家发展改革委、国家海洋局
2017年7月27日	《关于开展支持中小企业参与"一带一路"建设专项行动的通知》	工业和信息化部、中国国际贸易促进委员会
2017年12月22日	《标准联通共建"一带一路"行动计划（2018—2020年）》	国家标准委
2019年4月22日	《共建"一带一路"倡议：进展、贡献与展望》	推进"一带一路"建设工作领导小组办公室

在2019年4月27日举办的第二届"一带一路国际合作高峰论坛"上，国家主席习近平对"一带一路"建设的现状和主要成果做出如下精湛总结：

第一，我们积极评价共建"一带一路"合作取得的进展和意义。我们都认为，共建"一带一路"是通向共同繁荣的机遇之路。共建"一带一路"5年多来，特别是首届高峰论坛以来，在各方共同努力下，共建"一带一路"合作取得的早期收获，为各国和世界经济增长开辟了更多空间，为加强国际合作打造了平台，为构建人类命运共同体作出了新贡献。

第二，我们丰富了共建"一带一路"合作理念，一致重申致力于高质量共建"一带一路"。我们将坚持共商共建共享原则，一致支持开放、廉洁、绿色发展，反对保护主义，同意践行高标准、惠民生、可持续理念，坚持以人民为中心的发展思想，走经济、社会、环境协调发展之路。我们的共同目标是，携手努力让各国互联互通更加有效，经济增长更加强劲，国际合作更加密切，人民生活更加美好。

第三，我们明确了未来共建"一带一路"合作的重点，决定加强全方位、多领域合作。我们将继续推进陆上、海上、空中、网上互联互通，建设高质量、可持续、抗风险、价格合理、包容可及的基础设施。我们同意广泛开展人文交流，实施更多民生合作项目。我们都支持共建"一带一路"合作坚持发展导向，支持全球发展事业特别是落实联合国2030年可持续发展议程，同时帮助发展中国家打破发展瓶颈，更好融入全球价值链、产业链、供应链并从中受益。

第四，我们一致支持着力构建全球互联互通伙伴关系，加强合作机制。我们将深入对接各国和国际组织经济发展倡议和规划，建设国际物流和贸易大通道，帮助更多国家提升互联互通水平。我们将坚持多边主义，推动形成以高峰论坛为引领、各领域多双边合作为支撑的架构。各方普遍认为，"一带一路"国际合作高峰论坛是重要多边合作平台，支持高峰论坛常态化举办。

第五，我们都支持加强务实合作，取得更多实实在在的成果。在这次论坛筹备进程中和举办期间，各方达成了283项务实成果。论坛期间举行的企业家大会吸引了众多工商界人士参与，签署了总额640多亿美元的项目合作协议。这些成果充分说明，共建"一带一路"应潮流、得民心、惠民生、利天下。

二、共建"一带一路"倡议是飞洋过海与结伴齐飞的艺术

万物得其本者生,百事得其道者成。本和道就是规律,就共建"一带一路"倡议而言,要想走深走实、行稳致远,需要构建全球互联互通伙伴关系以"成势",这一倡议要体现先进性,需要顺应历史潮流、时代要求、人民愿望。

第二届"一带一路"国际合作高峰论坛的一个关键成果就是提出了全球互联互通伙伴关系这一重要议题,这是高质量发展的精髓,将中国外交的国际塑造能力提升到了新高度、新境界,高度凸显"一带一路"的全球治理与公共产品属性。国家主席习近平指出,共建"一带一路"倡议,关键是互联互通,应该构建全球互联互通伙伴关系,实现共同发展繁荣。其中,基础设施是互联互通的基石,也是许多国家发展面临的瓶颈。在国际关系层面,互联互通有助于增强各方政治、经济、社会与人文黏性,有助于打通全球化发展痛点,有助于解决和平赤字、发展赤字、治理赤字、信任赤字。

共建"一带一路"倡议展现了飞洋过海与结伴齐飞的艺术。"走出去"对中国对外开放而言就是飞洋过海的艺术。20世纪80年代的闽东,工业基础薄弱,财力不足,发展十分滞后。1988年9月,时任宁德地委书记的习近平调研闽东九县以及浙南之后,写下他到宁德工作后的第一篇调查报告《弱鸟如何先飞》。习近平指出,既飞,当然力图飞洋过海,要向外飞,在国际市场上经风雨,在商品经济中见世面。"软功夫"是"弱鸟"借以飞洋过海的高超艺术。核心思想是:发展是解决一切问题的总钥匙,要实现"经济大合唱",贫困地区更要增强开放意识、改革意识,改变市场观念。

共建"一带一路"倡议是中国新时代飞洋过海的艺术,需要高水平的对外开放以真正"强起来"。下一步,中国将采取一系列重大改革开放举措,加强制度性、结构性安排,促进更高水平对外开放。第一,更广领域扩大外资市场准入。第二,更大力度加强知识产权保护国际合作。第三,

更大规模增加商品和服务进口。第四，更加有效实施国际宏观经济政策协调。第五，更加重视对外开放政策贯彻落实。外资市场准入、知识产权保护、商品和服务进口等问题都是高质量发展、高水平开放的关键问题，开放源于自信，自信促进开放。

高水平对外开放需要中国城市与企业双轮驱动。政府是主导，企业是主体，两个轮子需要同步驱动。新疆、福建深度推进"一带一路"核心区建设。辽宁积极创建"一带一路"综合试验区。2018年8月，《辽宁"一带一路"综合试验区建设总体方案》发布，一批国际知名企业跨过山海关，在东北寻求新的发展机遇。河南重点打造郑州—卢森堡"空中丝绸之路"建设，设立了200亿元的中原丝路基金。2018年4月16日卢森堡旅游签证（郑州）便捷服务平台启用。山东蓬莱建设海上丝绸之路博物馆，陕西韩城连续多年举办"一带一路"国际灯光艺术节，浙江宁波精准对接中东欧市场，宁波16+1经贸合作示范区2018年6月正式揭牌。此外，自第一届"一带一路"国际合作高峰论坛之后，粤港澳大湾区、海南自由贸易港、国际进口博览会等成为"一带一路"建设新的重要支撑。

就企业而言，国有企业是主力军，民营企业是生力军，参与"一带一路"建设就是要顺应企业国际化布局的规律。截至2019年4月，中央企业在沿线国家共承担3 120个项目，这些项目分布在基础设施建设、能源资源开发、国际产能合作以及产业园区建设等各个领域，在已开工和计划开工的基础设施项目中，中央企业承担的项目数占比超过60%，合同金额占比接近80%。此外，央企还助力所在国经济转型升级。例如，国机集团、招商局集团共同开发的中白工业园是中国和白俄罗斯经贸合作的最大项目，截至2019年4月，入园企业已达43户，协议投资金额近11亿美元，促进了当地就业和税收增加，深化了白俄罗斯与包括中国在内的各国产业间的专业化合作；国机集团、国投集团在埃塞俄比亚承建的糖厂项目，使埃塞俄比亚成为非洲制糖产能规模最大、技术最先进的国家。

同时，央企在当地还坚持本土化发展。央企的海外机构中有接近85%的员工来自本地，有些企业，如中国石油在印尼的分公司、中国移动在巴基斯坦的分公司本地化率高达99%。除了提供直接就业岗位，央企还对海外员工进行高素质培训，比如中交集团遴选优秀海外员工来中国进行培训等，提高了员工的业务素质和能力水平，带动了当地的间接就业。

2019年8月，全国工商联发布《中国民营企业"一带一路"可持续发展报告（2019）》。2017年，中国民营企业对外贸易额已经占中国对外贸易总额的38.5%，且进口额增速明显高于出口额。2017年中国民营企业500强中有274家参与了"一带一路"建设，实现海外收入（不含出口）7 900多亿美元。国家信息中心数据显示，2017年民营企业与"一带一路"相关国家的进出口总额超过6 000亿美元。华为、吉利、美的等民营企业与共建"一带一路"倡议挂钩，开始拥有品牌价值。总之，中国企业不仅要"走出去"，而且要致力于"走进去""走上去"；不仅要聚焦产业化，而且要聚焦品牌化、国际化。

需要承认的是，大多数中国企业依然挤在"门槛处"，停留在"汗水经济""围墙经济""飞地经济""通道经济"范畴，要通过"一带一路"建设使越来越多的中国企业升级为"品牌经济""智慧经济"，掌握关键工艺、关键原材料、关键零部件。

2017年5月，在第一届"一带一路"国际合作高峰论坛期间，国家主席习近平强调，大雁之所以能够穿越风雨、行稳致远，关键在于其结伴成行，相互借力。"一带一路"建设需要国际社会结伴齐飞，前提是中国高质量飞洋过海。一个更加开放的中国，将同世界形成更加良性的互动，带来更加进步和繁荣的中国和世界。

结伴齐飞需要倡导多边主义，通过双边合作、三方合作、多边合作等各种形式，聚沙成塔、积水成渊。共商共建共享不仅是"一带一路"的黄金法则，也是中国的全球治理观。过去讲国际关系，常说单边、双边、多边，在"一带一路"建设中，创造性地开展第三方市场合作，不仅是"一带一路"建设的新进展，也是国际关系的新进展。中国真正成为连接发达国家、成熟市场与发展中国家、新兴市场的桥梁。结伴齐飞需要秉持开放、绿色、廉洁三大理念，需要努力实现高标准、惠民生、可持续三大目标[1]。

世界银行等国际机构研究表明，共建"一带一路"倡议能大大减少运输时间，降低贸易成本。"一带一路"建设国际合作使全球贸易运输时间平均减少 1.2%~2.5%，从而使贸易总成本降低 1.1%~2.2%。位于经济走廊上的经济体收益最大，其运输时间减少 11.9%，贸易成本下降多达 10.2%。2019 年，共建"一带一路"倡议下的国际合作推动全球经济增速至少提高 0.1 个百分点。

自提出以来，共建"一带一路"倡议滴水穿石，成为造福各国人民的世纪工程。可见，飞洋过海与结伴齐飞一脉相承，这不仅是理解共建"一带一路"倡议的关键，也是实现"强起来"与打造人类命运共同体的鸿鹄之志。

第二节

共建"一带一路"倡议的历史渊源

2017 年 5 月 14 日，国家主席习近平在北京出席"一带一路"国际合作高峰论坛开幕式，发表题为《携手推进"一带一路"建设》的主旨演讲，指出："2000 多年前，我们的先辈筚路蓝缕，穿越草原沙漠，开辟出联通亚欧非的陆上丝绸之路；我们的先辈扬帆远航，穿越惊涛骇浪，闯荡出连接东西方的海上丝绸之路。古丝绸之路打开了各国友好交往的新窗口，

---

[1] 赵磊."一带一路"：飞洋过海与结伴齐飞的艺术［OL］.光明网，2019-05-09.

书写了人类发展进步的新篇章。中国陕西历史博物馆珍藏的千年'鎏金铜蚕',在印度尼西亚发现的千年沉船'黑石号'等,见证了这段历史。古丝绸之路绵亘万里,延续千年,积淀了以和平合作、开放包容、互学互鉴、互利共赢为核心的丝路精神。这是人类文明的宝贵遗产。"

一、共建"一带一路"倡议源于历史,又超越历史

1877 年,德国地理学家李希霍芬在其一本名为"中国"的著作中,把公元前 114 年至公元 127 年间,中国与中亚、中国与印度间以丝绸贸易为媒介的这条西域交通道路命名为"丝绸之路"。随后,这一称谓被大众和学术界接受并被广泛使用。

丝绸之路通常包括两部分:陆上丝绸之路和海上丝绸之路。汉代张骞出使西域被界定为陆上丝绸之路最早开始的时间,这一时期,是古代陆上丝绸之路奠定其历史地位的关键阶段,是陆上丝绸之路形成和发展的起始。张骞以长安(今西安)为起点,途经甘肃、新疆,达到中亚、西亚,以丝绸为重点与沿线各国进行贸易往来。后来陆上丝绸之路经过历朝历代的发展演变逐渐成为连接亚欧非的古代陆上商业贸易路线的总称。

海上丝绸之路指的是古代中国与外国交通贸易和文化交往的海上通道,海上丝绸之路有南海和东海两条主要航线,以南海为航线中心,因此又有南海丝绸之路的别称。海上丝绸之路在商周时期萌芽,秦汉时期初具雏形,三国至隋朝时期逐步发展,并于唐宋时期达到繁荣顶峰。明朝郑和下西洋便是海上丝绸之路发展到极盛时期的一个例证,也是中国一直致力于和平发展的一个表现。

陆上丝绸之路和海上丝绸之路虽然在不同朝代有不同的发展路线,发展过程也并非一帆风顺,但总的趋势是在不断拓展进步。丝绸之路的开辟使得古代中国和西域各国的往来更为密切,增进了东西方不同文明之间的

交流理解，促进了相关国家的经济发展，并提升了国家之间的信任度，以友好和平的方式扩大了古代中国在世界的影响。

"一带一路"源于历史，又超越历史。2017年6月14日，国家主席习近平在会见卢森堡首相贝泰尔时强调，要深化双方在"一带一路"框架内金融和产能等合作，中方支持建设郑州—卢森堡"空中丝绸之路"。要加强文化、教育、体育等人文交流，提高人员往来便利化水平。河南加快建立与卢森堡的合作机制，不断拓展合作领域。郑州"网购保税1210服务模式"已向卢森堡等国家复制推广；卢森堡旅游签证（郑州）便捷服务平台揭牌运营，打通了中原及周边地区与26个欧盟申根国家人员交往的便捷通道，实现了河南省办理签证业务"零"的突破。郑州航空口岸已全面实施7×24小时客货运通关保障，成为我国入境高档水果、水产品和肉类等鲜活产品的主要集散地。

数字丝绸之路强调"一带一路"国家要坚持创新驱动发展，加强在数字经济、人工智能、纳米技术、量子计算机等前沿领域的国际合作，推动大数据、云计算、智慧城市建设，连接成21世纪的"数字丝绸之路"。截至2021年底，我国与捷克、古巴等16个国家签署"数字丝绸之路"合作谅解备忘录，与阿拉伯联合酋长国等7个国家共同发起《"一带一路"数字经济国际合作倡议》，与五大洲22个国家建立"丝路电商"双边合作机制。

在企业层面，阿里巴巴呼吁推广"全球互联网贸易平台"（eWTP），帮助全球，尤其是发展中国家的中小企业营造更加自由互惠的贸易环境，帮助它们更好地进入全球市场，分享全球化的红利。古丝绸之路由一个个驿站连接，eWTP这条数字之路则由若干个数字中枢——数字自由贸易区组成，各中枢相互连接，提供一站式服务，可便捷服务全球中小企业。2017年3月22日，阿里巴巴在海外的第一个eWTP数字中枢落地马来西亚。

冰上丝绸之路是对共建"一带一路"的重要补充，对中俄两国经济发展具有重要意义，将成为中俄务实合作的新亮点。一旦北极航线正式开通，冰上丝绸之路将进一步扩大中俄与沿线国家之间的文化、经贸、旅游等方面的交流与合作。

今天，"一带一路"已经超越了地理范畴，成为集"陆海空网冰"于一体的互联互通多维格局。共建"一带一路"倡议一端连着历史，一端指向未来；一端连着中国，一端通向世界。其核心要义就是要继承和弘扬伟大的丝路精神，将其化作联结"一带一路"国家和人民的精神支点和纽带，把古代丝绸之路缔造的无数辉煌，化作激发人们推动当今世界和平发展的新思维、新路径。

二、共建"一带一路"倡议促进文明交流互鉴

每一种文明都扎根于自己的生存土壤，凝聚着一个国家、一个民族的非凡智慧和精神追求，都有自己存在的价值。人类只有肤色语言之别，文明只有姹紫嫣红之别，但绝无高低优劣之分。认为自己的人种和文明高人一等，执意改造甚至取代其他文明，在认识上是愚蠢的，在做法上是灾难性的！如果人类文明变得只有一个色调、一个模式了，那这个世界就太单调了，也太无趣了！我们应该秉持平等和尊重，摒弃傲慢和偏见，加深对自身文明和其他文明差异性的认知，推动不同文明交流对话、和谐共生[1]。交流互鉴是文明发展的本质要求。只有同其他文明交流互鉴、取长补短，才能保持旺盛生命活力。文明交流互鉴应该是对等的、平等的，应该是多元的、多向的，而不应该是强制的、强迫的，不应该是单一的、单向的。

"一带一路"建设是通心工程，要在民众中形成一个相互欣赏、相互

---

[1] 习近平.深化文明交流互鉴 共建亚洲命运共同体——在亚洲文明对话大会开幕式上的主旨演讲[OL].新华网，2019-05-15.

理解、相互尊重的人文格局。因此,"一带一路"建设不仅要通商脉,也要通文脉。

2014年,由中国、哈萨克斯坦、吉尔吉斯斯坦三国联合申报的"丝绸之路:长安—天山廊道的路网"项目成功列入世界遗产名录,"丝绸之路"首次成为世界文化遗产。

2019年,中国赴外联合考古工作紧密围绕"一带一路"人文交流主题,以中亚地区、蒙古国、俄罗斯等为重点,积极与合作国开展考古调查、遗址发掘和专题研究,充分展现出古代丝绸之路上的物质交换、族群迁徙、思想交融和文明互动。

同时,中国与吉尔吉斯斯坦、塔吉克斯坦、乌兹别克斯坦等国家合作开展西天山地区考古研究项目,寻找西迁中亚的古代月氏人,获得了一批考古新资料。而四国科研机构形成的良好的交流机制和合作框架,深化了丝绸之路联合申遗成效。

此外,中柬合作柬埔寨吴哥古迹王宫遗址考古和保护项目、中乌合作乌兹别克斯坦明铁佩古城考古项目等进展顺利,为后续文物保护维修和展示利用提供了重要依据,有力促进了亚洲文化遗产保护行动。

中肯合作肯尼亚博高利亚湖遗址考古项目、中埃合作埃及卢克索孟图神庙考古项目、中洪合作洪都拉斯玛雅科潘遗址考古项目、中沙合作沙特阿拉伯塞林港考古项目等,涉及人类起源和世界古代文明研究等学术热点问题,在人类文明形成发展的宏观视角下,客观认识中华文明的历史地位和作用,促进世界文明交流互鉴[1]。

---

1 成琪.聚焦"一带一路" 2019中外联合考古达46项[OL].中国经济网,2019-12-24.

在柬埔寨，《吴哥的微笑》是云南文投集团运用中国创意、柬埔寨元素打造的一台集思想性、艺术性、观赏性为一体的大型舞蹈史诗剧目，是文明交流互鉴的例证。截至 2019 年 5 月，《吴哥的微笑》在暹粒演出近 4 000 场次，共有 50 多个国家和地区的约 200 万人次观看了演出，该节目在柬埔寨演艺市场连续九年排名第一，创造了中国国有文艺院团在国外驻场演出时间最长、演出场次最多、观众人数最多的典型案例，被柬埔寨国家旅游部授予"旅游特殊贡献奖"和"最佳演艺奖"。

2019 年，柬埔寨暹粒演艺投资有限公司有职员 200 余人，其中柬埔寨员工达 170 多人。柬埔寨员工白天大多从事其他工作，晚上参加演出，演出收入占日常收入的一半以上。公司评选"优秀员工"以柬埔寨员工为主。每逢中国文化交流活动，柬埔寨员工踊跃报名参加，非常愿意到中国学习和交流。项目除经营演艺主业务以外，还涉及餐饮业务。为贯彻云南省委省政府提出的"滇菜要进京入沪下南洋"的精神，集团斥资 1 000 多万元，经营中式餐厅——"微笑餐厅"。作为演艺配套项目的"微笑餐厅"是柬埔寨最大的中式餐厅，可以同时容纳 800 人就餐。

在马来西亚，由中国导演王潮歌执导，讲述马六甲人文风情的大型情景体验剧《又见马六甲》于 2018 年 7 月在马来西亚古城马六甲首演，受到当地观众的热烈欢迎。"又见马六甲"歌剧院是共建"一带一路"倡议下，中方在东南亚地区承建的首个交付使用的文旅项目。截至 2018 年底，它是马六甲最大的单体公共建筑，也是全马来西亚技术最先进的剧院。剧院里精心建造的 360 度旋转沉浸式舞台，将"观"与"演"的不同空间融为一体，完美展现了郑和下西洋 600 余年来的丝路情缘。

三、共建"一带一路"倡议提升中国话语权

话语权提升的重要衡量指标就是"议程设置"能力的增强。所谓"议程设置"就是"我不能决定大家内心想什么，但能决定大家一段时间集中

讨论什么"。2010 年，中国国内生产总值位居世界第二，2011 年美国高调重返亚太，日本、菲律宾等美国的盟友也开始蠢蠢欲动，向中国施压。其结果是，中国西北边疆的民族问题与南海、东海等海疆问题几乎同时升温。这一时期，亚太话语出现了"中国威胁""军购""军售""军演"以及"军事冲突"等"冰词"。

2013 年 9 月之后，"一带一路"概念的提出，伴随着亚洲基础设施投资银行（以下简称亚投行）、丝路基金、金砖国家银行等一系列组合拳的使用，使周边国家甚至西方国家开始热议互联互通、经贸合作、金融支持、人心相通等"暖词"。在短期内，中国依然不能确定周边国家以及西方世界能否从内心接受"一带一路"理念，但这一理念显然已经成为各方的话语焦点，有很多人开始谈论甚至慢慢喜欢上了这一中国词语。"议程设置"能力的提升是拥有国际话语权的前提条件。

相关大国曾经纷纷提出过类似的战略构想，影响较大的有日本的"丝绸之路外交战略"（1997）、俄印等国的"北南走廊计划"（2002）、欧盟的"新丝绸之路计划"（2009）、美国的"新丝绸之路倡议"（2011）等，但都没有像中国的共建"一带一路"倡议那样更引人关注、更受人期待。今天，人们可以从多个侧面感知中国的国际影响力：中国重视什么、关注什么，这一地区、这一事物就会立即成为国际社会的兴奋点。例如，非洲大陆在冷战后曾长期被西方国家冷落，当中国企业大量进入非洲推进实施"一带一路"项目时，各国开始重新审视非洲，并纷纷加强同中国在非洲的影响力博弈，当然直接受益的是非洲各国。

2019 年 4 月，国际金融论坛（IFF）在世界银行及国际货币基金组织 2019 年华盛顿春季年会期间发布了《IFF 中国报告 2019》。其中，《2019"一带一路"调查报告》有来自全球的 28 家中央银行参与，它们中超过半数的中央银行来自欧洲。调查报告显示，参与调查的 28 家中央银行一致认为共建"一带一路"倡议是促进经济全球化的重要手段,没有受访者质疑这种观点。非洲一家中央银行表示,共建"一带一路"倡议的目标是将亚洲、欧洲和非洲联系起来,增加经济和文化交流,促进经济的全球化。

2019年12月,"加强治理能力建设合作,促进共建'一带一路'倡议参与国发展战略对接"国际研讨会在卡塔尔召开。与过去几年相比,不少专家对"一带一路"有了比较清晰的认识,评价也多是积极和正面的:共建"一带一路"倡议并不只服务于中国的国家利益,也服务于全人类的共同利益。如果看一下人口,"一带一路"国家的人口数约占世界总人口数的三分之二,侧面说明了这是一个超大规模的倡议:人类经济史上还从来没有过这样的先例,大规模项目纷纷落地,短时期内吸引大量的国际关注,而且产生深刻的国际影响。"一带一路"建设不断扩大中国政治经济辐射区;"一带一路"建设强调平等合作,能够同联合国可持续发展目标有效对接;"一带一路"建设对资金需求很大,这会使中国在未来的几十年引领全球发展。

第三节

共建"一带一路"倡议的深远影响

马克思、恩格斯指出,"一切划时代体系的真正内容都是由于产生这些体系的那个时期的需要而形成起来的。"共建"一带一路"倡议是在中国特色社会主义进入新时代的背景下提出的,充分体现了以习近平同志为核心的党中央对我国国情的清醒认识和对国际形势的深刻理解,深刻反映了当今时代的特点和要求。

一、共建"一带一路"倡议引领新型全球化

2017年1月17日,国家主席习近平出席世界经济论坛2017年年会

开幕式并发表了题为《共担时代责任 共促全球发展》的主旨演讲。习近平指出，"这是最好的时代，也是最坏的时代"。英国文学家狄更斯曾这样描述工业革命发生后的世界。今天，我们也生活在一个矛盾的世界之中。一方面，物质财富不断积累，科技进步日新月异，人类文明发展到历史最高水平。另一方面，地区冲突频繁发生，恐怖主义、难民潮等全球性挑战此起彼伏，贫困、失业、收入差距拉大，世界面临的不确定性上升。对此，许多人感到困惑，世界到底怎么了？要解决这个困惑，首先要找准问题的根源。有一种观点把世界乱象归咎于经济全球化。经济全球化曾经被人们视为阿里巴巴的山洞，现在又被不少人看作潘多拉的盒子。国际社会围绕经济全球化问题展开了广泛讨论。

困扰世界的很多问题，并不是经济全球化造成的。例如，国际金融危机不是经济全球化发展的必然产物，而是金融资本过度逐利、金融监管严重缺失的结果。把困扰世界的问题简单归咎于经济全球化，既不符合事实，也无助于问题解决。当今世界经济增长、治理、发展模式存在必须解决的问题。需要坚持创新驱动，打造富有活力的增长模式；需要坚持协同联动，打造开放共赢的合作模式；需要坚持与时俱进，打造公正合理的治理模式；需要坚持公平包容，打造平衡普惠的发展模式。

2019年3月20日，古巴驻华大使米格尔·拉米雷斯在接受采访时指出，共建"一带一路"倡议是新型的全球化，它不是美国引领的"新自由主义"的全球化，而是以互利作为基础，其关键是连通，包括数字、信息、铁路和海运的连通。

二、共建"一带一路"倡议是构建人类命运共同体的重要实践

2013年3月，国家主席习近平在莫斯科国际关系学院发表演讲，提出这个世界，各国相互联系、相互依存的程度空前加深，人类生活在同一个地球村里，生活在历史和现实交汇的同一个时空里，越来越成为你中有

我、我中有你的命运共同体。此后,习近平在众多场合不断谈及命运共同体,赋予命运共同体丰富的内涵。

构建人类命运共同体思想的内涵极其丰富、深刻,其核心就是党的十九大报告所指出的"建设持久和平、普遍安全、共同繁荣、开放包容、清洁美丽的世界"。要从政治、安全、经济、文化、生态等五个方面推动构建人类命运共同体。

2017 年 12 月 1 日,中共中央总书记、国家主席习近平在北京人民大会堂出席中国共产党与世界政党高层对话会开幕式,并发表题为"携手建设更加美好的世界"的主旨讲话。习近平指出,今天人类生活的关联前所未有,同时人类面临的全球性问题也前所未有。世界各国人民前途命运越来越紧密地联系在一起。世界各国人民应该秉持"天下一家"理念,彼此理解、求同存异,共同为构建人类命运共同体而努力。我提出"一带一路"倡议,就是要践行人类命运共同体理念。4 年来,共建"一带一路"已成为有关各国实现共同发展的巨大合作平台。

我们要努力建设一个远离恐惧、普遍安全的世界,坚持共同、综合、合作、可持续的新安全观,营造公平正义、共建共享的安全格局;要努力建设一个远离贫困、共同繁荣的世界,坚持你好我好大家好的理念,让发展成果惠及世界各国,让人人享有富足安康;要努力建设一个远离封闭、开放包容的世界,坚持世界是丰富多彩的、文明是多样的理念,让各种文明和谐共存;要努力建设一个山清水秀、清洁美丽的世界,坚持人与自然共生共存的理念,共同营造和谐宜居的人类家园。当前,新冠疫情起伏反复,百年来最严重的传染病大流行仍在肆虐,人类更加紧密地联结成一个不可分割的共同体。要秉持人类卫生健康共同体理念,为抗击疫情的国际合作打造"健康丝绸之路"。坚持同舟共济,倡导团结合作,在公共卫生领域"一带一路"建设必定大有可为。

第四节

共建"一带一路"倡议的理论定位

共建"一带一路"倡议不仅要实现战略对接、项目对接、规划对接,更要实现智慧对接,而智慧对接的前提是要有清晰的理论定位,不能仅仅停留在政策描述阶段。

一、共建"一带一路"倡议的逻辑

共建"一带一路"倡议是对沃勒斯坦"世界体系理论"的超越。世界体系理论的逻辑是"中心边缘"秩序,而共建"一带一路"倡议的逻辑是"节点-网格"秩序,即"去中心",通过互联互通将边缘地带打通成为节点,节点之间形成网格,每一个国家都是"自中心",各国在网格体系中实现公平与普惠。

伊曼纽尔·沃勒斯坦是美国著名的社会学家,在其看来现代世界体系是一个由经济体系、政治体系、文化体系三个基本维度构成的复合体。过去的全球化形成了以资本主义为核心的世界经济体系,"一体化"与"不平等"是这一体系的两个主要特征。

在经济体系中,世界性劳动分工体系与世界性商品交换关系两条主线,将各个国家牢牢地黏结在庞大的世界经济网中。但是,一体化不等于均等化,相反,中心-半边缘-边缘的层级结构表明了世界经济体的极端不平等性,发达国家外围到处存在不发达。核心化以及边缘化都是动态性的过程。"中心"拥有生产和交换的双重优势,对"半边缘"和"边缘"进行经济剥削。

在政治体系中,英、美等发达国家居于体系的中心,一些中等发达程度的国家属于体系的半边缘,亚非拉等发展中国家处于体系的边缘。政治上追求霸权地位和经济上追求利润最大化一样，是资本主义世界体系的推动力。追求霸权地位是资本主义国家的共同目标。

在过去几年，"一带一路"建设有一个明显特征，就是大多数重点项目建在内陆国家，如中亚五国、中东欧十六国等。这些国家很多是"内锁国"，如东南亚的老挝、非洲的埃塞俄比亚、中东欧的捷克等，这些国家一直被锁在大陆腹地，无法连通海洋，无法享受全球化所带来的福利。中老铁路、亚吉铁路、中欧班列等使这些"内锁国"可以连通海洋，变成"陆联国"，实现了陆海统筹，由此共享全球化的红利与福祉。

例如，有人质疑中欧班列的存在意义，认为其运量有限，纯粹是"形象工程"。从总量上看，中欧班列的确远远没有达到海运的规模，按照编组规定，每一列编组41车，每车装两个标准集装箱计算，2017年中欧班列总共运输30万标准集装箱，8年累计运输92万标准集装箱，而海运2017年运输就达2.38亿标准集装箱，中欧班列运输量甚至低于一个长江内河码头的运输量。但是，从国际关系层面、从全球公共产品层面看，中欧班列对地缘政治影响很大。这种影响不是大国博弈，而是使其途经的国家能够同时面向大西洋和太平洋，实现了真正的开放与全球化。

此外，"心脏地带"是英国地缘政治学家麦金德的主要观点，他把欧亚非三大洲合起来看作茫茫世界海洋中的一个岛，称之为"世界岛"，把欧亚大陆的中部看作是世界岛的心脏地带。在过去，心脏地带是兵家必争之地，是"供血"最不足的地方。而中欧班列大多数经过这一地带，这些班列如同欧亚大陆的动脉以及毛细血管，城市之间的黏性增强，相关国家的活力也在增强。

在政治体系中，共建"一带一路"倡议强调"去中心""非极化"，不追求霸权地位。美国的盟友体系优选三类国家：一是政治上的民主制，最好是同美国一样的"三权分立"，这不仅是政治制度选择，也是一种价值观选择；二是地缘上的海洋国家，同美国一样重视海权，如英国、日本、新加坡、澳大利亚等，通过海权联盟来控制海峡和运河，借此遏制陆权国家的潜在挑战；三是宗教信仰上的犹太教或基督教。

与美国以自身霸权构建的盟友体系（在盟友体系内部也有等级存在）不同，共建"一带一路"倡议是全球伙伴关系体系的具化，共商共建共享是全球治理的原则，也是共建"一带一路"倡议的原则。

在文化体系中，西方价值观是趋"同"，是典型的范式性力量，而"一带一路"价值观是倾"通"，是典型的文明型力量，即承认差异，据此构建相互欣赏、相互理解、相互尊重的人文格局。范式性力量强调自身价值观应成为国际社会的"范式"，外交要能够塑造人们的观点，使其对某种意识形态产生认同，是道德优越感的体现。文明型力量不是要改造对方，而是要在个体文化自信的基础上实现集体的文明互鉴。

世界体系理论与共建"一带一路"倡议逻辑的具体差异见表 0-2。

表 0-2　世界体系理论与共建"一带一路"倡议逻辑的具体差异

理论与倡议	世界体系理论	共建"一带一路"倡议
经济体系	"中心"拥有生产和交换的双重优势，对"半边缘"和"边缘"进行经济剥削	将"边缘地带"打通成节点，节点之间形成网格，每一个国家都是"自中心"；将"内锁国"变成"陆联国"，实现了陆海统筹
政治体系	阶级导致身份集团的出现，中产阶级为中心；追求霸权地位，也建立了依附关系	强调"去中心""非极化"；全球伙伴关系体系，倡导共赏、共建、共享
文化体系	以西方文化为标准的普世价值凌驾于多元民族文化之上；价值观是趋"同"	承认差异，据此构建相互欣赏、相互理解、相互尊重的人文格局；价值观是倾"通"

在推进过程中，共建"一带一路"倡议不能只是政策分析或政策解读，要有"元理论"；不能总是讲"一带一路"不是什么，要讲清楚"一带一路"是什么，即它的具体内涵以及衡量指标究竟是什么。共建"一带一路"倡议的逻辑有三个层次：中国经济外交的顶层设计；践行人类命运共同体的重要实践；中国参与全球治理的公共产品。每一个层次都有不同的主体侧重、衡量指标以及理论基础（图 0-1）。

层次	主体	核心	指标	可能的理论基础
中国经济外交的顶层设计	企业	全面开放新格局	走出去、走进去、走上去 产业化、品牌化、国际化	企业国际化理论
践行人类命运共同体的重要实践	政府	制度性话语权	持久和平、普遍安全、共同繁荣、开放包容、清洁美丽	软实力：范式性力量与文明型力量
中国参与全球治理的公共产品	国际社会	跨越金德尔伯格陷阱和"搭便车"现象	物质性公共产品、理念性公共产品、制度性公共产品	沃勒斯坦世界体系理论的超越：中心—边缘与节点—网格；海洋秩序与陆海统筹

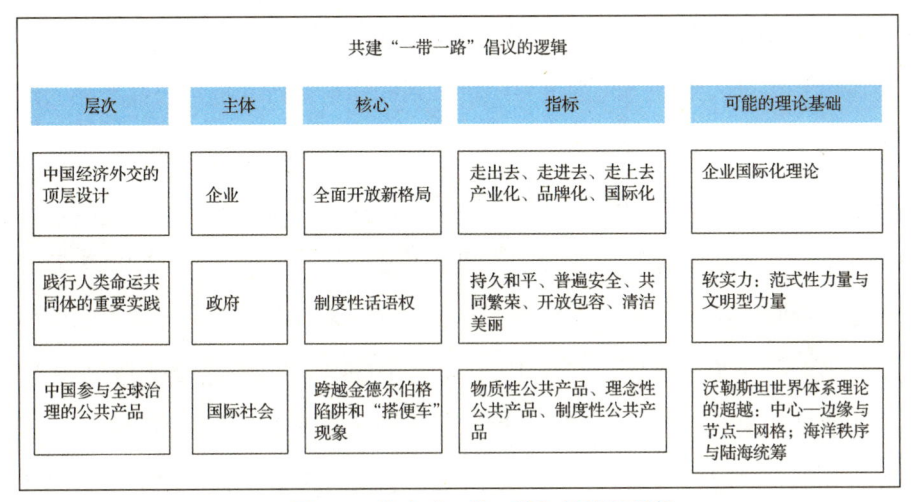

图 0-1　共建"一带一路"倡议的逻辑

二、共建"一带一路"倡议的公共产品属性

中华民族历来有立己达人、兼济天下的情怀。中国发展得益于国际社会，也始终不忘回馈国际大家庭，为国际社会提供更多更好的公共产品。

法国欧洲新闻网于 2017 年 1 月 9 日发表了国际政治学家约瑟夫·奈的文章，题名为"金德尔伯格陷阱：特朗普的中国挑战？"，该文引起了国际关系界对大国提供公共产品行为的关注。

查尔斯·金德尔伯格是美国世界经济史学家，也是国际政治经济学和国际关系学的霸权稳定论的奠基者之一。在其所著的《1929—1939 年世界经济萧条》一书中，金德尔伯格指出，一旦现代世界经济与国际政治体系中缺失愿意为稳定世界市场提供成本（公共产品）的国家（霸权国或领导国），或是有这样能力的国家不愿意主动花费成本提供公共产品，那么不仅世界市场经济体系会因此而动荡不安，而且会导致国际政治体系冲突不断乃至爆发世界大战。

在国际社会层面，人们熟知的公共产品包括开放自由的贸易体系、稳定高效的金融市场、海洋自由航行、制止地区冲突与战争等。19世纪的英国就是主动为维护当时的世界经济体系的稳定运行而提供公共产品的国家。但是到20世纪，经过第一次世界大战英国因国力的衰退（霸主地位的削弱）已无法继续为维护世界市场经济体系的稳定而提供公共产品，于是需要有一个新的霸权国来替代英国承担起新的领导责任。从经济实力上来看，当时的美国已经成为世界上最强大的国家，但是美国却并不愿意承担公共产品供给的责任，这在1929年至1939年的世界经济大危机的10年中表现得最为充分。美国没有通过维持美元的稳定以维护国际金融体系和贸易体系的稳定与开放，从而使得整个20世纪30年代世界经济始终处于大萧条之中，并进一步导致强调国家主义、经济民族主义和种族主义的法西斯主义的兴盛，以致造成惨绝人寰的种族大屠杀和第二次世界大战。

由上述可见，所谓金德尔伯格陷阱就是指，自2008年世界性的金融和经济危机爆发至今，世界经济复苏乏力，地区冲突频仍，恐怖主义和极端宗教思想威胁不断，难民、环境、气候变化等全球性问题敏感复杂。但是，原本主动提供公共产品的国家——美国也随着具有明显孤立主义和民粹主义倾向的特朗普上台而越来越不愿提供公共产品。在这样的形势下，约瑟夫·奈提出了如何避免金德尔伯格陷阱的思考，即当今的世界会不会因为美国国内政治的变化导致重蹈20世纪30年代的覆辙。当然，约瑟夫·奈也从一个侧面提醒，中国也会因不愿意为稳定国际经济体系提供公共产品而最终陷入金德尔伯格陷阱——卷入局部或世界性的战争。

导　论 | 何为共建"一带一路"倡议

自改革开放以来，中国始终是现行国际体系的参与者、建设者、贡献者，当然同时也是受益者。同时，中国坚持力所能及地提供公共产品，比如发起成立亚投行，积极支持联合国维和，发起共建"一带一路"倡议等。

共建"一带一路"倡议及其核心理念已写入联合国、二十国集团、亚太经合组织以及其他区域组织有关文件中。2015年7月，上海合作组织发表了《上海合作组织成员国元首乌法宣言》，支持关于建设"丝绸之路经济带"的倡议。2016年9月，《二十国集团领导人杭州峰会公报》宣布核准"全球基础设施互联互通联盟倡议"。2016年11月，联合国193个会员国协商一致通过决议，欢迎共建"一带一路"等经济合作倡议，呼吁国际社会为"一带一路"建设提供安全保障环境。2017年3月，联合国安理会一致通过了第2344号决议，呼吁国际社会通过"一带一路"建设加强区域经济合作，并首次载入"人类命运共同体"理念。2018年，中拉论坛第二届部长级会议、中国-阿拉伯国家合作论坛第八届部长级会议、中非合作论坛峰会先后召开，分别形成了中拉《关于"一带一路"倡议的特别声明》《中国和阿拉伯国家合作共建"一带一路"行动宣言》和《关于构建更加紧密的中非命运共同体的北京宣言》等重要成果文件[1]。

共建"一带一路"倡议源于中国，机会和成果属于世界。2019年，世界银行发布《"一带一路"经济学：交通走廊发展机遇与风险》报告，报告指出共建"一带一路"倡议将使参与国贸易增长2.8%至9.7%、全球贸易增长1.7%至6.2%、全球收入增加0.7%至2.9%。共建"一带一路"倡议是名副其实的资源共享、共同繁荣、共同发展之路。

作为最大的发展中国家、联合国安理会常任理事国、儒家文明的发源地，中国应当承担"大国责任"。"穷则独善其身，达则兼济天下"，这

---

[1] 推进"一带一路"建设工作领导小组办公室.共建"一带一路"倡议：进展、贡献与展望[OL].新华网，2019-04-22.

种中国式的哲学思维深刻地影响着中国外交。共建"一带一路"倡议的提出是中国从地区性大国向世界性强国转变过程中外交理念的重大调整，是中国由"负责任国家"向"负责任大国"转变的重要体现，是中国向国际社会提供的公共产品，且与以美国为代表的西方国家所推崇的"民主和平论"等公共产品有本质的不同。中国有丰富的传统文化资源，有成功的经济崛起实践，有与世界打交道的上千年历史经验，完全可以为人类社会贡献不同于西方话语的精神财富，争取为人类文明作出更大贡献。

共建"一带一路"倡议将以实际行动改变"崛起大国必将挑战现存霸权"的国际关系霸权兴衰逻辑，尊重世界文明多样性和各国发展模式的独特性，加强思想文化领域和不同宗教之间的国际对话，倡导相互尊重、开放兼容的文明观，以一个"文明型国家"的崛起为国际社会作出更大的原创性贡献。

公共产品至少包含物质性公共产品、理念性公共产品、制度性公共产品三个层次。长期以来，中国在物质性公共产品上的贡献巨大，帮助其他发展中国家修路、造桥、供电等，提供人、财、物等物质性需求层面的供给，但利尽则散。共建"一带一路"倡议则凸显中国在理念性公共产品、制度性公共产品上的作为。共建"一带一路"倡议是对传统理念的一种超越，代表着国际社会"消除边缘"的发展潮流。在制度性公共产品层面，共建"一带一路"倡议所推崇的规则更加强调公平、开放、包容、普惠，具有西方国家俱乐部化、排他性游戏规则无法比拟的道义优势，"17+1合作"、亚投行、丝路基金、金砖国家新开发银行、国际进口博览会等一系列制度性供给纷纷孕育而出。

有数据显示，2008年到2017年的10年，跨境资本流动的总规模下降了65%，以美国为首的发达国家对外投资的规模由1.8万亿美元下降至近1万亿美元，而中国对外直接投资的规模却与日俱增。2013年，中国对外投资首次超越千亿美元。2015年对外投资额首次超过利用外资额。2016年达到1 961.5亿美元，这一年我国首次成为全球第二大对外投资国。

2020年,中国对外直接投资1 329.4亿美元,对外承包工程新签合同额2 555.4亿美元,完成营业额1 559.4亿美元。其中,中国对沿线国家的投资保持了稳健增长。2020年,中国企业对58个沿线国家非金融类直接投资177.9亿美元,同比增长18.3%,占同期总额的16.2%,沿线国家新签承包工程合同额1 414.6亿美元,完成营业额911.2亿美元,分别占同期总额的55.4%和58.4%[1]。"一带一路"建设成为新冠疫情下国际合作推进经济社会复苏的一抹亮色。可以说,在国际社会担心"全球化熄火"的关键时刻,共建"一带一路"倡议提供了全球互联互通的坚定信心。

需要强调的是,国际社会看重共建"一带一路"倡议的不仅是经济红利、物理改变,而且开始聚焦这一倡议的文化温度、价值实质,看重其在全球治理层面的进步性。构建人类命运共同体的目的是使世界更美好,实现途径是共商共建共享,这正是共建"一带一路"倡议最具魅力的地方。

总之,共建"一带一路"倡议不是中国单方面去规划世界,而是要真正融入世界。共建"一带一路"倡议是有深远历史意义的伟大实践,其魅力在于:一是在中国倡议的基础上,日益成为国际共识,而且整个进程越来越凝聚全球智慧;二是这一倡议充分预示了国际社会发展的先进性,即"一带一路"不仅是"宽广之路",更是"大道之行"。

---

[1] 中华人民共和国驻悉尼总领事馆经济商务处.2020年中国对外投资合作情况[OL].商务部网,2021-02-10.

第一章
共建"一带一路"倡议的意义

历史悠久的古丝绸之路承载着昔日东西方经济、文化和文明交流的记忆。1936年,瑞典探险家斯文·赫定在《丝绸之路》一书中写道,丝绸成了连接不同民族的纽带,并出现了一条条无穷无尽的商路,可以毫不夸张地说,古丝绸之路这条交通干线是穿越整个旧世界的最长的路,从文化历史的观点看,这是连接地球上存在过的各民族和各大陆的最重要的纽带。如今,在不同的历史时期和地缘空间里,根据古丝绸之路留下的宝贵启示,中国顺应地区和全球合作潮流,提出了"一带一路"这一契合沿线国家发展需要的理念和倡议,使丝路精神步入了新时代。

中国倡导的共建"一带一路"倡议秉持共商共建共享的原则,立足当前,着眼长远,致力于欧亚非大陆及附近海域的互联互通,旨在加强与沿线国家的伙伴关系,共同打造一系列国际经济合作走廊,为破解当前发展难题提供了中国智慧与中国方案。在国内层面,共建"一带一路"倡议有利于中国经济高质量发展,是我国扩大开放的重大举措,是我国经济外交的顶层设计。在世界经济层面,共建"一带一路"倡议通过构建创新、活力、联动、包容的世界经济,有利于破解世界发展难题;在国际体系层面,共建"一带一路"倡议有利于推动全球治理体系变革,进一步强化中国在全球治理体系改革与建设进程中扮演的参与者、引领者的角色,使和平合作、开放包容、互学互鉴、互利共赢的丝路精神融入全球治理体系的改革与发展中。

第一节

共建"一带一路"倡议有利于中国经济高质量发展

习近平总书记在党的十九大报告中指出:"中国特色社会主义进入新时代,我国社会主要矛盾已经转化为人民日益增长的美好生活需要和不平衡不充分的发展之间的矛盾。"[1]新时代背景下,中国社会主要矛盾的转化对中国经济发展提出了更高的要求,同时也激发着中国特色社会主义的理论创新。共建"一带一路"倡议,就是以习近平同志为核心的党中央,针对国内外形势变化,将理论与实践相融合而形成的新成果。将共建"一带一路"倡议作为扩大开放的重大举措和经济外交的顶层设计,可以使中国经济转向高质量发展,让全国各地区人民群众共享新时代中国发展进步的硕果。

共建"一带一路"倡议就其目标而言,并非要与别的国家竞争,更不是要同美国争夺霸权,而是要挖掘中国自身的潜力,提升自我。"一带一路"建设不是转移财富的过程,而是创造财富的过程[2]。

一、共建"一带一路"倡议是我国扩大开放的重大举措

对外开放是中国的一项基本国策,但这项基本国策并非一成不变,它

---

[1] 习近平.决胜全面建成小康社会　夺取新时代中国特色社会主义伟大胜利——在中国共产党第十九次全国代表大会上的报告[OL].中国政府网,2017-10-27.

[2] 赵磊.一带一路:中国的文明型崛起[M].北京:中信出版社,2015:13.

的具体内容和导向始终随着时代与社会的发展不断变化，趋于深化，日益完善。1978年改革开放之后，到党的十八大召开以前，中国的对外开放政策具有明显的区域倾向，具体表现为以东部沿海地区的开放为主，并由东向西依次推进。中西部地区的开放往往需要依托东部沿海地区的带动来实现。虽然我国在之后又提出了"西部大开发"政策来缓解东西部发展不平衡的现象，但"西部大开发"政策从根本上仍然是要西部对接东部，依靠产业转移的方式来带动发展。"西部大开发"政策可以刺激中西部地区的经济，却无法使其成为对外开放的前沿阵地。广大中西部地区的发展始终滞后于东部沿海地区，中国的对外开放和经济发展水平也相应呈现出"海强陆弱、东高西低"的特征。

党的十八大召开之后，中国的对外开放政策开始转型。党的十八大报告指出，要创新开放模式，促进沿海内陆沿边开放优势互补，形成引领国际经济合作和竞争的开放区域，培育带动区域发展的开放高地。共建"一带一路"倡议提出之后，党的十九大报告又进一步强调，"要以'一带一路'建设为重点，坚持引进来和走出去并重，遵循共商共建共享原则，加强创新能力开放合作，形成陆海内外联动、东西双向互济的开放格局"。[1]因此，在共建"一带一路"倡议的引领下，中国的开放政策进入了"陆海联动、东西双向"的新阶段。

共建"一带一路"倡议首先有利于我国内陆沿边地区的扩大开放。我国内陆沿边地区经济亟待发展，战略位置日益凸显：我国西部有12个省市及自治区，总面积约686万平方千米，陆地边境线长达1.8万余千米，与周边多国接壤，是中国通往俄罗斯、蒙古国、中亚、南亚等国家的重要通道。

丝绸之路经济带所覆盖的省份大多位于内陆沿边地区，特别是中蒙俄、

---

[1] 习近平.决胜全面建成小康社会 夺取新时代中国特色社会主义伟大胜利——在中国共产党第十九次全国代表大会上的报告［OL］.中国政府网，2017-10-27.

新亚欧大陆桥、中国—中亚—西亚、中国—中南半岛、中巴、孟中印缅六大经济走廊的建设，有力地提高了中国西北、西南和东北地区的对外开放水平，有助于中国实现均衡的区域开放格局。在共建"一带一路"倡议的引领下，为了使内陆沿边地区深度融入全方位、多层次、宽领域、高水平的开放热潮，中国在中西部各省份积极推进自贸试验区、边境经济合作区、跨境经济合作区、国家重点开发开放试验区、内陆开放型经济试验区等平台建设，探索内陆沿边地区开发开放的新路径，进而带动辐射地区经济发展。同时，各省份也结合自身的特色和优势，通过建设开放口岸、开通国际货运班列等方式加快对外开放的步伐，积极构建经济开放新体制。以中欧班列为例，近年来，随着中国加大对外开放力度和共建"一带一路"倡议深入实施，中欧班列发展迅速。2019年中欧班列开行8 225列，同比增长29%，发运72.5万标准集装箱，同比增长34%，综合重箱率达94%。截至2022年1月，中欧班列已累计开行突破5万列，通达欧洲23个国家的180个城市。

"一带一路"建设以"五通"为抓手，不仅促进了中国内陆沿边地区与周边国家的互联互通，提高了贸易便利化水平，降低了物流成本，更打通了中国向西开放的通道，为中国内陆沿边地区扩大开放奠定了基础，为深化国际合作营造了有利的地缘政治环境。由此，广大内陆沿边地区可以抢抓国家向西开放的历史机遇，逐步由开放末梢转变为开放前沿。

在21世纪海上丝绸之路的引领下，中国沿海地区也在提升对外开放水平。例如，我国在上海、广东、天津和福建相继设立自由贸易试验区，这是经济贸易全球化背景下，中国顺应时代发展趋势而实行的更加积极主动的开放政策，标志着东部沿海地区经济常态正在由投资驱动、要素驱动向创新驱动转变。以广东自由贸易试验区建设为例，深圳致力于打造前海深港现代服务业合作区，旨在推进深港两地的服务贸易自由化。为扩大对港澳服务业的开放力度，前海不仅提供了全方位一站式服务和很多优惠，譬如入驻企业首年免租和租金低廉的员工宿舍，还为香港居民提供了超过10万个中高端就业岗位，吸引1万家香港企业落户，使港资服务业规模超过1 000亿元[1]。

除了自由贸易试验区，借助"一带一路"建设的"东风"，沿海地区也尝试打造新的贸易形式——网络贸易。以杭州跨境贸易电子商务产业园为例，企业利用海关提供的相关政策，可以做到出口货物分批出货，集中申报，在园区内实现快速通关，顺利退税[2]。跨境贸易电子商务产业园还开通了直购进口模式，消费者坐在家里就可以买到全球各地的商品。

在共建"一带一路"倡议的引领下，东部沿海地区努力拓展技术交流的领域，加大引进高新技术力度，利用产业转移加速发展技术密集型产业，进入更深层次的扩大开放领域。

从内陆到沿海，共建"一带一路"倡议将缓解长期以来中国经济重心沿海化、东西部发展不协调化和海陆开放失衡化的状况，打造全方位、多层次、宽领域、高水平的对外开放新格局，即"陆海联动，东西双向"的新态势。

共建"一带一路"倡议是扩大开放的重大举措，不仅激发了国内各种经营主体的积极性，有效释放了经济内生增长动能，更使得中国的开放政策朝着更加成熟、更加均衡、更加协调的方向发展，为我国经济高质量发展提供了动力。

二、共建"一带一路"倡议是我国经济外交的顶层设计

经济外交在一国总体外交中占据着非常重要的地位。改革开放以来，

---

1 纪录片《一带一路》第四集：财富通途［OL］.央视网，2017-09-13.

2 同上。

中国经济外交相关政策不断发展演进，取得了巨大的经济成就，成为自身崛起的有力后盾，显著增强了中国的国际影响力。

改革开放前后，中国经济外交的目的主要是打破孤立，融入世界，发展生产力。首先，中国派出了大量的官方代表团赴西方考察，以了解当时世界形势，建立良好社交环境，学习西方先进技术。1978年5月到9月，时任国务院副总理谷牧率团访问了法国、瑞士、比利时、丹麦和联邦德国等欧洲发达国家，该团成为中华人民共和国成立后向西方派出的首个政府经济代表团[1]，为改革开放提供了重要的资料和初步探索后的成果。其次，中国致力于加入各种主要的国际经济组织：1980年，中国恢复了在国际货币基金组织和世界银行的席位；1986年，中国成为亚洲开发银行会员国，并在同年向当时的关贸总协定正式提出"复关"申请。这一时期的中国，通过与外部世界的接触，了解到了当时世界的基本情况，为开展更高层次的经济外交奠定了基础。

20世纪90年代，冷战结束，随着两极对抗格局的终结，中国加快自身发展、推进社会主义现代化建设以及进一步融入既有国际经济体系的需求与日俱增。这一阶段，中国取得的经济外交成就主要有：1991年加入亚太经合组织，2001年加入世贸组织。这些事件标志着中国成为国际经济体系的重要参与者。

到21世纪，中国经济外交开启了新征程，中国在国际经济舞台上的身份开始从"学习者""参与者"向"领导者""建设者"转变。例如，中国在"多哈回合"谈判中坚定支持多边贸易体制，发出了自己强有力的声音；在2008年金融危机后，中国推动二十国集团部长级会议升级为首脑会议；在亚太地区推行自由贸易区建设与合作，并于2010年建成中国 –

---

[1] 任晶晶. "一带一路"背景下中国经济外交的战略转型[J]. 新视野，2015(6):106–111.

东盟自由贸易区。在此背景下，经济外交在中国外交全局中的地位不断提高，中国逐步推动国际经济体系朝着更成熟完善的方向发展。

党的十八大召开以后，新一届中央领导集体根据国际国内形势的变化，提出共建"一带一路"这一综合性倡议作为经济外交的顶层设计。共建"一带一路"倡议涵盖贸易、金融、投资、科技、基础设施建设等多个领域，在地理上涵盖欧亚大陆、非洲大陆、太平洋、印度洋，涉及几十个国家，是中国在经济外交领域最为重要的理念创新之一。

首先，共建"一带一路"倡议有着丰富的经济合作内涵，利于中国拓展同周边国家经济合作的广度和深度，寻求新的发展机遇。在"五通"原则指导下，交通运输通道建设为"一带一路"建设奠定物质基础；"丝路基金"和亚投行为"一带一路"建设提供金融支持；包括互联互通伙伴对话机制、孟中印缅经济走廊、中巴经济走廊、上海合作组织、中国－东盟自贸区等在内的多种国际组织和合作机制为"一带一路"建设提供制度性协商框架[1]。在此基础上，共建"一带一路"倡议的具体内容也包含了经济外交的各主要领域。

贸易外交方面，中国始终强调多边贸易体制在全球贸易发展中的主导地位。例如，中国积极推进达成"多哈回合"的谈判，帮助僵持长达 12 年之久的谈判达成"巴厘岛一揽子协议"；提出打造中国－东盟自贸区"升级版"、亚太自贸区等一系列新理念，在一定程度上抵消了美国"跨太平洋伙伴关系协定"带来的冲击。在共建"一带一路"倡议中，中方仍坚持在多边贸易体制下发展周边的自贸网络，其降低或消除贸易壁垒实现货物自由流通的主张，对于整合、塑造和引领周边经贸关系，从而塑造既有利于自身崛起，又能实现互利共赢的周边环境起到了重要的作用。

---

1 任晶晶."一带一路"背景下中国经济外交的战略转型[J].新视野，2015(6):106-111.

金融外交方面，中国致力于通过金融和货币合作，推动金融产业的高速发展和人民币国际化。当前，人民币国际化进程正在不断加快，中国政府已经通过有效的货币外交，初步搭建起了一个包括 47 个国家的货币伙伴网络，这些货币伙伴国能够在官方层面为人民币的国际使用提供政策配合和技术支持，由此奠定了人民币崛起的政治基础[1]。"一带一路"建设中通过货币结算实现货币流通，对人民币国际化起到了助推作用。此外，由中国倡导设立的亚投行，不仅是人民币国际化的新平台，而且是新兴市场和发展中经济体在全球金融体系中的重要舞台。其不仅可以促进亚洲地区的互联互通建设和经济一体化进程，与共建"一带一路"倡议相互配合借力，为亚洲助力，更有助于改变长期以来全球金融治理体系固有的缺陷以及垄断性全球金融话语权的状况，推动建立公平、公正、包容、有序的新型国际货币金融体系。

投资外交方面，共建"一带一路"倡议以基础设施建设推进互联互通，有利于保护中国海外投资利益，与中国正在全力推进同相关国家的投资保护协定谈判密切相关，为中国企业"走出去"进行安全有效的全球布局。

其次，共建"一带一路"倡议作为中国新时代经济外交的顶层设计，其意义超越了经济合作本身，有着重要的地缘价值。中国希望通过"一带一路"建设，稳定周边地缘环境，进而推进一体化进程，以构建"命运共同体"的方式，为自身崛起创造良好的外部环境和条件。这一点充分体现出中国的经济外交开始服务于外交全局的新特点。

共建"一带一路"倡议具有广阔的发展空间，引领中国主动融入国际经济新格局：在进一步加快生产要素流动的基础上，改变中国在国际分工，即全球价值链体系中的地位，推动形成合理的产业转移机制，并借此输出

---

1 任晶晶．"一带一路"背景下中国经济外交的战略转型［J］．新视野，2015(6)：106-111．

中国技术和标准，开辟以资本为引领的全要素合作方式，保障中国经济安全[1]。同时也引领着中国经济外交的转型，使中国的经济外交随着国际政治效应的扩散，在国家整体发展中发挥越来越重要的作用。

第二节

共建"一带一路"倡议有利于破解世界发展难题

自2008年金融危机以来，世界经济复苏乏力。2001年到2008年，世界经济年均增速为3.2%，而这一数据在2009年到2018年期间仅为2.5%，同比下降22%。其间，虽有经济回暖的现象，但整体稳定性和持久性较差，世界经济增长前景仍有大量的不确定因素。

一、当前世界经济面临的发展难题

世界经济发展态势与当前世界经济所面临的新挑战密不可分。

首先，世界经济缺乏新增长点。自工业革命以来，科技创新是推动人类社会发展的第一生产力，从二战后的新技术革命到近几十年来互联网的迅速兴起，带动世界经济持续多年高速增长。如今，技术创新的红利逐渐消失，原本作为世界经济"火车头"的西方发达国家创新能力下降，随着经济增长陷入泥沼，进一步导致创新投入能力的衰退[2]。虽然当前有人工智能、3D打印机等新技术出现，但世界经济的深层次结构性改革仍在推进，目前涌现的新技术不足以形成新一轮科技革命，新的经济增长点尚未形成。

其次，由于经济增长下行压力大，全球贸易保护主义盛行，导致世界

---

1 章昌裕.中国对外经济合作战略演进与"一带一路"倡议现实意义研究——基于中国改革开放40年历程的回顾[J].国际经济合作，2018(11):4-10.

2 贾晋京.G20：用"大创新"重启世界经济[J].红旗文稿，2016(21):20-22.

经济形势进一步恶化。以美国为例,特朗普上台后,高调奉行以"美国第一"为原则的国家政策,不仅推翻多项早已议定好的协议,还试图搞双边贸易谈判,搞排他性贸易体系。欧盟和日本也在积极推动量化宽松政策,甚至推进至"负利率"时代[1]。

发达国家,尤其是发达经济体,已经通过多年的不平等贸易获取了落后国家非常多的利益,但它们现在仍在利用自己在世界经济体系中的霸权力量,拒绝给予大多数发展中国家公平贸易和接触市场的机会,动辄使用制裁、限制、封锁等保护贸易手段,使世界经济发展水平两极分化。欧美发达经济体的自我封闭和日益兴起的贸易保护主义,使本就处于颓势的世界经济雪上加霜。

最后,世界经济格局也在动荡中悄然发生着新变化。当下,世界经济发展虽然整体呈现放缓趋势,但放缓的速度有快有慢。以中国为代表的新兴市场国家减速较为平缓,依旧维持经济中高速增长;以欧美为代表的发达国家减速明显。这一经济现象凸显西方老牌发达经济体发展动力的不足和新兴经济体力量的整体上升。虽然现在发达国家仍然掌握着现有全球治理机制中的主要话语权,但新兴国家的影响力在不断提高。例如,在世界银行、国际货币基金组织等多边治理体系中,新兴经济体的份额和话语权有所提升;二十国财长会议升级为领导人峰会,成为全球经济治理的首要平台,而新兴国家又在其中占据着重要的地位。可以看出,新兴经济体已经成为影响世界经济格局发展的重要力量。

---

1 贾晋京.论世界经济新常态与"一带一路"建设[J].人民论坛·学术前沿,2017(9):21-27.

二、共建"一带一路"倡议有利于构建一个创新、活力、联动、包容的世界经济新秩序

面对复杂严峻的经济环境,国际社会普遍期望中国积极参与地区和全球经济治理,提供更多的全球公共产品,为处于颓势状态的经济全球化进程增添动力,为全球作出更大贡献。发展中国家更是如此,他们也寄希望于中国能够代表发展中国家的集体利益,发挥更大的经济引领作用,支持和带动发展中国家的经济发展。

共建"一带一路"倡议的出台,就是中国对上述期望所做出的有力回应。中国作为世界第二大经济体以及最大的发展中国家,有能力也有意愿为世界经济的良性发展发挥更大的作用和影响力,包括帮助发展中国家获得更多的发展机遇,提升欧亚大陆经济一体化水平,进一步推动构建更加公平合理的国际经济秩序[1]。

共建"一带一路"倡议是中国维护经济全球化成果和机制的重要努力,是中国为推动经济全球化深入发展而作出的承诺。据估计,共建"一带一路"倡议的最初方案涵盖了42亿居民(占全球人口的56%)。它涉及的名义国内生产总值(GDP)约占全球GDP总量的43%,涵盖了拥有全球75%能源储备(天然气和石油)以及钢铁、有色金属和玻璃等大量原材料的领土[2]。共建"一带一路"倡议旨在将整个世界融入基于实体经济的多极化和多元化发展计划中[3]。共建"一带一路"倡议在坚持共商共建共享的全球治理理念的前提下,通过建立多领域的合作机制,承担起增进各方合作的重大责任。针对世界发展难题,力图构建一个创新、活力、联动、包容的世

---

[1] 《中国发展对世界经济的影响》课题组,赵晋平,胡江云,等.中国发展对世界经济的影响[J].管理世界,2014(10):1-16.

[2] 西媒文章:"一带一路"推动世界秩序多极化(上)[N].参考消息,2019-03-26.

[3] 同上。

界经济新秩序。

第一，共建"一带一路"倡议有利于构建创新的世界经济秩序。美国领导的新自由主义世界秩序，实际上是披着自由民主外衣的实实在在的霸权主义。与之不同，中国倡导的共建"一带一路"倡议，带有鲜明的新型多边主义特征，旨在构建包容性发展的世界经济新秩序。

以世界银行和世界贸易组织等传统多边组织为例，传统多边组织主要由霸权国家主导，带有强制色彩。而在共建"一带一路"倡议背景下设立的亚投行、金砖国家新开发银行等新型多边机构主要由新兴国家推动，在制度安排上，共商共建共享等约束更具有弹性[1]。

新型多边组织具有地区化或跨地区的特征，包含对南南合作的新探索。过去几十年，南南合作发展艰难，但随着以中国为代表的新兴经济体实力的增强，发展中国家在世界经济中的引领和辐射作用增大，成为全球经济增长的重要引擎。在"一带一路"建设中，金砖国家间的合作不断加强，发展中国家寻求共同利益的凝聚力不断增强，在对南南合作新模式的探索中，必将出现更多样化的合作机制，利于发展中国家在重大问题决策上达成一致，并整体提高发展中国家在世界经济体系中的地位，改变传统多边结构下发展中国家与发达国家在国际政治经济版图中的实力对比，推动更加公平合理的世界经济新秩序建立[2]。某种意义上说，传统的多边制度安排出现了失灵，而共建"一带一路"倡议所代表的新型多边主义可以推动国际组织的蜕变和变革，弥补全球治理短板和缺陷。

第二，共建"一带一路"倡议有利于构建有活力的世界经济秩序。共

---

[1] 陈衍泰，张依."一带一路"倡议五周年与企业国际化——经济外交研究会2019学术研讨会综述[J].国际经济合作，2019(3):30-35.

[2] 屠新泉，蒋捷媛.金砖国家合作与"一带一路"倡议协同发展机制研究[J].亚太经济，2017(3):47-51.

建"一带一路"倡议的重点是经贸合作，同时涉及教育、医疗、文化、旅游等其他领域以经贸合作为本，为其他领域的合作奠定基础。在推行经贸合作过程中，中国各级政府从支持产业发展、贸易便利化政策、基建设施落实等方面入手，带动资源要素配置空间的拓展，努力带动其他产业的国际合作和对外开放。沿线国家的发展潜力得以充分发掘，全方位开放的广度增强。

共建"一带一路"倡议将广大发展中国家及最不发达国家经济通过"一带一路"国际合作机制、合作协议、合作网络及合作平台联系起来，优化资源和市场配置，加强国际产能合作，促进亚非拉地区工业化发展，提供有效供给，催生新的需求，推动贸易投资增长，解决最急需的基础设施缺口，实现各国各地区经济共同发展，增加就业和国民收入，解决贫困、失业、收入差距拉大等问题，增强广大发展中国家及最不发达国家人民的消费购买力。有助于发达国家继续扩大出口，实现发达国家与发展中国家及最不发达国家之间贸易、投资平衡、稳定增长，增强世界经济发展稳定性、平衡性和可持续性，避免出现全球性经济危机，避免世界经济发展的不可持续性、间断性和风险性。

在推行"一带一路"建设的过程中，中国政府努力打造可持续的经贸合作。为此，中国设立了亚投行、丝路基金，旨在促进沿线国家资金融通、货币流通，便利贸易及投资活动，稳定各国货币及金融系统，防止出现区域性、系统性金融风险，消除国际金融体系的脆弱性和不稳定性，为沿线国家货币金融稳定和经济可持续发展保驾护航。

此外，共建"一带一路"倡议为区域内各国资源、能源以及环境可持续开发利用创造条件，利于建立"一带一路"协调与绿色发展机制，推动各国贯彻落实《巴黎气候变化协议》，构建"一带一路"资源、能源生产国与消费国对话渠道，落实联合国2030年可持续发展议程，促进世界经济长远稳定和可持续发展[1]。

第三，共建"一带一路"倡议有利于构建联通的世界经济秩序。中国提出的共建"一带一路"倡议，核心内容包括政策沟通、设施联通、贸易畅通、资金融通、民心相通，统称"五通"原则。"五通"原则针对当前世界经济开放难题对症下药，为世界市场开放和扩展清障搭台。

共建"一带一路"倡议首先与沿线国家的发展战略进行有效对接，"打通关节、疏通经络"，实现优势互补，共同发展。这种对接具体分为两部分，一是双边对接，如共建"一带一路"倡议与哈萨克斯坦"光明之路"新经济政策、蒙古国"草原之路"倡议、土耳其"中间走廊"、沙特阿拉伯的"2030愿景"以及韩国的"新北方政策"等的对接；二是多边对接，如共建"一带一路"倡议与"欧亚经济联盟"的对接，以及正在探索中的与欧洲"容克计划"的对接等。这些对接旨在将国内市场和国际市场结合起来，通过与沿线国家的开放合作，将共建"一带一路"倡议深化落实下去。

基础设施是互联互通的骨干，互联互通是现代贸易的活力之源。在"一带一路"建设中，中国充分发挥金融手段，以基础设施和产能合作为重点，努力改变地区供应链，创造新的市场，重绘当今生产网络图景，重塑世界贸易版图，疏通世界市场通道，促进亚太地区经济要素自由流动，提高资源优化配置的效率，减少贸易或投资障碍，降低贸易或投资成本及风险，发挥沿线国家资源禀赋比较优势，促进各国之间市场、产业和项目在市场机制作用下深度融合，把各国经济互补性转化为经济发展的推动力，加快世界经济复苏步伐，逐步形成优势互补、互利共赢、共同发展的世界经济新秩序，改变当今地缘政治格局。

---

[1] 何茂春，郑维伟."一带一路"战略构想从模糊走向清晰——绿色、健康、智力、和平丝绸之路理论内涵及实现路径［J］.新疆师范大学学报(哲学社会科学版)，2017，38(6):77-92.

伴随着政策、设施、贸易、资金的融通，沿线国家也在交流中增进着彼此的感情，在文化、教育、生态的合作上也取得了较高的成就，致力于打造"智力丝绸之路""健康丝绸之路""绿色丝绸之路"与"和平丝绸之路"。

从内在逻辑来说，共建"一带一路"倡议使原本隔绝的国家相互联通，形成市场，使得技术优势能在全球范围内分享。共建"一带一路"倡议促进形成贸易、投资、金融以及文化交流和互联互通的网络，推动各国从世界经济中获得同等发展机会，促进各国包容、平衡、普惠地发展。

第四，共建"一带一路"倡议有利于构建包容的世界经济秩序。在新时代，自由贸易精神依旧值得我们去维护和发扬，各国不能以提升贸易标准为由排除异己，搞自己的"小圈子"，更不能将自由贸易问题政治化[1]。从根本上说，这是与自由贸易精神相违背的，这样做也不利于全球治理体系朝着公平、合理的方向发展。共建"一带一路"倡议是在国际合作面临困境、自由贸易精神受到冲击之际，中国为实现与世界各国合作共赢所提供的"中国方案"。共建"一带一路"倡议是开放的，不是排他的；强调合作共赢，而不是单方面的获利；是为世界各国搭建的合作平台，而不是谋取地缘霸权的工具。习近平总书记提出，共建"一带一路"倡议是中国统筹内外两个大局，在谋划全方位对外开放新格局条件下提出的国际合作新倡议，其本质是通过提高有效供给比例来催生新的需求，实现世界经济的再平衡[2]。共建"一带一路"倡议是中国为全球经济高质量发展所提供的"中国智慧"，它不是谋求势力范围的对外战略，不能用西方国家现实主义的逻辑来解释。共建"一带一路"倡议对所有有意愿参与的国家开放，因为其目标指向是共同利益，而不是单个利益，这是与西方国家对外战略

---

1 刘方平."一带一路"：引领新时代中国对外开放新格局[J].甘肃社会科学，2018(2):64-70.

2 同上。

的最大区别。

中国国力有限,仍是一个发展中大国,中国愿承担大国责任,却终究难以以一国之力解决世界经济发展不均衡不充分的根本问题。但中国愿与世界各国携手共商共建共享"一带一路"建设,共同促进世界经济包容发展和持久繁荣,实现共建"一带一路"倡议发展成果的美好愿望和共建人类命运共同体的伟大目标。

第三节

共建"一带一路"倡议有利于全球治理体系变革

全球治理是一种通过国际合作解决全球性问题的机制,世界各国应为应对共同的问题与挑战、寻求共同利益而进行制度化合作,共克时艰,共享权益,共同管理、规范生存的世界[1]。

1945 年联合国的创立,是真正意义上全球治理体系形成的标志。1992 年欧洲统一市场建立、1994 年北美自由贸易区建立、1995 年世界贸易组织建立,全球治理体系不断发展。在这一时期,世界主要大国在参与全球治理方面有着巨大的热情。在 2001 年 "9·11" 事件发生后,各国在反恐事业上也表现出了空前一致的合作态度,共同推动全球安全治理的发展。2008 年金融危机爆发,以美国为首的二十国集团成员也展开了有效的危机应对。可以说,当前世界总体和平稳定,很大程度上得益于世界各国多年来参与全球治理的努力。

全球治理体系之所以能够不断发展,主要原因有以下几点:除了两次世界大战给人类带来了惨痛的教训外,冷战后出现了美国"一超独霸"的

---

[1] 何亚非.选择:中国与全球治理[M].北京:中国人民大学出版社,2015:1.

世界格局，这种相对稳定的战略环境为各国提供了心理预期，有利于开展国际合作，在美国的主导下，国际机制相对平稳运行，不合作意味着高昂的代价；冷战结束后，"融入全球化将获得巨大好处"的美好愿景也使各国愿意积极参与全球治理体系；"新自由主义"在冷战后一度成为全球主导的意识形态，由此推演出的一系列国际规则具有较高的接受度[1]。

但如今，国际形势早已不可同日而语，国家间合作开始面临诸多困境，信任赤字逐渐凸显。

一、当前全球治理体系的现状及存在的问题

21世纪以来，特别是金融危机后国际权力格局的变化，使原有的"一超独霸"格局出现松动，导致了所谓"零国集团"现象的出现。国家之间各自为政，相互提防、怀疑、竞争的心态逐渐加重。再加上民粹情绪的渲染，国内支持国际合作的社会舆论基础大大减弱，各国往往强调本国优先、主权至上，排斥国际义务和国际合作，即使在有共同利益的领域也很难形成良好的合作。

作为全球治理体系重要推动者的美国，也在这种浪潮中退回孤立主义和保护主义的堡垒中。奥巴马时期，美国在承担国际责任方面趋于谨慎，所谓"幕后领导"正是在这种背景下产生的[2]。特朗普政府更是高喊"美国优先"，其推动的"修墙"（修建美墨边境墙）、"退群"（退出《巴黎协定》、退出联合国教科文组织、退出联合国人权理事会），以及对跨太平洋伙伴关系协定、跨大西洋贸易与投资伙伴协定和其他自贸协定及多边

---

1 王鸿刚.中国参与全球治理：新时代的机遇与方向[J].外交评论(外交学院学报)，2017，34(6):1-21.

2 赵明昊."美国优先"与特朗普政府的亚太政策取向[J].外交评论(外交学院学报)，2017，34(4):106-134.

组织（甚至包括美国主导的北约）的反感，都体现出美国政府在参与全球治理、提供公共产品方面的不情愿。这并非仅仅是特朗普本人的意愿，也包括美国社会精英甚至是普通民众对全球化的敌意。拜登就任美国总统后，大肆标榜"回归多边主义"，然而拜登政府口中的多边主义不过是拉拢盟友、搞团伙式霸凌的华丽外衣，是他国必须遵守西方规则、价值观，而美国可以为所欲为的例外主义。所谓重新归来的"多边主义"没有加强人类应对全球性挑战的能力，与全球治理的愿景渐行渐远，反响平平，应者寥寥。

反观欧洲，作为全球治理体系中的重要参与者，一直试图以欧盟自身的成功案例为他国做出榜样，但如今也受到英国"脱欧"、债务危机、难民危机、恐怖危机等冲击。欧盟本来希望通过建立共同市场并消除贸易和投资障碍，使各国都变得富有，形成合作的习惯，并最终由经济一体化带来政治一体化。数十年来，这一逻辑完美地发挥着作用。但在经济危机面前，这一双赢逻辑走向了反面。欧洲各国非但没有凝聚在一起，反而担心被别人拖后腿。欧盟的内部问题日趋严重，欧洲也开始失去对全球事务进行干预的信心和决心。

其他大多数国家在主要大国的影响下，多因实力不济，对推动全球合作的意愿并不强烈。新兴大国虽然对参与全球治理有较高的热情，但因为与欧美国家在利益诉求、行为方式上不完全相同，因而与西方国家之间开展全球治理合作的不确定性也在凸显。

全球治理体系前景未知，进一步发展陷入困境。纵观几十年来，在各种不同的国际场合中，各类话题总是聚焦"中国崛起"，世界各国对中国作为新的全球治理推动者的角色充满期待。而且，当前的治理赤字和困境已经使全球治理变革势在必行，可以说中国对全球治理体系的参与既合乎时势，也是人心所向。

二、共建"一带一路"倡议补充和完善全球治理体系

（一）共建"一带一路"倡议谋求全球治理规则的渐进演变

早在20世纪40年代，中国就作为创始成员国参与了联合国的创建，为全球治理机制做出了重要贡献。冷战期间，中国被西方国家排斥，无法正常参加联合国内的各项活动，但其提出的和平共处五项原则成为当时处理国际关系的新准则，推动了全球治理规则的发展。20世纪70年代，中国恢复联合国安理会常任理事国的合法席位，开始正式参与各项全球治理事务，发挥自己在国际事务上的影响力。到20世纪90年代，两极格局解体，全球化深入发展，中国进一步融入既有的全球治理体系。进入新世纪后，中国加入世贸组织，标志着中国成为国际经济体系的重要参与者，对全球化进程以及全球治理体系的发展都带来了深远影响。金融危机期间，中国积极应对，表现不俗，进一步凸显了自身在全球治理中的地位，也为中国参与全球治理提供了空间。

未来，中国将开启积极参与和引领全球治理的伟大征程，这是中国立足现实国情和未来发展目标的必然选择。习近平总书记在党的十九大报告中指出，中国秉持共商共建共享的全球治理观，倡导国际关系民主化，坚持国家不分大小、强弱、贫富一律平等，支持联合国发挥积极作用，支持扩大发展中国家在国际事务中的代表性和发言权。中国将继续发挥负责任大国作用，积极参与全球治理体系改革和建设，不断贡献中国智慧和力量[1]。这为中国未来参与全球治理提供了总的判断和奋斗目标。

中国积极倡导的共商共建共享的全球治理观，其本质就是在全球治理的规则方面提供公共产品和其他选择，共建"一带一路"倡议的出台表明中国业已在推动全球治理规则重塑方面迈出实实在在的步伐。

---

1 习近平.决胜全面建成小康社会 夺取新时代中国特色社会主义伟大胜利——在中国共产党第十九次全国代表大会上的报告[OL].中国政府网，2017-10-27.

（二）共建"一带一路"倡议为全球治理体制的改革提供模板

旧秩序中，各国在全球治理体系中的话语权不平等，发达国家和霸权国家占据领导地位，绝大多数发展中国家只能服从性地遵循全球治理体制。而在"一带一路"框架下，各国可以各展所长、各尽所能，把发展的智慧、发展的能量和发展的潜能充分释放出来，促进区域和全球经济更快发展，创造更多的、更丰富的发展成果，为各国人民分享[1]。共建"一带一路"倡议以共商共建共享为原则，坚持开放、包容、互利、共赢的命运共同体理念，把共建"一带一路"倡议作为沿线国家共同解决发展问题、友好协商的国际合作平台，通过彼此国家发展战略自愿地对接，寻找、发现和利用各自的共同利益，将沿线国家发展机遇纳入共同发展的网络之中，让各国获得平等发展的机遇，实现互惠互利和共同发展，使各国摆脱贫困和实现国家工业化、现代化，以先进国家带动落后国家，包容性地发展，以达到优化世界经济结构，壮大世界经济规模，改善世界经济秩序的目的。

共建"一带一路"倡议从无到有，由点及面，已经取得积极进展和明显成效。截至2022年4月，中国已同149个国家、32个国际组织签署200多份共建"一带一路"合作文件，与推进共建"一带一路"倡议相关的亚投行、丝路基金顺利组建。几年来，中国企业对沿线国家投资超过500亿美元，一大批重大项目付诸实施，带动了沿线国家经济发展，创造了大量就业机会，产生了巨大的经济社会效益[2]。

共建"一带一路"倡议促进国际经济关系平等、发展机会平等、发展规则平等，促进沿线国家融入全球经济，把中国市场和全球市场连接起来；削弱少数经济强国对世界经济的垄断优势，结束霸权国家对世界经贸规则

---

1 李伟.共享"一带一路"发展机遇［J］.北方经济，2015(9):4-8.
2 习近平.共担时代责任　共促全球发展——在世界经济论坛2017年年会开幕式上的主旨演讲［OL］.人民网，2017-01-18.

制定的垄断地位，让世界各国平等地对"一带一路"制度框架共商共议；体现发展中国家和新兴经济体对世界经济平等、包容、共同发展新秩序的诉求，改革和创新世界经济治理体制及其秩序。

（三）共建"一带一路"倡议增强各国参与全球治理的信心

《推动共建丝绸之路经济带和21世纪海上丝绸之路的愿景与行动》这一文件曾明确指出，加快"一带一路"建设，有利于促进沿线国家经济繁荣与区域经济合作，加强不同文明交流互鉴，促进世界和平发展，是一项造福世界各国人民的伟大事业[1]。

国外一些媒体和学者将共建"一带一路"倡议与美国在二战结束后推行的"马歇尔计划"相提并论。然而，共建"一带一路"倡议是中国向世界提供的国际公共产品，它不是什么"马歇尔计划"，也不是地缘战略构想。中国从提出共建"一带一路"倡议伊始，就坚持共商共建共享原则，秉持透明开放包容理念，遵循国际规则和各国法律，追求绿色环保可持续，致力建设高质量、高标准项目，并注重财政的可持续性。这些重要的主张和理念，与中方长期奉行的互利共赢开放战略一脉相承，也是我们与各国共同构建人类命运共同体的生动实践[2]。中国将共建"一带一路"倡议的目标定位为促进欧亚大陆的经济一体化和增长，而不是试图扩大其在该地区的政治影响力。

共建"一带一路"倡议以共建人类命运共同体为指引，坚持开放包容、互联互通、互利共赢、互学互鉴、共同发展。共建"一带一路"倡议欢迎世界各国及国际组织参与其中，尊重各国独立自主地决定自己政治、经济、

---

[1] 国家发展改革委，外交部，商务部.推动共建丝绸之路经济带和21世纪海上丝绸之路的愿景与行动［N］.人民日报，2015-03-29(4).

[2] 王毅."一带一路"不是"马歇尔计划"，而是共建人类命运共同体的生动实践［OL］.外交部官网，2018-08-23.

文化的发展路线，给予各国参与共建"一带一路"倡议的平等机遇，确保沿线国家通过共同商议达成的协议、制度、机构对各国的发展都起到公平合理的作用，确保沿线国家共享参与共建的成果。中国欢迎各方搭乘中国发展的快车、便车，并与有能力的强国一起，用多种方式帮助、支持落后国家的现代化发展，实现各国共享新世界经济秩序下机会平等、权利平等、交往平等的福利；使各国资本、劳动力、资源等要素平等参与全球化，都有全球自由流动、自由配置的权利，使沿线国家实现共同富裕[1]。

需要注意的是，共建"一带一路"倡议已经被写入联合国决议，体现出国际社会对共建"一带一路"倡议及其内涵的基本共识，它不是另起炉灶、推倒重来，而是对国际体系的尊重和维护。中国作为世界上最大的发展中国家，作为联合国安理会常任理事国之一，肩负着维护国际秩序改革的重任。作为全球治理体系的受益者，中国秉持全球治理理念，继续推进"一带一路"建设，为补充和完善国际治理体系贡献自身力量。

---

[1] 孙云飞.从"搭便车"到"被搭便车"：中国供应地区安全公共产品的选择[J].太平洋学报，2015，23(9):64-75.

第二章
共建"一带一路"倡议的原则与丝路精神

2017年5月14日,国家主席习近平出席"一带一路"国际合作高峰论坛开幕式并发表主旨演讲,重点谈到了丝路精神。古丝绸之路绵亘万里,延续千年,积淀了以和平合作、开放包容、互学互鉴、互利共赢为核心的丝路精神,是人类文明的宝贵遗产。

《推动共建丝绸之路经济带和21世纪海上丝绸之路的愿景与行动》提出,"一带一路"建设是一项系统工程,要坚持共商共建共享原则,积极推进沿线国家发展战略的相互对接。

2017年11月10日,国家主席习近平应邀出席在越南岘港举行的亚太经合组织工商领导人峰会并发表了《抓住世界经济转型机遇 谋求亚太更大发展》的主旨演讲,其中说到发展之路没有终点,只有新的起点。"往者不可谏,来者犹可追",世界正处在快速变化的历史进程之中,世界经济正在发生更深层次的变化。我们要洞察世界经济发展趋势,找准方位,把握规律,果敢应对。习近平认为,我们面临着增长动能、全球发展方式、经济全球化进程以及全球治理体系四个方面的深刻转变。

正如习近平所说,世界形势正在迅速变化,世界格局也随之变动。发展中国家的群体性崛起是其中最大的变化之一。在进入第四次工业革命的关键时期，中国与其他发展中国家同西方发达国家几乎是同步起始，过去的垂直性、垄断性、等级性结构被扁平化、节点化、网格化结构所取代。特别是中国由"站起来""富起来"到"强起来"的伟大飞跃，是百年社会主义的伟大实践，也是"百年未有之大变局"提出的意义所在。

不仅仅是中国，其他崛起的发展中国家也已经悄然成长为国际社会中不可或缺的重要力量，这种群体性崛起是对过去霸权总是在海洋国家中辗转的一次挑战，是对海权结构的调整与修正。"一带一路"建设强调陆海统筹，强调共商共建共享，所追求的秩序不是西方全球化的"中心边缘"秩序，也不是过去中华帝国所构建的"轴辐秩序"即朝贡体系，而是"节点网格"秩序，强调所有国家不分大小在世界网格体系中均能够享有公平与普惠[1]。共建"一带一路"倡议代表着中国渴望富强的希冀，也传达着中国希望与世界各国共同进步的愿望，是对新时期中国如何应对世界形势变化的一个回答。

第一节

新时代实践共商共建共享原则的具体路径

共建"一带一路"倡议提出至今，已经取得丰硕成果。截至2022年4月，共建"一带一路"大家庭成员达到180个，中国已与149个国家、32个国际组织签署200多份共建"一带一路"合作文件，与14个国家签署第三方市场合作文件。"一带一路"国家修建了许多令世界瞩目的工程项目，例如中泰铁路、雅万高铁、中欧班列、瓜德尔港、汉班托塔港等。

---

[1] 赵磊.从世界格局与国际秩序看"百年未有之大变局"[J].中共中央党校（国家行政学院）学报，2019，23(3):114-121.

共商共建共享作为"一带一路"建设的指导原则，从理念层次和方向选择上给予"一带一路"建设支持，对于这一成果的达成贡献颇多。

共商即各国协商，深入交流，加强互信，以和平方式解决国家交往中产生的纷争矛盾。与霸权主义世界观不同，共商理念倡导的是地位平等、权利平等、机会平等，不包含任何歧视与偏见，也不存在强权政治下的附加条件。中国始终强调尊重各国主权，倡导国家不分大小、强弱、贫富一律平等，通过协商达成政治共识，寻求共同利益，构建人类命运共同体。

共建即各国共同参与，合作建设，商议建设规则，分享发展成果，从而形成互利共赢的利益共同体。经济全球化使得几乎每个国家都卷入了世界市场的链条中，形成了你中有我、我中有你的利益格局。面对世界经济的变化，任何国家都不可能置身事外，只有加强互利合作，共同面对挑战，才能实现共同发展。

共享即各国利益共担，成果共享，让每个参与国家及其人民都享受到发展带来的益处。世界是各国人民共同缔造的，每一个主体都拥有从中追求自己需求的权利。共享要求世界各国积极寻求最大利益公约数，实现互惠互利、合作共赢。

几年以来，共建"一带一路"倡议以共商共建共享为指导原则，在相互尊重、公平正义、合作共赢的国际合作观基础上创造国际合作新模式，成为促进可持续发展的创新型合作机制。在实际操作中，主要包括实现发展规划的有效对接、开启互联互通新模式、聚焦经济发展新领域三种合作方式。

（1）实现发展规划的有效对接。在全球层面，共建"一带一路"倡议与联合国2030年可持续发展议程有效对接，形成促进全球共同发展的政策合力。在区域层面，共建"一带一路"倡议与东盟互联互通总体规划、非盟《2063年议程》、欧亚经济联盟、欧盟欧亚互联互通战略等区域发展规划和合作倡议有效对接，助力互联互通，支持区域经济一体化进程。在国家层面，共建"一带一路"倡议与土耳其"中间走廊"倡议、蒙古国"发展之路"倡议、越南"两廊一圈"规划、沙特阿拉伯"2030愿景"等有效对接。国际知名智库席勒研究所驻美国休斯敦代表布莱恩·兰茨认为，共建"一带一路"倡议创造了一种新型国际关系，其基础是各国合作共赢，是非常伟大的。

（2）开启互联互通新模式。近年来，众多发展中国家进入工业化加速阶段，发达国家则迫切寻求更广阔的市场和产业投资来源。在此背景下，"一带一路"建设开启多种互联互通新模式，铁路、港口、公路、管网等基础设施项目合作稳步推进，跨国经济走廊合作、经贸合作园区建设不断取得进展。

中欧班列、陆海新通道等大通道建设逐步推动实现各国设施联通。2021年中欧班列全年开行1.5万列，运送146万标准集装箱，同比分别增长22%和29%。近年来，中欧班列以稳定、高效的物流服务支撑着全球产业链、供应链的通畅。特别是在新冠疫情期间，在空运、海运受阻的情况下，中欧班列的重要性进一步凸显，成为贯通疫情防控的"生命线"。截至2022年1月，中欧班列已经铺画出78条运行线路，通达欧洲23个国家的180个城市，创造出累计开行突破5万列、运送货物超455万标准集装箱、货值达2 400亿美元的好成绩。同时，雅万高铁等一批铁路项目建设扎实推进，瓜德尔港等重点港口项目进展顺利。中国同沿线国家共建的82个境外合作园区，上缴东道国税费20多亿美元，为当地创造将近30万个就业岗位。

中国远洋海运集团运营的希腊最大港口比雷埃夫斯港，已成为全球发展最快的集装箱港口之一。比雷埃夫斯工商会会长瓦西利斯·科尔基季斯介绍，中国企业加入后，比雷埃夫港集装箱吞吐量全球排名从2010年的第九十三位跃升至 2017 年的第三十六位。

（3）聚焦经济发展新领域。数字丝绸之路、绿色丝绸之路等适应时代发展趋势的创新之路正推动"一带一路"建设开辟更广阔的前景。2017 年 11 月，中国金融学会绿色金融专业委员会和伦敦金融城共同发布《"一带一路"绿色投资原则》，旨在改善"一带一路"项目投资环境，提高社会风险管理水平，推动"一带一路"投资绿色化。2016 年 4 月，中国－国际货币基金组织联合能力建设中心正式启动，为沿线国家提供培训，促进交流与互鉴。拉美是中国最遥远的伙伴，但"一带一路"却给拉美国家带来了经济和社会发展亟需的现代化高速公路和更新换代的铁路运输系统[1]。

但是在项目的规划和实施过程中，仍然存在着一些改进的空间，例如文化隔阂、对接滞后、恶性竞争等不良因素仍是共建"一带一路"倡议在推进过程中的强大阻力，而第三方市场合作作为一种较为新颖的合作方式，能够有效规避当今中国在共建"一带一路"倡议实施过程中的一些障碍，是今后中国在合作过程中应该着力推广的一种合作方式。接下来将以第三方市场合作为重点讲述共商共建共享原则的实践路径。

一、第三方市场合作的中国实践

第三方市场合作是一种投资模式，即中国企业与有关国家企业共同在二者之外的第三方市场开展经济合作的经济行为。第三方市场合作是中国更好地融入世界市场并创新性地贡献出自己力量的一个具体方案，更是对共商共建共享原则的积极实践。共建"一带一路"倡议是一个开放包容的倡议，也是一个致力于推动各参与国实现产业升级和经济发展的计划，凡

---

[1] 张涛，刘海燕."一带一路"倡议创造国际合作新模式[OL].新华社，2019-04-25.

是认同"一带一路"建设原则和丝路精神的友好国家都可以加入"一带一路"建设的大家庭中，共建"一带一路"倡议不是中国的"新型债务陷阱"，也不是中国不求回报地在世界范围内"扶贫"，更不是中国划定自己势力范围的霸权行径。

共建"一带一路"倡议紧跟世界最前沿的经济发展潮流，要在全世界范围内实现国家间资源合理配置，它传播的始终是互利共赢的先进理念，也在按照这个理念去规划和实践。无论贫穷富裕，无论地处何方，无论哪种文明，共建"一带一路"倡议都能用真诚包容的胸怀将不同身份的人们联系在一起。也因此，各参与国发展水平参差不齐，制度形态千差万别，不仅仅有基础设施不完备、生产链条相对不完整的欠发达国家，还有发展水平较高、产业结构合理、科技进步的发达国家。欠发达国家与发达国家进行合作时，除了进行互补性的双边产业合作以外，也应积极尝试第三方市场合作。

截至2021年底，中国已与14个国家签署了第三方市场合作文件，建立了第三方市场合作机制。第三方市场合作已经成为中国与其他国家在"一带一路"框架下进行合作的重要方式之一。第三方市场合作可以更好地利用不同国家的优势，减少恶性竞争和摩擦，最大限度将资源进行优化重组，达到参与国家都能获取合作红利的目的，从而实现1+1+1>3的效果。（表2-1）

表2-1　　截至2019年6月与中国开展第三方市场合作的国家

序号	国家	签署文件	合作平台
1	澳大利亚	《关于开展第三方市场合作的谅解备忘录》	中澳战略经济对话
2	奥地利	《关于开展第三方市场合作的谅解备忘录》	中奥第三方市场合作工作组、中奥第三方市场合作论坛

(续表)

序号	国家	签署文件	合作平台
3	比利时	《关于在第三方市场发展伙伴关系与合作的谅解备忘录》	——
4	加拿大	《关于开展第三方市场合作的联合声明》	——
5	法国	《关于第三方市场合作的联合声明》《中法第三方市场合作示范项目清单》	中法第三方市场合作指导委员会、中法第三方市场合作论坛、中法第三方市场合作基金
6	意大利	《关于开展第三方市场合作的谅解备忘录》	中意第三方市场合作论坛、中意第三方市场合作工作组
7	日本	《关于中日企业开展第三方市场合作的备忘录》	中日第三方市场合作论坛、中日第三方市场合作工作机制
8	荷兰	《关于加强第三方市场合作的谅解备忘录》	——
9	葡萄牙	《关于加强第三方市场合作的谅解备忘录》	中葡第三方市场合作工作组
10	韩国	《关于开展第三方市场合作的谅解备忘录》	中韩共同开拓第三方市场联合工作组
11	新加坡	《关于开展第三方市场合作的谅解备忘录》《关于加强中新第三方市场合作实施框架的谅解备忘录》	中新第三方市场合作工作组、中新"一带一路"投资合作论坛
12	西班牙	《关于加强第三方市场合作的谅解备忘录》	中西第三方市场合作工作组
13	瑞士	《关于开展第三方市场合作的谅解备忘录》	中瑞第三方市场合作工作组、"一带一路"能力建设中心
14	英国	《关于开展第三方市场合作的谅解备忘录》	中英第三方市场合作工作组

（资料来源：国家发展改革委网站）

二、现阶段第三方市场合作的内容与成果

国家发展改革委发布的《第三方市场合作指南和案例》提出,第三方市场合作通常有五种类型,分别为产品服务类、工程合作类、投资合作类、产融结合类、战略合作类。第三方市场的合作模式虽然与传统方式不同,但依然秉持着共商共建共享的原则,坚持开放包容的态度,同时融入了绿色、廉洁的先进理念,目的是与所有参与国家一起实现互利共赢的目标。在实施过程中,我国坚持企业主体、市场导向、商业原则、国际惯例,坚持质量优先、因地制宜,也坚持开放包容、合作共赢,努力实现高标准、惠民生、可持续的目标。第三方市场合作模式将投资国的优势资源统一整合起来,使其灵活发挥各自长处,实现优势互补和资源最大化合理配置,共同推动目标国产业发展、基础设施水平提升和民生改善,对参与的任何一方而言都是有利的。

现有条件下,开展第三方市场合作的领域广阔,从金融、电力、化工到油气、交通等,参与国家也涉及多个地区,从英国、法国、意大利到日本、印度尼西亚、埃塞俄比亚等国,中国企业与外国企业深入实践第三方市场合作不仅会给参与者带来益处,同时也会形成良好的带动和示范作用,激发各国参与到"一带一路"的建设中来,也为中国企业拓展了海外市场。

(一)产品服务类

产品服务类通常指中国企业与外方企业在设备采购、认证许可、法律商务咨询等领域开展合作,共同为第三方市场客户提供整体解决方案。例如莫桑比克马普托大桥项目由中国交建承建;德国 GUAFF 公司提供监理咨询服务,参与项目的设计咨询、施工监督及质量安全控制工作。项目使当地原来 2—3 小时的渡海时间缩短至 10 分钟左右,同时创造了超过 2 000 个就业岗位。值得一提的是,莫桑比克马普托大桥项目采用中国标准设计,采用欧洲标准及南非规范审核并以中国标准施工,成为"中国标准"走出

去的典型案例。

（二）工程合作类

工程合作类通常指中国企业与外国企业通过总分包、联合竞标等方式，共同在第三方市场开展项目。比如，埃塞俄比亚吉布3水电站项目中，东方电气获得设备供应订单，一家意大利公司承担土建工作。项目使埃塞俄比亚全国发电装机容量翻倍，缓解了当地电力短缺情况，同时为当地培养了电力人才。

再如，中国电建与西班牙 Puentes 集团合作建设的厄瓜多尔医院项目，合同金额约2亿美元，2017年3月按期完工并顺利移交。截至2019年6月，该医院是厄瓜多尔规模最大、科室种类最齐全、设备最先进的公立医院。

（三）投资合作类

投资合作类通常指中国企业通过并购、合资、参股等方式，与外方企业共同在第三方市场开展投资，形成风险共担、利益共享的合作格局。比如，中石油、丝路基金和俄罗斯诺瓦泰克公司、法国道达尔公司共同投资建设俄罗斯亚马尔液化天然气项目，为人类在北极圈内建设超级液化天然气工厂提供了参考范本，同时有力带动了项目所在地区船运、保险、金融等相关产业发展，推动了北极东北航道使用，为亚太、欧洲乃至世界物流业带来了便利。

巴基斯坦卡西姆港燃煤电站项目由中国电建和卡塔尔 AMC 公司共同投资建设，项目总投资约21亿美元。从2017年11月首台机组发电至2018年12月31日，卡西姆项目已经累计发电76亿度，极大地缓解了巴基斯坦电力短缺的状况。项目建设期直接雇佣超过3 500名当地员工。截至2019年6月，该项目已经向巴基斯坦中央政府和信德省当地政府缴纳各类税款超过2亿美元。

（四）产融结合类

产融结合类通常是指中外方金融机构通过银团贷款、联合融资、转贷款、股权参与等多种方式在第三方市场开展合作，拓宽企业融资渠道，分散金融机构融资风险，实现企业和金融机构共生共荣。比如，在加纳特马港扩建项目中，中国银行通过银团贷款的方式与世界银行下属的国际金融公司开展合作。

（五）战略合作类

战略合作类通常指中国企业与外方企业通过签署战略合作协议、建立战略合作联盟等形式在第三方市场开展研发、制造、工程、物流、资本、人才等全方位、多领域、多层次合作，实现资源共享和优势互补，同时为第三方市场带来更多发展机遇。比如，中远海运与法国达飞轮船等企业共同组建"海洋联盟"，共同投船、共享舱位，显著降低了联盟航线覆盖的东西干线运输成本，同时推动了航运市场的健康发展。

下一步中国可以在四个方面推进与其他相关国家的第三方市场合作：一是加强机制建设，进一步扩大合作朋友圈；二是拓展合作领域，进一步挖掘发展新动能；三是优化综合服务，进一步增强企业获得感；四是推动重大项目，进一步增加利益交汇点[1]。

三、第三方市场合作的广阔潜力

早在 2015 年，国家主席习近平就对欧洲的经济发展状况表示了肯定并且表达了合作意愿。他指出，当前，欧洲经济总体上前景趋稳。我们相信，欧洲一定能通过自己的智慧和努力，实现新的发展和进步[2]。

1　第三方市场合作指南和案例［OL］.国家发展改革委网，2019-09-04.

2　侯丽军，田栋栋.习近平出席中英工商峰会并致辞［OL］.人民网，2015-10-22.

西欧国家总体发展稳定，一直是世界范围内国际事务的重要参与者，高度重视中国市场以及现阶段的战略机遇，亚投行的成立使其成为"一带一路"建设重要的合作伙伴。中国和西欧国家之间有许多可以进行互补合作的地方。欧洲具有雄厚的产业基础和积累下来的技术、人才等优势，经济发展模式趋于成熟，经济总体运行平稳。而中国则拥有全球最大新兴经济体的身份，市场广阔、潜力无穷，发展势头强劲。除了经济利益之外，共建"一带一路"倡议也可以弥补中欧之间的认知鸿沟。在中国人眼中，西欧不再是僵化的城堡；在西欧人眼中，中国不再是刻板的城墙。世界中心也许会逐渐由以"美国—大西洋—欧洲"为核心的"基督教文明圈"开始转向以"中国—欧亚腹地—西欧"为核心的"多元文明圈"。文明的互通互鉴可以加深彼此的理解，消除误会，同时实现更加精准的合作。

在西欧众多国家中，法国官方和学术界都对共建"一带一路"倡议表示过肯定，法国历来都拥有独立自主的外交风格，1964年更是成为第一个与中国建立外交关系的西方国家。法国也是继英国脱欧后，欧盟内部唯一的联合国安理会常任理事国。因此，法国是中国在西欧开展"一带一路"建设的重要合作伙伴，接下来，将以法国为重点，讲述第三方市场合作在欧洲的发展历程和未来展望等。

（一）中法之间第三方市场合作的重点领域

核电以及高铁已经成为当今时代中国企业率先"走出去"的优势产能，高铁、航空与航天、民用核能等同样也是法国的优势产业，第三方市场合作可以有效化解中法之间可能存在的同质化竞争关系。双方在第三方市场合作声明中称，在交通领域，充分利用双方优势加强干线铁路和城市铁路领域的合作，共同研究和探讨合作地区和合作潜力。以法国高铁为例，一方面它需要中国"鲇鱼"激发活力。法国高铁TGV，是由阿尔斯通公司和法国国家铁路公司共同设计建造并由后者负责运营的高速铁路系统。1981年，巴黎—里昂高铁专线投入使用，这是继日本新干线之后，人类历史上第二个投入运营的高铁线路。法国高铁由于在欧洲运营最早，其多项标准一度成为欧洲高铁技术的基础，让法国成为欧洲高铁极具话语权的国家。但是，在竞争日益加剧的全球高铁格局中，法国高铁昔日独领风骚的局面一去不复返。另一方面，除传统竞争对手如德国、日本外，韩国、西班牙、意大利等新兴力量也日渐强大。2008年全球金融危机之后，价格已取代速度成为吸引消费者的关键因素，法国高铁的乘客日渐稀少。中国高铁同法国高铁合作具有战略意义。中国高铁有很多技术来自法国，法国更了解欧洲市场，中国需要借助法国的人才与经验去开拓欧洲市场。在这方面，中法高铁市场要互相开放。更多的中国企业将出现在法国以及其他西欧国家的高铁、码头、港口、机场、核电等基础设施领域[1]。

合作会产生联动效应，一个领域内市场的开拓会带动其他领域内市场的发展，在上一次合作中制定的规则、谈判的标准等"硬件"，以及信任和满意度等"软件"，都将对下一次合作产生重要影响。以法国为例，当中法两国在高铁领域的合作逐渐成熟后，双方便可以进一步开辟可供合作的其他领域。对法国而言，"法国制造"有两个层次：一是以幻影战机、高速列车以及核电站等为代表的高科技产品；二是以香水、名包等为代表的文化创意与时尚产品。文化产业是法国的另一大优势，是法国最强大的、可持续发展的动力，这也是中国的硬需求。在多数中国人眼中，法国与"浪漫"是联系在一起的，它既是充满悠久历史气质的国家，也是现代艺术蓬勃发展的殿堂，将古老与潮流完美地融合在一起。中国也是一个拥有着灿烂文明和历史的国家，无数的文化瑰宝历经时间考验得以沉淀。如今的中国正以积极的姿态融入全球化的进程当中，与时俱进，不断更新观念，致力于从追随者成为引领者。中国各地都非常重视发展文化产业，但目前的起点很低，还基本停留在"卖门票"阶段。因此，除高铁、核电外，中法

---

[1] 赵磊.在西欧寻求"一带一路"突破口[OL].参考消息网，2015-04-09.

两国可以在文化创意产业、旅游服务业等领域开展深层次合作，法国的宝贵经验和先进技术可以给中国企业带来方向性的指导，中国的市场需求又可以反过来促进法国的产业升级，两国未来的合作大有可为。

此外，中法在第三方市场合作的声明中还列举了双方可以在未来大力合作的领域。法国农业在欧洲一直处于领先地位，现代农业的发展更是朝气蓬勃。在农业领域，双方可以充分发挥各自优势，例如法国农业高质量的员工培训体系，对生态农业和先进技术的应用等。中国拥有广阔的市场，以及对食品安全越来越高的要求。双方可以在粮食安全、食品安全和农业培训等方面加强合作，以兼顾经济、环境和社会效益的可持续发展方式，通过知识共享、合作开展农业培训与科学研究，加强在养殖、种植等专门领域和生态农业、农业机械化、农村能源、地理标识等方面的合作，帮助发展中国家提高农业生产水平，实现农业和农业食品行业的可持续发展。

在卫生领域，双方要携手共同应对新发传染病和重大疫情，积极开展疫情分析和信息共享等合作。加强上述合作将会对与两国有来往的第三国产生积极影响。2019年出现的新型冠状病毒在全球肆虐，中国在由受援国转变为援助国之后，及时对包括法国在内的其他疫情重灾区国家伸出援手，提供救治所需医疗物资。中国在用实际行动践行着共建"一带一路"倡议的原则、精神和人类命运共同体理念。相信经过此次疫情，中法两国都会更加意识到合作对抗疾病的必要性，未来双方在卫生医疗领域内的合作也能够更加完善。

在应对气候变化方面，中法双方可以在可再生能源、提高能效、灾害预警、防灾减灾等领域携手与第三国特别是发展中国家开展合作。

同时，金融和保险行业可为两国企业在第三国开展合作提供便利，两国金融机构可以按照市场原则和多边实践开展合作，建立起定期对话和信息共享机制；积极发展联合融资、平行贷款、股权投资、风险参与以及技术援助等合作方式；推动在合作项目中使用公共资金和私人资金相结合的创新融资方式，为有关投资项目建立治理框架，创造公平、公开、透明的市场环境；也可以与第三方金融机构进行合作，实现融资来源多样化，为两国企业提供必要的融资便利。

除了积极发挥政府的引领作用外，中法两国还应鼓励两国企业、智库和民间机构就第三方市场合作加强交流，例如开展联合调研，分享合作经验，交流第三国政策、经济、法律等信息，交流中法各自在第三国的官方发展援助政策，共同加强风险评估和防范等[1]。

（二）其他在第三方市场合作中前景广阔的国家

除法国外，欧洲还有很多国家都拥有与中国进行第三方市场合作的有利条件，如欧洲大陆上制造业的突出代表——德国和意大利。德国企业的特点之一是高度重视研发环节，用品质牢牢占据着世界市场的一席之地，值得中国企业潜心学习。意大利有"中小企业王国"的美誉，致力于发展中小企业的中国城市应该主动对接意大利。食品、服装、家具是意大利的传统优势产业。意大利中小企业在促进国民经济发展，解决就业方面发挥着重要作用，吸纳了全国 82% 的员工就业。但目前它们的发展面临难题：一方面，意大利政府外债缠身，没有足够的资金支持中小企业；另一方面，意大利人思想相对保守，骨子里有小富即安的思想，缺少创新的主动性。所以，意大利企业的优势不断被外国企业所蚕食。为此，意大利需要开拓中国市场，后者也要积极对接前者，双方还可以共同开发一些新兴市场[2]。

不仅仅是欧洲国家，在一些发达程度较高的亚洲国家，中国也可以与之开展优势互补的第三方市场合作。例如发达程度较高的新加坡，是中国

---

[1] 中华人民共和国政府和法兰西共和国政府关于第三方市场合作的联合声明[OL].人民网，2015-07-02.

[2] 赵磊.在西欧寻求"一带一路"突破口[OL].参考消息网，2015-04-09.

在与东盟开展合作时不可忽视的一环。中新两国目前的合作多集中在物流、食品和建筑等领域，新加坡一直以来都对开展第三方市场合作表现出强烈兴趣。为了进一步加深彼此之间的了解，为未来双方的经济发展提供更多可能性，中国和新加坡2018年首次将共同促进共建"一带一路"倡议纳入两国之间的双边自由贸易协定，同意双方将共同促进"一带一路"建设，发掘共建"一带一路"倡议与各方国家发展优先事项的交汇点，促进政策沟通、设施联通、贸易畅通、资金融通和民心相通，利用互联互通、金融支撑和三方合作三大平台和中新双边合作联委会等多双边机制，增进合作共赢和共同繁荣。

截至2020年底，中国与新加坡已经达成了3个政府间合作项目协议，分别是中新苏州工业园区、中新天津生态城项目和中新（重庆）战略性互联互通示范项目。新加坡在法律仲裁、企业管理、城市规划和先进技术等方面拥有优势，中国和新加坡未来可以在上述领域内扩展业务范围和加深合作程度。2020年，尽管受到新冠疫情影响，两国间的直接投资仍然保持了旺盛的增长态势，其中中国企业对新全行业直接投资66.3亿美元，同比增长104.7%。新加坡对华投资76.9亿美元，同比增长1.2%[1]。

中新两国的政府间合作源远流长，在"一带一路"框架下双方都有进一步开拓东盟市场的共同需求，开展第三方市场合作的空间很大。新加坡方面对第三方市场合作的态度也十分积极。由于国土面积狭小，资源禀赋匮乏，新加坡难以在纷繁复杂的国际关系中承担较大的责任，也难以以一己之力开拓范围广阔的世界市场，需要寻求大国的帮助，中国就是一个很好的合作对象。在当前的发展状况下，中国和新加坡的未来发展计划不谋而合，两国可以进一步挖掘在东南亚地区开展第三方市场合作的潜力，进

---

[1] 中华人民共和国商务部亚洲司.2020年1—12月中国-新加坡经贸合作简况[OL].商务部网，2021-03-12.

而扩展到其他地域。

除上述地区外，日本、韩国等许多国家也拥有与中国共同开发第三方市场合作的意愿并已签署相关协议。未来，随着共建"一带一路"倡议的不断推进，一定会有更多的国家以第三方市场合作的方式参与其中。

2019年4月，国家主席习近平出席第二届"一带一路"国际合作高峰论坛开幕式并发表主旨演讲时说：我们要秉持共商共建共享原则，倡导多边主义，大家的事大家商量着办，推动各方各施所长、各尽所能，通过双边合作、三方合作、多边合作等各种形式，把大家的优势和潜能充分发挥出来，聚沙成塔、积水成渊。他同时也说道：共建"一带一路"，顺应经济全球化的历史潮流，顺应全球治理体系变革的时代要求，顺应各国人民过上更好日子的强烈愿望。面向未来，我们要聚焦重点、深耕细作，共同绘制精谨细腻的"工笔画"，推动共建"一带一路"沿着高质量发展方向不断前进。因此第三方市场的建设将成为下一步高质量共建"一带一路"的重要方向，对引导和撬动美欧国家参与"一带一路"建设具有积极意义。

四、开展第三方市场合作的意义与挑战

全球化已经将世界绝大多数国家带入了一个共同的发展体系当中，在紧密相连的产业链中，国家与国家之间同频共振，你中有我、我中有你，分工合作才能塑造出一个完整的全球大市场。在这个市场中，竞争与合作都是常态，国家间也同时拥有这两种状态，竞争可以促使国家提高效率、优化生产，促使生产力不断向前推进；合作则可以弥补双方的不足，使双方获得更完美的产品，在更大范围的买方市场中具有更大的竞争力；也能使二者互相学习，提高自身的生产水平，为下一步的技术进步和产业升级提供成长空间。第三方市场合作也是合作的一种，这种合作方式可以给所有参与方带来益处，同时，也将合作对象的范围和地区扩大。

第三方市场合作是探索世界经济发展新道路的创新之举。全球化的发展给世界经济带来了诸多新的增长点，激发了许多国家的潜力，但也给世界市场的走向带来了相当大的不确定性。逆全球化的浪潮也与全球化相伴而生，单边主义盛行、民粹主义抬头，诸多迹象表明全球化要走得平稳长远需克服的阻碍还有很多。第三方市场合作可以通过制度建设使参与国之间的矛盾最小化，使资源配置更加优化，适用范围进一步扩大，同时也避免了国家之间的恶性竞争和资源浪费，是对全球现有合作模式的一种补充和完善。

第三方市场合作是国家间共同发展的互惠选择。当前世界经济虽然已经从金融危机中逐渐复苏，但不论是发达国家还是发展中国家，都有着棘手的经济问题需要解决。产业空心化、海外市场需求不足、劳动力成本过高等因素困扰着发达国家的市场拓展，使其先进的技术和累积的经验等优势无法完全发挥出来。中国近年来经济增速虽有所放缓，但仍处于经济快速发展时期，对技术和管理经验等经济发展要素有很大需求。城市化进程加快，经济发展模式的转型也要求中国更多地将目光聚焦高新技术企业，第三方市场合作能够将处于不同发展阶段国家的供给和需求有机结合起来，最大限度地激发各参与方的经济潜能，使中国的优质产能同发达国家的关键技术和先进装备相结合，与发展中国家的城市化、工业化需求对接，有助于推动形成合理高效的产业分工格局，加强全产业链合作，凝聚全球经济增长新动力。

第三方市场合作是吸引更多国家参与"一带一路"建设的务实方案。共建"一带一路"倡议提出至今，已经由大写意阶段进入了工笔画阶段，已经从粗线条勾勒阶段转变到精耕细作阶段。"一带一路"建设是一个开放的包容的体系，欢迎世界上所有认同"一带一路"发展理念的国家参与其中，就目前合作国家来说，发达国家的参与程度还有待提高。第三方市场合作可以激发发达国家参与建设的积极性，予以双方更多的合作模式选择。与发达国家在第三国开展合作，有利于消除发达国家对共建"一带一路"倡议的疑虑，增进双方互信，为未来继续推进"一带一路"建设营造良好的国际环境。

但同时，第三方市场合作也面临着一些挑战，这些挑战主要来自三方面。

一是经验不足。目前的国际贸易并未建立起优势互补的合作促进机制，第三方市场合作模式的推出，是对这一问题的尝试性回应，是中国对世界贸易规制建设的贡献，还有很大的空白和未知需要时间给出答案。并且，改革开放之后，中国企业才算是真正走出国门，融入了世界市场，中国企业在国际社会中开展贸易的经验也只有短短几十年，对国际规则的把握和运用相对不甚成熟，第三方市场合作又是一个新颖的事物，完全驾驭它还需要中国企业付出很大的努力。

二是国家间文化差异较大，可能会给企业带来适应性的问题。早在《文明的冲突与世界秩序的重建》一书中，亨廷顿就预言未来国家间的矛盾将会以文明冲突的形式呈现，由此可见，文化差异已经成为当今影响国际关系的重要因素，国家间的文化差异可能给合作造成无法弥补的伤害。第三方市场合作模式涉及的国家数量较多，彼此间的文化差异随之扩大，因此潜在的合作阻力也会增加。

三是政治互信程度低。经济与政治的关系密不可分，二者从来不能完全脱离彼此存在。但是西方发达国家多与中国存在较大的价值观差异，政治合作程度也一直不高。虽然第三方市场合作模式开辟了一种新的路径，规避了以往合作模式的一些弊端，但根深蒂固的价值观分歧难以消除，当今国际局势又处在变动重组的过程中，在未来的合作中，政治领域的动荡可能会对经济领域的合作造成一定程度的冲击。

尽管存在一些挑战，但第三方市场合作前景仍值得期待。中国坚持"一带一路"建设共商共建共享的基本原则，在此基础上开展第三方市场合作，是给世界经济发展开出的一剂良药，也是给不同国家解决当前国内发展困境提供的一种选择。就中国自身而言，更应该做好第三方市场合作的机制搭建工作，积极引导企业熟悉国际市场规则，掌握相关法律法规，严格遵守相关规定，同时也要对投资国和参与国的文化习俗有基本的了解，在国际社会树立起良好的企业形象，要打造典型案例进行宣传，用事实证明第三方市场合作的优势。中国在表明原则立场的同时也要主动回应国际社会的质疑，做到透明公开，公平公正。

第二节

丝路精神与共商共建共享原则一脉相承

2018年8月28日，"一带一路"知识产权高级别会议在北京开幕，国家主席习近平向会议致贺信。习近平指出，中国发扬丝路精神，提出共建"一带一路"倡议，得到有关国家和国际社会的广泛认同和热情参与，取得丰硕成果。我们愿同各方继续共同努力，本着共商共建共享原则，将"一带一路"建设成为和平之路、繁荣之路、开放之路、创新之路、文明之路，让丝路精神发扬光大。共商共建共享原则与丝路精神是一脉相承的，同样作为"一带一路"建设的宝贵精神财富指导着我们的实践。

在中国-阿拉伯国家合作论坛第六届部长级会议开幕式上，国家主席习近平发表了《弘扬丝路精神，深化中阿合作》的演讲。在讲话中习近平说道，千百年来，丝绸之路承载的和平合作、开放包容、互学互鉴、互利共赢精神薪火相传。中阿人民在维护民族尊严、捍卫国家主权的斗争中相互支持，在探索发展道路、实现民族振兴道路上相互帮助，在深化人文交流、繁荣民族文化的事业中相互借鉴。

习近平进一步从四个角度阐释了丝路精神的内涵，分别对应丝路精神和平合作、开放包容、互学互鉴、互利共赢四个方面。弘扬丝路精神，就是要促进文明互鉴。人类文明没有高低优劣之分，因为平等交流而变得丰富多彩。弘扬丝路精神，就是要尊重道路选择。一个国家发展道路合不合适，只有这个国家的人民才最有发言权。我们不能要求有着不同文化传统、历史遭遇、现实国情的国家都采用同一种发展模式。弘扬丝路精神，就是要坚持合作共赢。中国追求的是共同发展。我们既要让自己过得好，也要让别人过得好。弘扬丝路精神，就是要倡导对话和平。[1]

一、丝路精神的理论基础

（一）"天下"思想

《礼记·礼运》篇中写道："大道之行也，天下为公。""以天下为一家，以中国为一人。"中国人的"天下"思想包含多种意义，在价值观层面，主要用于表达一种美好的愿景和希冀。中国人的集体意识自古有之，所以才会有"不独亲其亲，不独子其子"的教诲，才会有"老有所终，壮有所用，幼有所长，矜、寡、孤、独、废疾者皆有所养，男有分，女有归"的愿望，在国家内外都奉行"我中有你，你中有我"的交往原则。理想世界的最终蓝图是不同国家间的所有人都能够亲如一家，彼此之间坦诚相待，恶意竞争不复存在，识别敌人的过程消失，每个人都直接归属于所有人共同组成的最大集合体中，即使面临冲突矛盾，各国也能在保持友善的前提下和平解决，共同磋商，国家之间能够做到彼此利害互担、和谐共处。

共建"一带一路"倡议所提倡的丝路精神是对各国同心同德、团结协作建设国际社会，更合理有序开发国际市场的一种期许和引导，是不包含任何歧视、偏见、自大等有悖于合作共赢初衷的成分在其中的，是中国人对天下一体、携手共进的一种阐释，是中华民族千百年来积淀的智慧在当

---

[1] 习近平.习近平谈"一带一路"[M].北京：中央文献出版社，2018:31-38.

今时代的发掘利用，经得起国际社会的推敲和审视。

（二）"己所不欲，勿施于人"的处世观

同理心在人与人之间的交往中占据着不可替代的中心地位，类比国际社会，国家与国家之间也需要彼此的理解与接纳。中国古代强调自我反省以及推己及人。这两个过程一个是向内的重构自我，帮助行为体自身建立起一套相对完善的认知体系；一个是向外的价值选择，在与其他行为体的互动中不断填补漏洞，融会贯通。国与国之间同样需要这种反思与重构，以更广阔的视野和更包容的立场思考不同国家利益的碰撞，寻求其中的最大公约数。当今国际社会中的诸多冲突便是由一些行为体的一意孤行挑起的，每个国家都有自己的国家利益，但同时所有的国家都共享一个国际舞台，每个行为体都应该懂得换位思考，明白理解与沟通的重要。

（三）"以和为贵""协和万邦"的"和"思想

"以和为贵"出自《论语·学而》，原文为"礼之用，和为贵，先王之道，斯为美"，意在表达礼的目的是促进和维护人际交往中的和谐关系。"协和万邦"出自《尚书·虞书·尧典》，原文为"克明俊德，以亲九族。九族既睦，平章百姓。百姓昭明，协和万邦"，意在强调通过个人德行对家族进行良治，又由家族推及社会乃至各诸侯国，使其和谐共处。虽然前者在古代更多适用于规范人与人之间的关系，后者也主要局限于一国领土范围内，但它们的思想内核在今天也同样具有普遍价值。和谐并不是同化，消除所有的矛盾和差异，达到利益完全一致的状态，这在当前包括今后的很长一段时间内都是不现实的。中国人一直以来都是用和谐传达一种共生包容的理念和相互依存的立场，不同事物之间有差异是理所应当的，矛盾也是被允许存在的，但这并不影响在同一背景下事物之间的互相促进，甚至做出带有他助意义的举动。例如中国古代的阴阳哲学，将两个看似极端对立的事物统一起来，融入一个共同的运行架构中，在这个框架下，相互

的平衡和发展被视为重要的准则。在国际医学界独树一帜并大放异彩的中医理论也是将和谐相生的理念运用于人体，把不同器官之间的良好合作视为健康发生的条件。

和平非战的思想在中国古代思想中早已有之。孟子说过："以力服人者，非心服也，力不赡也；以德服人者，中心悦而诚服也。"仁爱是儒家一直秉持的治国理念，这本身已经是和平的更高级阶段，不但要求用非暴力的方式解决矛盾，更是从问题产生的源头着手，从观念塑造上避免矛盾的产生。除儒家外，诸子百家中的墨家提倡"兼爱非攻"，在友善、爱人的基础上添加了平等的理念，强调不恃强凌弱，不以众欺寡。即使是相对具有攻击性的兵家，也将发动战争视为迫不得已的解决方案，嘱咐人们在使用战争手段时一定要慎之又慎，不可不察。明朝郑和下西洋，在国力悬殊的情况下主要目的仍是传播中华文化，甚至厚往薄来，并未用武力征服各部落邦族。以德行治天下，以教化去分歧，中国文化的基因里始终蕴涵着用和平友好的方式处理国家事务的理念。

"和"是和平，也是和睦，儒家文化的核心之一便是"和"。但"和"并不是抹杀事物的个性为求达到完全同一的极端状态，而是要各有所长、保持特色，在同与不同之间寻求平衡点，以磨合的方式缩小事物之间的分歧，以"中庸"之道促进和谐的实现。达到和而不同，和谐共生。

中国自古以来就崇尚和谐、爱好和平、乐于合作。历经五千多年的中华优秀传统文化积蕴着深厚的和合思想，这种思想构成了中国传统文化的核心和精髓。中国传统的"和合"思想主张用"和而不同""和实生物"的整体性思维方式考察问题。中国在漫长的对外交往中，运用"协和万邦""天下为公"等和谐思维提倡不同的民族、国家在共同利益的基础上互相学习，取长补短，达成共存共荣、和衷共济的共同体，主张中国要与其他民族、国家和谐互动，摒弃以自我为中心的狭隘思维。中国传统文化中的和谐思想表达了中华民族对世界各国和谐共处的企盼，彰显出中国力求促进世界和平发展的情怀和担当。

中国共产党自执政以来,始终致力于各民族、国家间的友好合作与和平发展。尤其是改革开放以来,中国将自身发展的轨迹并入国际社会,与世界的发展命运相连,并做出了和平与发展是时代主题的科学论断,提出要坚持四项基本原则和坚持改革开放相统一等原则,为新时期进一步推进改革开放、继续推动和平发展和构建和谐世界的伟大事业奠定了执政理论基础。在党的十九大报告中,习近平总书记呼吁,各国人民同心协力,构建人类命运共同体。这一思想还被写入党章和宪法,上升为党和国家的意志。中国共产党自成立以来,始终站在世界和平发展的高度,坚持为中国人民谋幸福,为人类进步事业而不懈奋斗。共建"一带一路"倡议正是中国共产党在新时期构建人类命运共同体理念的伟大实践。

二、丝路精神的具体内涵

(一)和平合作

2015年4月21日,国家主席习近平在巴基斯坦议会的演讲《构建中巴命运共同体 开辟合作共赢新征程》中提道:和平、发展、合作是我们这个伟大时代的主题[1]。合作是当今全球化背景下的大势所趋,国家之间命运相连,你中有我,我中有你。经济方面,生产链条虽分布在不同区域,却仍环环相扣、信息共享,共同为实现商品升级、促进消费和扩大市场而努力;文化方面,国家之间的人员往来日益频繁,科技的进步使得相隔遥远的民众可以分享彼此的日常,了解另一个空间维度下的生活方式;国际事务方面,更是没有任何国家可以置身事外。我们拥有同一个地球,我们拥有人类这个共同的身份,所以许多问题需要我们共同面对,例如节约资源、保护环境、打击毒品犯罪、消除恐怖主义等。这些问题远非单个国家

---

[1] 习近平.习近平谈"一带一路"[M].北京:中共文献出版社,2018:73.

可以解决，因此国家之间必须采取目标一致的行动，用合作实现最优化路径。

同时在采取行动的过程中，又会出现不同国家利益之间的角力，在面临冲突甚至对抗时，国家间要力求用和平的方式解决冲突，因为冲突必然会带来损失，用和平的方式化解矛盾才是正解。和平是研究和处理国际关系时永恒的目标，是确保国家能够拥有一个良好外部环境的基本保障。任何一个国家离开了和平都不能实现长久有效的发展。因此，只有坚持和平合作的原则才能实现国家间的长足发展和全面进步，才能实现文明在世界范围内的升级。

（二）开放包容

国家主席习近平 2015 年 9 月 24 日在华盛顿布莱尔国宾馆同美国总统奥巴马举行中美元首会晤时的讲话中提道：中国是现行国际体系的参与者、建设者、贡献者，同时也是受益者。改革和完善现行国际体系，不意味着另起炉灶，而是要推动它朝着更加公正合理的方向发展。中国提出的共建"一带一路"倡议、设立亚投行倡议，都是开放、透明、包容的，有利于有关国家发展经济，增加就业，减少贫困，欢迎包括美方在内的有关各方积极参与。

共建"一带一路"倡议的开放包容体现在许多方面，地缘上延伸广泛且不设限制，涵盖多种文明类型，国家制度类型也是千差万别。但中国始终不曾改变提出共建"一带一路"倡议时的初心，始终坚守着共建"一带一路"倡议的原则和精神，并将之付诸实施。所以，才有越来越多的国家加入"一带一路"建设中，同时，也有越来越多的国家获得了发展，弥补了单纯依靠自身进行建设时的不足，在实践中证明着共建"一带一路"倡议的开放包容。

（三）互学互鉴

国家主席习近平在博鳌亚洲论坛 2015 年年会开幕式上的主旨演讲《迈向命运共同体　开创亚洲新未来》中曾引用中国古代思想家孟子的话"夫物之不齐，物之情也"。并指出不同文明没有优劣之分，只有特色之别。要促进不同文明、不同发展模式交流对话，在竞争比较中取长补短，在交流互鉴中共同发展，让文明交流互鉴成为增进各国人民友谊的桥梁、推动人类社会进步的动力、维护世界和平的纽带。

2017 年 1 月 18 日，国家主席习近平在日内瓦万国宫会见第七十一届联合国大会主席汤姆森和联合国秘书长古特雷斯时强调：各国利益与共，命运相连，必须摒弃逐利争霸的旧模式，走以制度、规则来协调关系和利益的新道路。中国一贯主张各国平等相待，走符合自身国情的发展道路，共同努力，互利共赢。我们走中国特色社会主义道路取得了一些治国理政经验，愿通过联合国这个平台同各国分享。中国提出"一带一路"倡议就是为了同各国分享发展机遇和成果。希望联合国在落实 2030 年可持续发展议程方面有更大作为[1]。

中国一直以来都尊重不同国家的不同发展道路，用平等的眼光看待世界各国的自主选择，也用积极的心态看待国家间的各项友好交流。不会因为国家间的差异戴上有色眼镜，进而区别对待。中国自身也在不断深化改革，加大改革力度，努力消除发展中暴露的缺点，主动向发达国家学习先进的经营理念、管理机制、培训体系等，也欢迎其他国家人民深入了解中国。

（四）互利共赢

中国开展"一带一路"建设为的是和世界范围内各友好国家一同增进

---

[1] 刘畅，郝薇薇.习近平会见第71届联合国大会主席汤姆森和联合国秘书长古特雷斯［OL］.新华网，2017-01-19.

国家利益，活跃国家间的资源往来和提高生产效率，促进世界文明进步与发展，并非如某些霸权国家宣称的那样，是中国别有用心的"新时期马歇尔计划"，或是意在干涉他国内政的"债务陷阱论"。这些论断都是某些西方国家在自身利益的基础上，为了维护他们既有的势力范围，遏制中国崛起所散播的不实言论，是与实际情况不符的虚假谎言。"一带一路"建设一个又一个成果的取得，更加印证了中国互利共赢的承诺，谎言也将不攻自破。

国家主席习近平在2017年1月18日《共同构建人类命运共同体——在联合国日内瓦总部的演讲》中言辞恳切地谈道：中国促进共同发展的决心不会改变。中国有句古语叫"落其实思其树，饮其流怀其源"。中国发展得益于国际社会，中国也为全球发展作出了贡献。中国将继续奉行互利共赢的开放战略，将自身发展机遇同世界各国分享，欢迎各国搭乘中国发展的"顺风车"。我提出'一带一路'倡议，就是要实现共赢共享发展。目前，已经有一百多个国家和国际组织积极响应支持，一大批早期收获项目落地开花。中国支持建设好亚投行等新型多边金融机构，为国际社会提供更多公共产品[1]。

三、丝路精神的时代演绎

共建"一带一路"倡议是对古代丝绸之路及其"丝路精神"的历史传承和践行，是中国贡献给世界的第一个有着重大影响的公共产品，是对丝路精神的确切演绎。共建"一带一路"倡议实施以来，机遇和挑战并存。倡导丝路精神，就是试图让平等的价值观渗透到每一个国际交往的场合。弘扬丝路精神就是要让不同文明之间能因为平等交流和相互尊重而得到更长远的发展。在文化平等和互利共赢的大前提下弘扬丝路精神，促进沿线

---

[1] 习近平.习近平谈"一带一路"[M].北京：中央文献出版社，2018:172-173.

国家共同发展不仅是共建"一带一路"倡议的落脚点,更是人类文明大发展大繁荣的必然要求。我们要深度凝聚丝路精神弘扬的"影响力""生命力""感染力""创造力",推进"一带一路"建设健康发展,促进人类命运共同体建设。

(一)凝聚共识,扩大影响

精神力量是促进经济社会发展的手段,也是实现经济社会发展的目的。依据马克思主义的观点,人类社会的进步不仅仅是生产力发展的结果,还离不开精神因素的影响和制约。正如马克斯·韦伯在《新教伦理与资本主义精神》中所阐明的那样,经济社会的发展,既有赖于技术和制度的创新促进,事实上还要受到精神力量的推动。共建"一带一路"倡议的推动同样离不开精神力量,而精神力量推动的关键在于凝聚不同民族、不同信仰、不同文化、不同地域人民的心理认同,凝聚思想共识,逐步扩大丝路精神的影响力。文化是一个地域的人民长久以来共同生活形成的价值观念、生活方式、处世态度等的总和,是在特定历史环境中存在下来的。一个国家内部的文化种类已是千差万别,置身于整个国际社会,情况更是纷繁复杂。文化之间的交流也许会碰撞出异彩纷呈的火花,也可能会面临着互相排斥、激烈对抗的局面。如何使"丝路精神"成为沿线国家人民内心真正的思想共识,还需要在实践中认真考量和对待。在弘扬"丝路精神"时,我们要秉持文化自信的态度,与时俱进、方式多样地弘扬时代精神以展示中华文化魅力,同时也要谦逊守礼,在此基础上加强与世界各国和地区的文化交流。我们也要立足于文化交流所呈现的新变化,尊重各国人民意愿,着重从公共外交入手,减少不同文化之间的对抗;倡导文明互鉴的中国态度,尊重不同民族、国家的发展道路,尊重彼此的选择权和发展权;坚持与各国互相协作、合作共赢的理念;倡导各国对话和平,摒弃各国的偏见,凝聚思想共识。

（二）提升话语权，展现活力

德国历史学家斯宾格勒在《西方的没落》一书中指出，民族彼此之间的了解也像人与人之间的了解一样是很少的。每一方都只能按自己所创造的关于对方的图景去理解对方，具有深入观察力的个人是很少的。身处不同文化背景下的人们要做到相互理解是非常困难的。尤其是在中国，改革开放之后社会变化飞速，人们的观念和生活方式也在不断更新，但是国际社会中依旧有很多国家对中国的印象停留在古老落后的东方巨龙时代，或是对中国这个新生的强大力量有所排挤，这也是中国在全球化合作中所面临的国际话语权困境。要有效提升丝路精神弘扬的生命力，我们必须研究丝路精神的话语传播，提升中国国际话语权：首先，结合国际社会的反应整合出一套完整的话语体系，避免在传播中可能出现的抽象和负面的解读，努力做到传达到位，理解到位；其次，深度挖掘和协调合作中的共同利益，尤其是沿线国家的经济诉求，加强双方之间的依赖程度，从而构建自身的话语权力；最后，加强民间交往，提升国际话语权。"一带一路"倡议要始终把基础设施"硬联通"作为重要方向，把规则标准"软联通"作为重要支撑，把同共建国家人民"心联通"作为重要基础。其中，国际传播能力建设是"心联通"的重要内容以及衡量指标。国际传播工作要有顶层设计，不能各自为战。要找准切入点，避免宣贯式、说教式的宣传方式，要从小而美的细节入手，讲好"一带一路"故事，架起沿线国家人民之间的"心灵之桥"。

（三）把握原则，推进合作

新时期丝路精神的弘扬，要从人类共同关注的问题着手，通过"一带一路"建设的展开使沿线国家感受到丝路精神的魅力，主动融入"一带一路"建设。"一带一路"建设应遵循可分享、可持续、可内化原则[1]，有序推进

---

1 王义桅."一带一路"的中国智慧［J］.中国高校社会科学，2017(1):41-45.

国际合作。可分享原则，即本着共享发展的理念使沿线国家都能从合作中获益，追求共赢主义，而非零和博弈。我们应把握沿线国家的特征，寻求合作机会，实现共同发展。可持续原则，即要把握可持续发展的全球趋势，实现包容发展。我们要处理好先发展起来的国家和后发展起来的国家之间的平等关系，大国与小国之间的平等关系，当代与后代之间的平等关系，把握好理性与限度之间的平衡、发展与消费之间的平衡等。如由中国倡议而吸引众多发达国家加入的亚投行成为促进南南合作、南北合作的纽带，有利于推进实现世界均衡发展，充分体现了可持续发展的理念和原则。可内化原则，即要实现落地生根，要融入沿线国家，对"走出去"的企业而言，要落地，要与所在地国家的发展项目相结合，要根据所在地的实际需求状况提供产品和服务；要坚持共商共建共享原则，使对方从中感受到成就感，逐渐形成你中有我、我中有你、不可分割的命运共同体。

（四）发掘潜力，贯彻新理念

"一带一路"建设要坚持创新、协调、绿色、开放、共享的新发展理念，不断发掘弘扬丝路精神的创造力。正如布热津斯基所指出的那样，当今世界正处于"全球大觉醒时代"，各国所面临的共同问题日趋增加，因而要有序推进各国的合作。而有效的合作必须建立在一定的支撑基础上，这就决定了我们要寻求符合各国利益的交汇点，主动创造新的世界需求，以解决有效需求不足的问题[1]。随着科技创新的推进，全球经济增长动能发生了巨大变化，信息技术更迭加快，新的产业革命已在进行当中。在这场新的技术变革中，中国要适应并引领新的产业技术革命的发展，打造出新技术、新产业、新产品、经济发展新模式，给世界经济复苏注入强劲的新动力；要遵循协调发展理念，消除沿线国家发展不平衡态势，致力于追求均衡发

---

1 王灵桂."一带一路"：理论构建与实现路径[M].北京：中国社会科学出版社，2017:385.

展、共同发展；坚持人与自然和谐共生的绿色发展理念，与沿线国家加强绿色发展合作，为"一带一路"建设提供保障；坚持以开放为导向，打造合作发展、互利共赢的国际合作平台；坚持共享发展理念，努力释放各国的发展潜力，以实现共同发展。

共建"一带一路"倡议是一个具有深厚文明底蕴的大国在价值追求上重新唤醒丝路精神的当代实践理念，是用中华优秀传统文化和新时代中国建设经验书写现实和理想的伟大尝试。共建"一带一路"倡议自提出以来，吸引了越来越多的目光，也用事实扭转了许多不利的言论，争取到了更多的伙伴。共建"一带一路"倡议凝聚了中国和世界的和平力量，将中国与沿线国家共同串联成了一个紧密的整体，是实践人类命运共同体的有效路径，未来"一带一路"也仍将作为践行人类命运共同体的重要场所。为着"一带一路"建设的纵深发展，我们要深刻把握新时代丝路精神的内在特质和深刻意蕴，加强与他国的和平合作，坚持开放包容，求同存异，坚持互学互鉴，推进文明交流和互鉴，坚持互利共赢，共享建设成果，不断提升丝路精神弘扬的"影响力""生命力""感染力""创造力"，共同应对摆在全人类面前的严峻挑战，构建人类命运共同体。

共建"一带一路"倡议已经在中国和世界各友好国家的支持中蓬勃发展，但是，由于涵盖范围广泛，涉及国家众多，受固有观念和地缘政治等因素的影响，质疑的声音一直存在。面对阻碍，中国首先应该坚持重申"一带一路"建设的原则和丝路精神，表示出坚定不移的决心和坦荡无畏的大国气魄，让更多的国家对"一带一路"建设的未来产生信任。并且，中国要切实按照共建"一带一路"倡议的原则和精神的指导与各国进行合作，保证共建"一带一路"倡议的实施是符合各参与国利益的，是一个真正的互利共赢的合作计划。同时，中国也要避免不利于"一带一路"建设的负面舆论产生，积极监测国际舆论动向，掌握国际话语权，加强自身话语体系的建设，树立起敢作敢当的负责任大国形象。

第三章

共建"一带一路"倡议的实施路径

凡事预则立，不预则废。共建"一带一路"倡议不是一句空洞的口号或是形象工程，而是有着宏远的规划与具体实施方案，倡导以点带面、从线到片，逐步促进区域合作。2015年3月28日，国家发展改革委、外交部、商务部联合发布了《推动共建丝绸之路经济带和21世纪海上丝绸之路的愿景与行动》，提出共建"一带一路"以政策沟通、设施联通、贸易畅通、资金融通和民心相通为主要内容，即"五通"[1]。2019年4月22日，推进"一带一路"建设工作领导小组办公室在《共建"一带一路"倡议：进展、贡献与展望》中介绍了五年多来"五通"与产能合作的进展与成效。沿线国家资源禀赋差异较大，经济发展特色各不相同，需求也各有侧重，区域合作潜力巨大。自共建"一带一路"倡议实施以来，中国与相关国家加强"五通"和产能合作，取得了长足的进展，获得了良好的示范效果，受到了合作国家的广泛欢迎。

---

[1] 国家发展改革委，外交部，商务部.推动共建丝绸之路经济带和21世纪海上丝绸之路的愿景与行动［N］.人民日报，2015-03-29(4).

第一节

政策沟通

全球化使世界上不同的国家成为"利益共同体"与"命运共同体",2008年席卷全球的金融危机更加凸显国家合作的重要性。"一带一路"建设是造福世界人民的系统工程,是政府间协商与合作的重要平台,应秉持共商共建共享的原则。国家间的政策沟通有利于探索国家合作新模式,促进更深层次、更高水平的区域合作。

一、加强政策沟通是"一带一路"建设的重要保障

沿线国家具体国情不同,发展阶段不同,发展战略更不同,因此,加强政策沟通,进行战略对接就显得尤为重要。政策协调一致,才能消除隔阂,减少障碍,同频共振,共同发展。

(一)政策沟通旨在实现战略对接,优势互补

2017年5月,国家主席习近平在第一届"一带一路"国际合作高峰论坛峰会上指出,"一带一路"建设不是另起炉灶、推倒重来,而是实现战略对接、优势互补。各方通过政策对接,实现了"一加一大于二"的效果[1]。沿线国家国情和发展阶段不同,但社会经济发展的愿望是一致的。各国就发展战略和政策进行广泛磋商、充分交流,能互通有无,资源共享,深化战略互信与合作。

(二)政策沟通重在求同存异,互相尊重

与一些国家提供的有附加条件的公共产品不同,政策沟通是在充分协商和互相尊重的基础上进行的,无论国家大小、贫富、强弱,都是"一带一路"

---

[1] 习近平.习近平谈"一带一路"[M].北京:中央文献出版社,2018:179-180.

建设平等的参与者。各国都可以发出自己的声音，提出自身的利益诉求，有权利分享区域合作提供的公共产品，自身既是公共产品的提供者又是受益者，而这些，都是在各国政府充分沟通与对话的进程中逐步形成的。加强政策协调，不搞以邻为壑，是应对国际金融危机的重要经验，也是当前世界经济发展的客观要求。各国基于自身国情制定发展战略，它们各有特色，但目标一致，有很多联系点和相通之处，可以做到相辅相成、相互促进[1]。

（三）政策沟通意在推动区域合作，多边共赢

政策沟通有助于加强政府间合作，构建高层次政府沟通交流机制。国家就区域合作广泛交流意见，在深化理解的基础上寻求共同利益，促进利益融合与政治互信，从而构建地区新合作制度，达到多边共赢的效果。另外，诸如恐怖主义、网络安全、疫病防治、毒品走私等跨越国界的非传统安全问题也需要各国政府进行有效的政策沟通，紧密合作、多方行动，建立有效应对机制，维护国家安全。

二、政策沟通同发展，战略对接共命运

共建"一带一路"倡议是促进全球和平合作和共同发展的中国方案[2]。自2013年共建"一带一路"倡议实施以来，便受到越来越多国家的信任与青睐，各国纷纷与中国建立合作关系，截至2022年4月，中国已与149个国家、32个国际组织签署200多份共建"一带一路"合作文件，与14个国家签署第三方市场合作文件。足迹涉及亚非拉，延伸至欧洲和大洋洲。各国根据自身发展战略，积极与"一带一路"建设进行对接，以实现

---

[1] 习近平.习近平谈"一带一路"[M].北京：中央文献出版社，2018:195.

[2] 推进"一带一路"建设工作领导小组办公室.共建"一带一路"：理念、实践与中国的贡献[OL].新华网，2017-05-10.

互联互通，协同发展。

　　沿线国家和国际组织根据自己的实际情况与战略规划，与中国的共建"一带一路"倡议结合起来，推动经济发展与区域合作。例如欧盟的"容克计划"、东盟的《东盟互联互通总体规划2025》、非盟的《2063年议程》、英国的"英格兰北方经济中心"、俄罗斯等国的"欧亚经济联盟"、蒙古国的"发展之路"、哈萨克斯坦的"光明之路"、土耳其的"中间走廊"、波兰的"琥珀之路"、匈牙利的"向东开放"、沙特阿拉伯的"2030愿景"、中国和越南的"两廊一圈"、印度尼西亚的"全球海洋支点"、土耳其的"中间走廊"、泰国的"东部经济走廊"等，都借助共建"一带一路"倡议的重大契机，积极对接，以实现自身更好的发展。2020年1月14日，时任韩国总统文在寅表示，将加快自身"新南方新北方政策"同共建"一带一路"倡议的对接和推进步伐，以期妥善解决国内经济发展与地区安全问题。

　　2008年金融危机后世界经济复苏乏力，新科学技术的发展使国家实力对比面临重新调整的挑战，而环境问题让全球人类面临共同的生存威胁，传统安全与非传统安全的双重压力使国际社会充满了不稳定因素，共建"一带一路"倡议为各国共商共建共享提供了平台，已经达成的合作协议与搭建的平台中，涉及科技、经济、文化、环境、金融、电子商务、廉洁政务、疫病防治、反恐等各项问题，行之有效的经验得以借鉴，真实权威的信息得以交流，切实可行的合作得以开展，国家与区域的互信得以达成，合作各方对话协商，互利共赢。

　　如今的世界你中有我、我中有你，关起门来搞建设是行不通的，只有加强政府间平等对话与合作，政策协同，战略对接，才能解决共同的问题，促进国际经济政治体系向更加公平、公正、合理的方向发展。

三、案例：共建"一带一路"倡议与蒙古国"发展之路"的成功对接

蒙古国是"一带一路"北线的关键节点国家，也是"中蒙俄经济走廊"建设的积极力量，在亚欧大陆中占据重要的地缘位置。冷战结束后，蒙古国努力探索经济振兴的道路。自2013年中国提出共建"一带一路"倡议以来，蒙古国就主动制定相关政策进行对接，希望搭乘中欧班列和"一带一路"建设的快车，达到发展本国经济、改善民生的效果。

（一）蒙古国基础设施薄弱，产能升级面临瓶颈

蒙古国经过多年的发展，基础设施依然比较落后。蒙古国积极响应中国的共建"一带一路"倡议，于2014年提出"草原之路"倡议，重点加快蒙古国的公路、铁路、油气管道等基础设施建设。另外，蒙古国经济的对外依存度非常高，主要产业集中在传统畜牧业和矿产能源上，产业结构单一，易受世界能源市场波动的影响。因此，改善基础设施、升级产业技术、引进新投资和寻求多边合作，是蒙古国政府走出困境的迫切需求。中国的共建"一带一路"倡议和"中蒙俄经济走廊"规划，与蒙古国发展战略不谋而合，为地区多边合作带来新机遇。

（二）共建"一带一路"倡议与"发展之路"相辅相成

2017年，延续"草原之路"的倡议，蒙古国总理扎尔格勒图勒嘎·额尔登巴特提出"发展之路"，在更深层次上寻求蒙古国经济发展的现实路径。在"一带一路"国际合作高峰论坛上，中蒙两国签署了关于蒙古国"发展之路"规划纲要与中国共建"一带一路"倡议对接联合声明以及20多份合作文件。2018年，蒙古国总理乌赫那·呼日勒苏赫参加海南"博鳌亚洲论坛"，中蒙双方签署一系列合作文件，涉及经贸、人文、环保等诸多领域。在双方政府的高度重视和政策沟通下，共建"一带一路"倡议与"发展之路"相辅相成、喜报频传。蒙古国基础设施日益完备，经济投资环境大为改善，中蒙两国优势互补，合作继续向深入阶段发展。蒙古国总统哈

勒特马·巴特图勒嘎评价蒙中关系正处于历史最好时期，两国政治、经贸、人文等领域交流合作蓬勃发展，给两国人民带来福祉。

第二节

设施联通

设施互联互通是"一带一路"建设的优先方向。道路通畅，才能打通经济发展的"痛点"和"堵点"。中国根据与沿线国家合作情况，提出了"六廊六路多国多港"的合作框架。随着合作的深入，多个重大项目开工开建，多项建设落地开花，设施联通跟随"一带一路"建设的足迹持续延伸。

一、设施联通是"一带一路"建设的优先方向

2013年，国家主席习近平在哈萨克斯坦纳扎尔巴耶夫大学发表的演讲中指出，在推进丝绸之路经济带建设中要加强道路联通。上海合作组织正在协商交通便利化协定。尽快签署并落实这一文件，将打通从太平洋到波罗的海的运输大通道。在此基础上，我们愿同各方积极探讨完善跨境交通基础设施，逐步形成连接东亚、西亚、南亚的交通运输网络，为各国经济发展和人员往来提供便利[1]。

设施联通是"一带一路"建设的重要内容以及国家合作关注的焦点。国家间如何联系起来，亚洲经济圈与欧洲经济圈如何互联互通并且充分活跃起来，基础设施起着关键的桥梁作用。中国提出了"六廊六路多国多港"的合作框架。共建"一带一路"倡议着力打造经济合作走廊和通道，新亚欧大陆桥、中蒙俄、中国－中亚－西亚、中国－中南半岛、中巴和孟中印缅六大国际经济合作走廊成为新的发展引擎，将调动多方资源，带动地区

---

[1] 习近平.习近平谈"一带一路"[M].北京：中央文献出版社，2018:4.

经济合作与长足发展。

"六路"是指铁路、公路、航运、航空、管道和空间综合信息网络，是基础设施互联互通的主要内容[1]。工程技术难关、施工标准不一致、自然环境差异、突发事件等都是基础设施建设中实际面临的难题。但中国与合作国一道，共同努力，打造地理空间和信息领域多方位连接网络，区域间商品、资金、信息、技术等交易成本大大降低，有效促进了跨区域资源要素的有序流动和优化配置，实现了互利合作、共赢发展。

我国在"一带一路"建设中始终坚持绿色环保、可持续发展原则。国外一些国家对环保要求比较高，这就更提醒我们在走出国门建设时要尊重自然，坚持走绿色、低碳、可持续的发展道路，既要金山银山，也要绿水青山。努力建设高质量、可靠、抗风险、可持续的基础设施，同时开发可负担、可再生、清洁和可持续的能源。

2017年5月14日，国家主席习近平在"一带一路"国际合作高峰论坛开幕式上题为《携手推进"一带一路"建设》的主旨演讲中指出，设施联通是合作发展的基础。我们要着力推动陆上、海上、天上、网上四位一体的联通，聚焦关键通道、关键城市、关键项目，联结陆上公路、铁路道路网络和海上港口网络[2]。道路畅通，百业兴盛。"一带一路"建设搭建了合作的平台和道路，带来了交通节点的畅通，深化了国家间合作与信任，使"人类命运共同体"驶上了历史的快车道。

二、设施项目落地扎根，"一带一路"建设全面开花

千里之行始于足下。在"一带一路"建设宏伟框架的指导下，一项项

---

1 推进"一带一路"建设工作领导小组办公室.共建"一带一路"：理念、实践与中国的贡献[OL].新华网，2017-05-10.

2 习近平.习近平谈"一带一路"[M].北京：中央文献出版社，2018:183.

具体的工作得以规划实施。几年来的精耕细作使"一带一路"的设施建设足迹渐广、步伐愈稳、成效日益凸显。

（一）六大经济合作走廊和通道建设取得长足进展

"一带一路"建设的目的不单单是促成中国与某个国家的合作，更重要的是以此为契机，将区域内不同国家连接起来，在有效政策沟通和机制保障的基础上，促进地区深度合作与长效发展。在共商共建共享理念下，新亚欧大陆桥、中蒙俄、中国－中亚－西亚、中国－中南半岛、中巴、孟中印缅六大国际经济合作走廊和通道（表3-1）建设达成一系列合作协议和机制，多项工程规划和建设得以迅速开展。

表 3-1　　六大国际经济合作走廊和通道

经济合作走廊和通道	合作政策及机制	项目规划和进展
新亚欧大陆桥经济走廊	《中国－中东欧国家合作布达佩斯纲要》《中国－中东欧国家合作索非亚纲要》	匈塞铁路塞尔维亚境内贝—旧段开工 西欧—中国西部国际公路建成
中蒙俄经济走廊	《关于建立中蒙俄经济走廊联合推进机制的谅解备忘录》《关于沿亚洲公路网国际道路运输政府间协定》	中俄同江—下列宁斯科耶界河铁路桥中方侧工程建成 黑河—布拉戈维申斯克界河公路大桥在建 中俄莫喀高铁项目规划 中蒙俄（二连浩特）跨境陆缆系统建成
中国－中亚－西亚经济走廊	双边及多边国际公路运输协定，中国沙特投资合作论坛	积极对接中
中国－中南半岛经济走廊	中国－东盟（10+1）合作机制、澜湄合作机制、大湄公河次区域经济合作（GMS）	昆（明）曼（谷）公路建成 中老铁路、中泰铁路在建

(续表)

经济合作走廊和通道	合作政策及机制	项目规划和进展
中巴经济走廊	中巴经济走廊联合合作委员会	瓜德尔港疏港公路、白沙瓦至卡拉奇高速公路（苏库尔－木尔坦段）、喀喇昆仑公路升级改造二期（哈维连塔科特段）、拉合尔轨道交通橙线、卡西姆港1 320兆瓦电站在建
孟中印缅经济走廊	孟中印缅四方联合工作组 中缅经济走廊联合委员会	木姐—曼德勒铁路项目规划、皎漂经济特区深水港项目规划

（资料来源：中国一带一路网）

（二）六路建设成效显著，多国多港互联互通

2013年9月7日，"陆上丝绸之路经济带"启程；2013年10月3日，21世纪"海上丝绸之路"起航；2017年6月14日，郑州–卢森堡"空中丝绸之路"展翅；2017年7月4日，"冰上丝绸之路"北极航道合作开辟；2017年12月3日，第四届世界互联网大会上"数字丝绸之路"引领新时代。"一带一路"建设的内涵越来越丰富，多方建设落地生根，大批工程四处开花。

铁路建设方面，铁路尤其高铁是中国"走出去"靓丽的名片。中老铁路、中泰铁路、匈塞铁路、雅万高铁等项目取得重大突破。泛亚铁路东线越南老街—河内—海防铁路、中吉乌铁路、中国—尼泊尔跨境铁路、巴基斯坦1号铁路干线升级改造正在积极推进，肯尼亚内马铁路一期项目全线顺利贯通。中欧班列发展迅速，目前铺划西中东三条通道，从2013年的全年开行80列发展到2018年全年开行6 363列[1]，2019年全年开行

1　图解："一带一路"倡议六年成绩单[OL].中国一带一路网，2019-09-09.

8 225 列[1]，2020 年全年开行 12 406 列，2021 年全年开行 15 183 列，服务能力大大提高，成为国际物流陆路运输的骨干力量。

公路合作方面，中国正式加入《国际公路运输公约》，中巴喀喇昆仑公路二期项目高速段、白沙瓦—卡拉奇高速公路、斯里兰卡南部高速公路延长线建成通车，中尼阿尼哥公路升级改造，中越北仑河二桥建成通车，中企承建蒙古国最大互通立交桥——乌兰巴托市交通警察局附近上跨立交桥主桥建成通车，依照"中国标准"修建的蒙古国乌兰巴托机场高速公路顺利竣工，泛欧 5C 走廊高速公路波黑查普利纳段项目正式动工。众多公路项目的落地大大增强了互联互通能力。

1.港口建设方面

截至 2018 年底，我国港口已与世界 200 多个国家、600 多个主要港口建立航线联系，海运互联互通指数保持全球第一。与韩国、印度、印度尼西亚三个国家港口运输交流最为密切[2]。巴基斯坦瓜达尔港、斯里兰卡汉班托塔港、希腊比雷埃夫斯港、阿联酋哈里发港等成为中国与相关国家推进港口合作的成功范例。

2.航空运输方面

截至 2018 年 8 月，我国已与 125 个国家和地区签署了双边政府间航空运输协定，与 45 个"一带一路"合作国家实现直航[3]。中企承建西非多哥洛美纳辛贝·埃亚德马国际机场扩建项目通过验收，中企承建安哥拉中部奎托机场竣工，敦煌首次开通国际航班"连通"莫高窟和吴哥窟，空中

---

1 商务部：2019年"一带一路"工作取得六方面积极成效［OL］.中国证券网，2020-01-21.

2 齐中熙，胡若瀚.我国已与125个国家和地区签署双边政府间航空运输协定［OL］.新华网，2018-08-10.

3 图解："一带一路"倡议六年成绩单［OL］.中国一带一路网，2019-09-09.

丝绸之路网络日益完善。

3.能源设施方面

我国与"一带一路"合作国家达成了一系列能源协议，中俄原油管道、中国–中亚天然气管道正常运行，中俄东线天然气管道正式投产通气，中缅油气管道顺利竣工。巴俄帕乌东输变电项目极大缓解了老挝居民用电困境，柬埔寨"三峡工程"桑河二级水电站投产后约占国内总发电装进总量的五分之一，巴基斯坦阿扎德帕坦水电站于2020年开工。能源的充分利用为各国发展提供源源不断的动力。

4.通信设施方面

"数字丝绸之路"发展如火如荼。尼泊尔中部光缆骨干网项目积极推进，光缆全长6 900千米[1]。中巴跨境光缆开通，中埃合资建立埃及本地第一家光纤光缆工厂，南太平洋海底光缆项目、中非共建非洲信息高速公路项目，都加速引领相关国家进入数字化时代。

三、案例：比雷埃夫斯港——中希两大文明古国的合作典范

希腊是与中国签署"一带一路"合作备忘录的第一个欧洲发达国家。2018年6月，中希双方签署《中华人民共和国政府与希腊共和国政府关于共同推进丝绸之路经济带和21世纪海上丝绸之路建设的谅解备忘录》，2019年希腊作为正式成员国加入中国–中东欧合作机制，比雷埃夫斯港项目是中希两国合作的典范。

希腊是世界航运大国，海运是国家的支柱产业，比雷埃夫斯港是希腊最大的港口。2016年4月，中远海运集团收购比雷埃夫斯港67%股权取

---

[1] 周盛平.中企参与建设尼泊尔全境信息高速公路［OL］.中国一带一路网，2019-05-22.

得重大进展，比雷埃夫斯港成为希腊成功的私有化案例之一。2019年11月11日，国家主席习近平访问文明古国希腊时，专门不辞辛苦来到比雷埃夫斯港参观，强调"要以比雷埃夫斯港口项目为龙头，不断拓宽合作领域、扩大投资规模"[1]。通过"一带一路"建设的带动作用，比雷埃夫斯港已经成为地中海第一大港口。相较2018年，2019年比雷埃夫斯港全年营收增长12%，达1.5亿欧元，净利润增长27%，达3540万欧元，集装箱吞吐量上升至欧洲第四[2]。比雷埃夫斯港业务的发展有效振兴了金融危机冲击后的希腊经济，希腊政府高度评价共建"一带一路"倡议带来的重大机遇与发展活力。

与其他国家相比，希腊与中国贸易量不算太大，但是却具有显著的互补特点和重要的实践意义。希腊90%的运输都是通过海运进行的，中国进入欧洲的大部分货物都是由希腊海运转运，希腊的造船订单很多集中在中国，所以，中国与希腊在海运的互联互通上具有极大的互补性和合作空间。希腊债务危机时中国政府的倾力相助，比雷埃夫斯港发展带来的贸易机遇与就业岗位，都有效地帮助了希腊经济复苏。尽管中希合作过程中也面临一些问题，但长远来看，共建"一带一路"倡议带来的互利共赢让希腊看到与中国合作的巨大潜力。比雷埃夫斯港是中国进入欧洲的"南大门"，在设施联通上承担了重要的角色，在合作意义上更是起到典范的作用。

---

1 习近平.让古老文明的智慧照鉴未来［OL］.人民网，2019-11-11.

2 钱伯彦.2019年比雷埃夫斯港营收增长12% 吞吐量位列欧洲第四［OL］.中国一带一路网，2020-05-28.

第三节

贸易畅通

"驼铃古道丝绸路，胡马犹闻唐汉风"，千年之前的丝绸之路连接不同的文明，是隋唐时期中西方友谊与贸易的纽带，商品和文化的频繁交流为推动人类社会发展作出了重要贡献。如今的"一带一路"贸易互通既是对古丝绸之路精神的传承，又是对这种精神的突破与超越。

一、投资贸易合作是"一带一路"建设的重点内容

古丝绸之路是一条珍贵的贸易之路，共建"一带一路"倡议延续了丝绸之路的贸易精神，并将它赋予新的时代内涵，发扬光大。习近平总书记提倡丝绸之路经济带"各方应该就贸易和投资便利化问题进行探讨并作出适当安排，消除贸易壁垒，降低贸易和投资成本，提高区域经济循环速度和质量，实现互利共赢"[1]。贸易畅通，互通有无，投资合作，经济发展，是"一带一路"建设的重要内容。

（一）增进贸易往来，带动经济增长，是"一带一路"合作各国的共同愿望

贸易是经济增长的重要动力，沿线国家人口众多，需求旺盛，市场规模和潜力巨大，增进贸易互通和往来，能有效拉动沿线国家经济发展，实现资源的优化配置，成果惠及广大人民群众。

（二）优化贸易和投资环境，消除贸易壁垒，是"一带一路"合作各国的共同需求

2017年5月14日，中国商务部主办"一带一路"国际合作高峰论坛

---

[1] 习近平.习近平谈"一带一路"[M].北京：中央文献出版社，2018:4.

高级别会议"推进贸易畅通"平行主题会议，达成《推进"一带一路"贸易畅通合作倡议》，参与各方愿意推动贸易自由化，消除贸易壁垒，简化通关手续，扩大贸易往来，实现"畅通、高效、共赢、发展"[1]。

（三）创新贸易方式，优化产业结构，是"一带一路"合作各国的共同目标

沿线国家经济发展水平差异较大，贸易往来能促进不同国家互相学习先进经验，创新引领跨境电子商务、智能物流、大数据、智慧城市、低碳经济等前沿领域，追赶新的经济发展模式，促进产业优化升级，有效遏制南北经济发展差距拉大的趋势。2019 年 4 月 26 日，在第二届"一带一路"国际合作高峰论坛开幕式上，国家主席习近平指出，河海不择细流，故能就其深。如果人为阻断江河的流入，再大的海，迟早都有干涸的一天。我们要促进贸易和投资自由化便利化，旗帜鲜明反对保护主义，推动经济全球化朝着更加开放、包容、普惠、平衡、共赢的方向发展[2]。

二、贸易激发合作潜力，做大做好合作"蛋糕"

自 2013 年共建"一带一路"倡议提出以来，中国同相关国家的贸易往来呈快速增长趋势，合作范围、规模和程度都不断实现突破。具体表现如下：

（一）贸易和投资便利化程度不断提高

2017 年，中方与合作国家达成《推进"一带一路"贸易畅通合作倡议》，

---

1 《推进"一带一路"贸易畅通合作倡议》在京发布 [OL].中国政府网，2017-05-15.

2 习近平在第二届"一带一路"国际合作高峰论坛开幕式上的主旨演讲 [OL].新华网，2019-04-26.

并提供 1 万个来华培训名额,有效推动了产业合作和贸易投资[1]。中国还与多国建设经贸合作区,加强海关合作与检验检疫国际互联网核查,开展经认证的经营者(AEO)互认。中方通过长期的努力与合作,与沿线国家通关能力大大提升,贸易和投资便利化水平提高,贸易互联互通切实有效带动了合作国家发展共赢。

(二)贸易规模不断扩大,合作范围越来越广

中欧班列从 2013 年的全年开行 80 列发展到 2021 年的全年开行 1.5 万列,运载的货物也从最开始的电脑、手机等电子产品到服装鞋帽、汽车及配件等种类丰富的生活用品。2013—2018 年,中国与沿线国家进出口总额达 64 691.9 亿美元,为当地创造 24.4 万个就业岗位,对外直接投资超过 800 亿美元,建设境外经贸合作区 82 个[2]。商务部数据显示,2019 年中国与沿线国家货物贸易额超过 1.3 万亿美元,增长达 6%[3]。第二届中国国际进口博览会共吸引 181 个国家、地区和国际组织参会,3 800 多个企业参展,累计意向成交额按一年计达 711.3 亿美元[4]。2020 年的第三届中国国际进口博览会也引起更多国家的参与热情,许多产品全球首发。

(三)贸易方式不断创新,类型呈现多元化趋势

贸易交往与增长培育新产业、新模式,成为世界经济新潮流的有力推动者。跨境电子商务异军突起,强大的供应链基础、仓储技术和海外互联

---

1 《推进"一带一路"贸易畅通合作倡议》在京发布[OL].中国政府网,2017-05-15.

2 数说"一带一路"成绩单[OL].中国一带一路网,2019-02-18.

3 商务部:去年与"一带一路"沿线国家货物贸易额增长6%[OL].中国一带一路网,2020-01-22.

4 711.3亿美元!第二届进博会意向成交金额大增引外媒关注[OL].参考消息网,2019-11-11.

网使中国的购物模式逐渐影响海外消费方式。另外，中国出口结构也不断调整优化，电子产品和服务产品成为消费者新宠，传统的劳动密集型产品正在向高科技产品转变，中国元素越来越国际化。进口类型也日趋多元化，沿线国家的优质商品纷纷进入中国市场，中国市场商品供应种类大为丰富，居民生活更为便利。

世界银行等国际机构的最新研究表明，共建"一带一路"倡议将使全球货运时间平均减少1.2%~2.5%，"一带一路"建设将使全球贸易成本降低1.1%~2.2%，推动中国–中亚–西亚经济走廊上的贸易成本降低10.2%，还促进2019年全球经济增速至少提高0.1%[1]。"一带一路"的贸易畅通已成为世界贸易发展的有力推动者。挖掘世界经济发展新动力，使更多国家享受到经济全球化的便利与福利，"中国方案"功不可没。

三、案例："丝路电商"惠及沿线国家千家万户

波兰的苹果、智利的车厘子、卢旺达的咖啡、冰岛的海鲜、泰国的水果和乳胶枕……近年来，国内市场上的进口商品种类越来越丰富，许多产品可以通过网上订购，并且在短时间内新鲜送达。"双十一"已变成全球的购物狂欢节，以华为手机、女装、小饰品为代表，国外居民也能通过网络购买来自中国的物美价廉的商品。跨境电商有力刺激了消费需求和贸易互通，成为"一带一路"贸易互联互通的新动力。

2017年，中国商务部提出"丝路电商"行动计划，推动"一带一路"贸易互通新模式。借助于跨境铁路、海上、空中丝绸之路交通网的日益完善和通关政策的简化，更多的国际商品进入国内市场，菜鸟物流规划的智能物流骨干网将使沿线国家实现72小时必达。保税备货、集资直邮、海

---

[1] 互联互通　互利共赢　一带一路贸易畅通之路走向纵深［OL］.中国产业经济信息网，2019-05-18.

外直邮使"海淘"省事又省时。消费市场的互通不仅带火了泰国的乳胶产业、卢旺达的咖啡种植业等传统行业，还直接刺激了泰国、菲律宾、印度尼西亚等国家的移动支付，推动了沿线国家的金融创新、数字经济、物流行业的全面发展。

截至 2019 年底，中国与越南、俄罗斯等 22 个国家签署了电子商务合作备忘录，并建立了双边电子商务合作机制。2018 年在上海举办的首届进口博览会电商签约额超 1.6 万亿元，2019 年中国与"一带一路"相关国家的跨境电商交易额同比增速超过 20%，与柬埔寨、科威特、阿拉伯联合酋长国、奥地利等国的交易额同比增速超过 100%。[1] 中国政府陆续出台电商行业规范、"无票免税"、跨境电商综合试验区等相关利好政策，鼓励电商成为贸易发展新引擎。电子跨境贸易让货物充分流动、便捷、共享，"一带一路"建设的官方行为惠及普通民众，让更多民众享受到贸易互联互通带来的实实在在的好处。

第四节

资金融通

金融是经济的血脉，资金融通盘活"一带一路"建设的源头之水。习近平总书记在首次倡议"丝绸之路经济带"时就建议使用本币兑换和结算，节约交易成本，提高抵御金融风险能力。资金融通，既要支持实体经济建设、保障货币体系安全、建设信用系统，又要促进多边合作、倡导绿色普惠、抵御金融风险。

---

[1] 袁勇.中国与"一带一路"相关国家的跨境电商交易额增速超20%[OL].中国经济网，2019-12-25.

一、资金融通是"一带一路"建设的重要支撑

2008年金融危机后西方发达国家经济发展乏力,新兴国家的发展在国际舞台上一枝独秀,对西方国家把持的金融话语体系日渐不满,希望推动更加公正合理的国际经济格局。同时,亚洲国家的基础设施建设滞后,每年需要近万亿美元的资金投入,而亚洲开发银行和世界银行的审批流程长、准入条件严格且授信规模有限,远不能满足相关国家经济发展需要。中国作为负责任的最大发展中国家,希望建立有效的金融合作机制,与众多合作伙伴一起努力,最终实现融通资金、改善投资环境、抵御金融风险的目标。因此,中国金融组织积极行动,中国倡议的首个多边金融机构亚投行成立,丝路基金规模不断扩大,中国多家金融机构在海外建立人民币清算中心,为"一带一路"建设提供重要的金融服务和资金支持。

共建"一带一路"倡议的资金融通包括亚洲货币稳定体系、投融资体系和信用建设体系。第一,与"欧元"相比,"亚元"的前景暂时比较暗淡,因此推动贸易国家以本国货币结算和清算能减少对美元的依赖,降低交易成本,保护本国金融安全。第二,拓宽融资渠道,助力亚洲经济发展。充分发掘亚投行、金砖国家新开发银行、丝路基金等金融机构的运营和功能,深化中国-东盟银行联合体、上合组织银行联合体的合作,增加银团贷款和银行授信,推动人民币债券和外币债券的筹集资金的作用,寻求与发达国家第三方市场与投资者合作,多管齐下,增加融资途径。第三,合作国家需要建立高效协调机制,加强金融监管,应对金融风险和突发危机,遵守反洗钱规定,对接征信机构和评级机构的跨境合作,打破西方对评级规则的垄断和限制。

共建"一带一路"倡议在金融领域作出的贡献得到了国际社会的高度认可,亚投行获得国际评级机构 AAA 的最高信用评级,2019年12月德国最大银行德意志银行集团发布"一带一路"倡议白皮书,强调该倡议未

来可期。未来几年德意志银行预计多边金融机构、全球性银行及其他类型的投资者对沿线国家融资项目的投资兴趣将日益浓厚，由此也将为"一带一路"建设项目的蓬勃发展注入新动力[1]。

二、开源融资拓渠道，绿色普惠助发展

资金支持是经济建设的重要保障，自共建"一带一路"倡议提出以来，中国金融机构积极与国外金融机构对接，拓宽融资渠道，为"一带一路"建设提供高质、高量、透明的金融资金支持，绿色金融先行，普惠万家助力。

（一）人民币境外业务增多，国际地位持续上升

2015年11月，国际货币基金组织同意将人民币纳入特别提款权（SDR），人民币在国际化道路上迈出重要一步。随着"一带一路"建设的开展，使用人民币作为结算货币的国家越来越多，中国商业银行在多国获准建立人民币清算中心，人民币占全球外汇储备比例连创新高，乌兹别克斯坦、白俄罗斯等国人民币贷款陆续落地。截至2019年底，共有11家中资银行在29个沿线国家设立了79家一级分支机构（包括19家子行，47家分行和13家代表处）[2]，银联卡发行提速，跨境游带火"云闪付"，手机闪付进驻莫斯科地铁，货币融通带动贸易往来、人员交流，颇具中国特色的现代支付手段的推广盘活国际消费市场。

（二）融资渠道多样化，多边合作新常态

2014年12月，丝路基金成立，已通过股权、债权方式签约34个项目，

---

1 彭大伟.德意志银行："一带一路"倡议带动多领域合作发展未来可期［OL］.中国新闻网，2019-12-12.

2 张末冬.中资银行在"一带一路"沿线国家设立79家一级分支机构［OL］.中国一带一路网，2020-05-24.

预计累计投资金额123亿美元[1]。2015年12月，亚投行成立，吸引多个国家参与合作。在"一带一路"建设中，政策性出口信用保险覆盖面广，在支持基础设施、基础产业的建设上发挥了独特作用；商业银行在多元化吸收存款、公司融资、金融产品、贸易代理、信托等方面具有优势[2]。中国人民银行、中国进出口银行、中国国家开发银行等加强与国外金融机构合作，为推动基础设施建设提供金融支持。

中国财政部与阿根廷、英国、新加坡等27国财政部签订《"一带一路"融资指导原则》，中国–阿拉伯国家银行联合体、中非金融合作银行联合体、中国与拉美首个多边金融合作机制、中日韩–东盟银行联合体成立；2017年亚洲金融合作协会在北京成立；2019年中国工商银行与花旗银行、渣打银行联合举办"一带一路"银行间常态化合作机制首期业务研讨培训班，研究项目融资合作及风险管理。多边金融合作成为常态，金融模式创新提供源源不断的资金支持。

（三）绿色金融严防护，金山绿水可持续

亚投行成立时，金立群行长指出该行提供资金坚持三个原则，一是融资项目必须可实施可运营，二是项目必须是环保的，三是项目必须受到所在国的欢迎[3]。共建"一带一路"倡议关涉多项基础设施建设，对环境和资源的影响较大，引起国际社会的广泛关注，因此我们更需要提高项目实施标准，在促进经济发展的同时保护环境。截至2021年4月，全球共有39

---

1 丝路基金董事长：已签约34个项目承诺投资金额约123亿美元［OL］.商务部网，2019-11-10.

2 推进"一带一路"建设工作领导小组办公室.共建"一带一路"倡议：进展、贡献与展望［OL］.中国一带一路网，2019-04-12.

3 金立群：亚投行为"一带一路"国家融资必须坚持三个原则［OL］.中国新闻网，2017-05-15.

家成员单位签署《"一带一路"绿色投资原则》。国际社会对中国在绿色金融和环境保护方面作出的贡献给予肯定的评价。联合国前秘书长潘基文认为，共建"一带一路"助力实现可持续发展目标[1]。2020年世界经济论坛年会上，总裁博尔格·布伦德评价中国在应对全球气候变化和实现可持续发展走在正确的道路上[2]。

三、案例：亚投行稳步发展

亚投行是一个政府间性质的亚洲区域多边开发机构。亚投行是首个由中国倡议设立的多边金融机构，总部设在北京，法定资本1 000亿美元。2013年10月，中国提出筹建亚投行的倡议。2014年10月，包括中国、印度、新加坡等首批22个意向创始成员国代表签署《筹建亚洲基础设施投资银行备忘录》。2015年12月，亚投行正式宣布成立。金立群担任首任行长。

截至2021年10月，亚投行的成员数量由开业时的57个增至104个，覆盖亚洲、欧洲、非洲、北美洲、南美洲、大洋洲六大洲。成员主体为发展中国家，但也吸收了包括英国、法国、德国、加拿大等在内的发达国家。亚投行结合国际发展新趋势不断创新业务模式，力争打造精干、廉洁、绿色的新型多边开发银行，截至2021年底，亚投行已批准了158个项目，累计投资总额超319.7亿美元。亚投行还与亚洲开发银行、世界银行、欧洲复兴开发银行等国际多边开发银行开展合作，探索新融资项目、共享知识和信息。

"一带一路"建设与亚投行互为支撑，共同展开经济飞翔的两翼。亚

---

1 陈尚文.联合国前秘书长潘基文：共建"一带一路" 助力实现可持续发展目标[OL].人民网，2019-09-28.

2 刘曲，杜洋.应对气候变化和可持续发展，中国走在正确的道路上：访世界经济论坛总裁博尔格·布伦德[OL].新华网，2020-01-21.

投行持续关注低收入、突发公共卫生事件等发展中国家面临的问题,努力创新业务发展模式,用实际行动赢得了国际社会的认可。习近平主席高度评价亚投行的正式成立和运营,认为它将有利于改善亚洲发展中成员国的投资环境,创造就业机会,提升中长期发展潜力,对亚洲乃至世界经济增长带来积极提振作用。……有助于推动全球经济治理体系朝着更加公正合理有效的方向发展[1]。

第五节

民心相通

国之交在于民相亲,民相亲在于心相通。自共建"一带一路"倡议提出以来,沿线国家的民间交往频繁,空前活跃。文化在对外关系中发挥桥梁作用,人类命运共同体的构建能够克服国际社会的合作难题,勾勒"地球村"丰富绚烂文化的轮廓。文化交流、教育、旅游、卫生合作、减贫、救灾和国际援助是"一带一路"国家民心相通的题中之义。

一、民心相通是"一带一路"建设的社会根基

全球化背景下传染病、气候变化等非传统安全不断带来新的考验,"地球村"中的人民是休戚与共的命运共同体,民心相通、守望相助、团结协作、杜绝简单粗暴的国别歧视成为国际交往的重要内容。2020年初,一场突如其来的新冠疫情引起全球关注,多个国家出现疫情快速扩散的紧急状况。中国与世界卫生组织和其他受疫情影响国家紧密合作,共同抗击疫情。日本汉语水平考试 HSK 实施委员会向湖北高校捐助口罩,并附上"山川异域,风月同天"的祝福为中国人加油。许多"一带一路"

---

[1] 习近平.习近平谈"一带一路"[M].北京:中央文献出版社,2018:95-96.

合作国家和国际组织赞赏中国的快速反应和巨大努力，表示同中国人民站在一起；拉美地区的小朋友拿起笔表达他们对中国的祝福和支持；非洲政府和人民通过各种方式支援中国。患难见真情，中国人民是懂得感恩的民族，力所能及为国际社会抗击疫情贡献自己的力量。中国政府、企业、民间组织等纷纷行动起来，派遣医疗支援队，捐助防护物资和医疗器械，分享防控和治疗经验，加强疫苗和药物研发合作等，得到世界卫生组织和国际社会的高度肯定。习近平总书记认为，团结合作是国际社会战胜疫情最有力武器[1]。隔离的应该是病毒，而不是国别，世界人民携起手来，困难终将被克服。

（一）民心相通，有利于促进文明交流

五色交辉，相得益彰；八音合奏，终和且平[2]。文明因交流而多彩，文明因互鉴而丰富。民心相通和文明交流是互相促进的过程。良好的民众基础营造包容开放、和谐共处、睦邻友好的民间氛围，民间频繁往来促进文明交融互鉴。反过来，文明的交流增加民众之间的互相理解，增进感情基础，为国家合作增添活力。

履不必同，期于适足；治不必同，期于利民[3]。中国一直提倡求同存异，美美与共的相处之道，只有弘扬"丝路精神"，增进交往，民心相通，相互理解对方的国情现状和历史进程，才能发自内心地尊重对方的文化和政治道路选择。不了解实情，是产生误解的重要原因，只有更多的民众通过交往了解真实的中国，"中国威胁论"不攻自破，国际社会反对中国的力量才能日渐失道寡助。习近平总书记讲到，互联互通是一条心灵之路，你

---

1 习近平.团结合作是国际社会战胜疫情最有力武器［OL］.求是网，2020-04-15.

2 习近平.习近平谈"一带一路"［M］.北京：中央文献出版社，2018:33.

3 同上。

了解我，我懂得你，道理就会越讲越明白，事情就会越来越好办[1]。

（二）民心相通：有利于塑造可信、可爱、可敬的国家形象

建构良好的国家形象在大国崛起中具有重要战略支撑作用，习近平总书记在"5·31讲话"中首次提出要注重把握好国际传播基调，"既开放自信也谦逊谦和，努力塑造可信、可爱、可敬的中国形象。""可信、可爱、可敬"体现了中国致力于构建大国形象的新视角、新目标。塑造"可信、可爱、可敬"的中国形象，需要讲出中国故事背后的温度，以全人类喜闻乐见的方式、形式和渠道，增强形象塑造的亲和力和实效性，用各种生动事例说明中国的发展本身就是对世界的最大贡献，为解决人类问题贡献了智慧。这一目标的达成需要推动政府、企业、民众等多种传播主体实现联动，采取以用户为中心，贴近不同区域、不同国家、不同群体受众的精准传播方式，推动中国同各国的人文交流和民心相通。要大力宣介"一带一路"倡议对助力各国恢复社会经济发展及民生改善的重要价值，为深化国家间良好关系营造更加积极的民意氛围。

（三）民心相通，有利于构建人类命运共同体

疫病防治、气候变化等非传统安全已经成为全人类的共同威胁，政治意义上的国界阻拦不了灾害的蔓延。人类的命运紧紧联系在一起，需要团结合作，在保护环境、消除贫困、人文教育、防病防灾等方面共同努力，促进人类文明的安全和发展。弘扬"丝路精神"，只有放下偏见、真诚合作，凝聚全人类的智慧和力量，才能创造更美好的家园。

二、文化之旅开放融通，文明之路和谐共生

自共建"一带一路"倡议提出以来，中国和沿线国家重视人文交往、

---

[1] 习近平.习近平谈"一带一路"［M］.北京：中央文献出版社，2018:55.

公共外交的发展，民间往来日益频繁，文化交流逐渐增多，为增进相互理解和共建"一带一路"倡议的深入发展提供了坚实的民众基础，中国文化被更多国家的民众接受，中国和平发展的愿望被更多国家的民众所理解。

（一）文化交流形式丰富多样

中国与沿线国家举办电影节、艺术节、音乐节、文物展等丰富多彩的活动，合作开展图书、影视等文艺作品的翻译展播，连续剧作品在海外受到广泛欢迎，为国外民众了解真实的中国社会提供了有益的窗口。中国还与合作国家打造了丝绸之路（敦煌）国际文化博览会、丝绸之路国际艺术节、海上丝绸之路国际艺术节等大型文化活动，增进不同国家之间的文化往来和互融互鉴。"中国年"等传统节日获得海外民众喜爱，"鲁班工坊""丝路之友"成为经典品牌，中国文化软实力和国家形象悄然上升。

（二）教育成果显著

中国每年向沿线国家提供1万个政府奖学金名额，鼓励留学生来华学习，东南亚国家来华留学人数长期维持高位，中国的国际教育事业近些年来发展迅速。孔子学院也取得显著成果，已在162个国家（地区）设立了541所孔子学院和1 170个孔子课堂，全球掀起"汉语热"。白俄罗斯教育部部长卡尔边科对2019年中国"白俄罗斯教育年"的百余场活动给予高度评价，并在国内积极筹建设立第五所孔子学院。2019年，国家主席习近平在第二届"一带一路"国际合作高峰论坛上指出，未来5年将邀请"一带一路"国家的政党、智库、民间组织等1万名代表来华交流[1]。教育，架起民心相通的桥梁。

---

1 习近平在第二届"一带一路"国际合作高峰论坛开幕式上的主旨演讲（全文）[OL].新华网，2019-04-26.

（三）旅游市场热度持续上升

"中国-文莱旅游年""中国-马来西亚文化旅游年"等一系列旅游年活动陆续拉开序幕，中国与57个沿线国家签订了互免签证协定，与15个国家达成19份简化签证手续的协定或安排。中国游客的出境游变得更加便利和常态化，也有越来越多的外国游客选择到中国领略秀丽山川和人文遗迹的魅力。

（四）卫生健康事业合作顺利

中国重视与相关国家和国际组织共建传染病防治、卫生设施、中医药、人才培养等方面的合作。中国政府与世界卫生组织签署《关于"一带一路"卫生领域合作备忘录》，中国与相关国家开展艾滋病、疟疾、登革热、流感、埃博拉、结核病、鼠疫、脊髓灰质炎等疾病防控合作，并多次派驻医疗队赴中亚、南亚、非洲等地开展支援活动，并帮助当地培养医护人才。中国对于新冠肺炎的防治得到了国际社会的赞赏和支持，国际医疗专家支援中国，多批医用口罩等医疗防护捐助物资被运往国内，世界人民同中国人民站在一起，共同对抗疫病的传播。在自己国家疫情得到基本控制后，中国也积极援助疫情严重和医疗资源薄弱国家，从受援国转变为支援国。

（五）脱贫、救灾等国际援助坚持进行

中国毫无保留地将"精准扶贫"的经验传授给非洲等国，开办扶贫培训班，培养技术人才，在不附加政治条件和不干涉内政的前提下帮助相关国家脱贫致富。中国多次参与组织人道主义援助，帮助当地妇女儿童摆脱疾病与饥饿的困扰。中国扶贫基金会于2019年2月启动国际爱心包裹项目，为发展中国家的小学生提供文具等学习和生活用品，帮助他们实现教育脱贫。中国还积极参与国际防灾减灾活动，向受灾国家提供设备、粮食等救灾援助，帮助相关国家减轻灾害损失。

三、案例：中非民间论坛让心走得更近

中非民间论坛由中国国际交流促进会发起创办，是中非民间外交的重要机制和平台，论坛秉承中非民间友好三原则，"增进民间友好、促进务实合作、推动世界和平"，截至 2021 年底已成功举办六届。

第一届中非民间论坛于 2011 年 8 月在肯尼亚首都内罗毕举办，论坛的主题是"发展伙伴关系，共促中非友好"，开启中非民间交往的机制化、常态化。2012 年 7 月，第二届中非民间论坛在中国苏州举行，讨论民间交往的新形式，促进中非的共赢共同发展。2014 年 5 月，第三届中非民间论坛在苏丹喀土穆成功举行，国家主席习近平发去贺信，时任联合国秘书长潘基文发去致辞，论坛紧紧围绕中非人民共同实现脱贫减困的目标进行讨论，达成广泛的共识。2015 年 8 月，第四届中非民间论坛在中国义乌举行，会议通过了《中非民间交流合作倡议书》，重点关注"从民间视角看中非合作面临的新机遇"和"民间助力中非命运共同体建设"两个议题。2018 年第五届中非民间论坛选址中国成都，会议成果丰富，发布了《中非民间友好伙伴计划（2018—2020）》，内容涉及民生合作与捐赠救助、能力建设和人才交流、促进发展、文化交流、完善交流机制五个方面，推出了 30 项民间对非合作项目，帮助非洲经济发展和社会进步。2021 年 11 月，第六届中非民间论坛在北京举行，本次论坛采取线上形式举办，分设"中国减贫模式对非洲的启示"和"中非合作减贫发展项目案例分享"两个板块。

中非民间论坛已经成为中国和非洲公众深入理解和交往的重要平台，让中国民众更好地了解非洲，也让非洲民众更好地了解中国，补齐中非民间交往欠缺的短板和不足。中非民间合作的内容不断丰富和深化，有效地帮助了非洲国家脱贫致富和社会发展，用实际行动消除了非洲民众心目中所谓的"中国威胁论"。随着中非民间论坛的机制化，以及"一带一路"建设民心相通的不断延伸，中非人民的友谊将更加牢固。

第六节

产能合作

产能合作为沿线国家发展提供新的动能。产能合作是一件双向利好的事情，有利于中国企业"走出去"，争取相关国家优惠的政策和资源，提升国际竞争力；同时帮助相关国家完善产业链和工业体系，培育自身的工业生产优势，保障经济安全和社会稳定。在"一带一路"建设产能合作框架下，沿线国家与中国产能合作不断取得新突破，一批工业园区的成功建设彰显了产能合作的巨大潜力。

一、产能合作为发展提供新的动能

产能合作不仅包括简单的货物出口，还涵盖产业和能力的输出，把产业整体输出到国外去，帮助所在国家建立完备的工业能力和体系。产能合作的开端是 2014 年 12 月，国务院总理李克强在哈萨克斯坦访问时，同哈萨克斯坦总统纳扎尔巴耶夫、总理马西莫夫达成共识，加强双方在钢铁、水泥、平板玻璃、装备技术等领域的产能合作，将其作为深化中哈合作的重点和亮点。2015 年 5 月 16 日，李克强总理批准，国务院出台《关于推进国际产能和装备制造合作的指导意见》，作为推进国际产能合作的重要指导性文件，该意见指出，要争取到 2020 年，与重点国家产能合作机制基本形成，一批重点项目获得进展，建立若干境外产能合作示范基地，将钢铁、建材、铁路、电力、化工、轻纺、汽车、通信、工程机械、航空航天、船舶和海洋工程等作为重点行业，培养一批具有国际竞争力的示范企业，与相关国家密切配合，由点到面，有序推进[1]。

中国具备完善的工业体系和生产能力，沿线国家多为发展中国家，基

1　国际产能合作［OL］.中国一带一路网，2016-10-25.

础设施相对滞后，工业体系尚未完全建立起来，产业链上下游许多产品严重依赖进口，在价格和技术上受制于别国，导致丰富的资源不能被充分地利用和发掘。中国与相关国家进行产能合作，能将双方的优势互补，帮助相关国家引进生产技术，完善产业链、供应链、服务链，保障经济安全和发展势头，中国也能在自己的薄弱环节得到国外优质资源的补充，达到互利双赢的效果。

国际产能合作有三种主要形式，分别是基础设施建设、贸易投资和境外经贸合作区。随着"一带一路"合作的深入挖掘，中国国际产能合作各方面不断取得新的突破。2017年5月，"一带一路"国际合作高峰论坛在北京举行，国家主席习近平指出，要深入开展产业合作，推动各国产业发展规划相互兼容、相互促进，抓好大项目建设，加强国际产能和装备制造合作，抓住新工业革命的发展新机遇，培育新业态，保持经济增长活力[1]。

二、"一带一路"国家产能合作硕果累累

"一带一路"国家产能合作和第三方市场合作进展顺利。在国家协调层面，中国重点对接意愿强烈的发展中国家，已经与哈萨克斯坦、埃及、埃塞俄比亚、巴西等40多个国家签署产能合作文件。中国还积极与发达国家达成合作，与法国、意大利、西班牙、日本、葡萄牙等国签署了第三方市场合作文件。2013—2018年，中国企业对沿线国家直接投资超过900亿美元，年均增长5.2%[2]。在地区协作层面，中国积极协调区域、次区域合作，达成《中国-东盟产能合作联合声明》《澜湄国家产能合作联

---

1 习近平.习近平谈"一带一路"[M].北京：中央文献出版社，2018:183.

2 王雨萧，于佳欣.我国对"一带一路"沿线国家直接投资超900亿美元[OL].新华社网，2019-04-18.

合声明》等重要文件，努力营造多边合作、开放包容的发展环境。

（一）中外共建合作园区成果显著

2017年，位于阿拉伯联合酋长国阿布扎比哈利法工业区的中阿产能合作示范园被国家发展改革委明确定为全球第一家"一带一路"产能合作园区，总占地面积12.2平方千米，多家企业参与投资，涵盖建材、化工、新能源等多个行业。中国与埃及泰达经贸合作区、中哈霍尔果斯国际边境合作中心、中老磨憨-磨丁经济合作区、中国与白俄罗斯工业园、柬埔寨西哈努克港经济特区等一大批境外合作园区建成。2013—2021年，我国对沿线国家直接投资累计1 613亿美元，沿线国家在华投资设立企业3.2万家，实际累计投资712亿美元。截至2021年底，我国企业在沿线国家建设的境外经贸合作区累计投资430.8亿美元，为当地创造了34.6万个就业岗位，较好发挥了载体和平台作用，促进了国际产能合作。

（二）政府搭台，中国企业"抱团出海"

园区所在国家提供土地和政策特惠条件，园区合作领域从传统行业到新科技研发，资本、人员、技术交流障碍大为降低，为当地贡献大量税收和就业岗位，中外企业通力合作打造跨境产业链体系，有效释放优势产能。仅柬埔寨西港特区就创造就业岗位3万个，吸引来自中国、欧美、东南亚等国家和地区的近174家企业入驻[1]。中国企业在西港特区创造效益的同时还承担相应的社会责任，吸收了大量的当地失业人员就业，协助政府维护了社会稳定，树立了良好的中资企业形象，赢得了当地政府和民众的支持。西港园区合作激发当地经济焕发巨大的生机和活力。

---

1 赵益普.柬埔寨西港特区中资企业为当地失业员工敞开大门［OL］.人民网，2020-01-02.

三、案例：中白工业园——丝绸之路经济带上的明珠

中国-白俄罗斯工业园（以下简称中白工业园）坐落于白俄罗斯明斯克州，地理位置优越，是白俄罗斯最大的招商引资项目。白方负责提供土地、法律保障和税收优惠政策，中方负责提供资金和技术支持。中白工业园规划面积91.5平方千米，一期工程8.5平方千米已经建设完毕，面向全球招商引资。截至2019年底，已经引进11个国家的60个项目，合同投资总额近12亿美元[1]。

2015年5月，国家主席习近平访问白俄罗斯期间，提议将中白工业园建设作为合作重点，发挥政府间协调机制作用，将该项目打造成为丝绸之路经济带上的明珠和双方互利合作的典范，中白工业园进入实质性开发阶段。2017年中国石油、中兴、华为等国内优质企业入驻，2019年2月，中白工业园被白俄罗斯批准为首个区域经济特区，园区设立海关，为清关和商检提供便利，园内功能区域建设已初成规模。中国和白俄罗斯两国政府对工业园都非常重视，签署了一系列的政府间文件。白俄罗斯以国家立法为保障，提供前所未有的特惠条件，并设立了独立的国家管理机构，实现一站式的综合行政服务，立志将园区打造为国际化产业园区和生态化产业城市。

以中白工业园为典范的"一带一路"工业园区建设充分表现了"政府牵线、企业主体、市场主导"的经济发展原则，鼓励企业在有保障的基础上大胆"走出去"，实现人才、资本、技术的充分流动，刺激当地经济的发展和工业生产体系的完善，释放优质产能，有效促进不同国家和区域的优势互补，营造开放包容的投资发展环境，真正实现了沿线国家之间的互联互通，也为世界经济的发展提供了新的动力和契机。

---

1 魏忠杰，李佳.一座国际化产业新城正在兴起——记进入高质量发展阶段的中白工业园［OL］.中国一带一路网，2020-05-14.

第四章

共建"一带一路"倡议的国际对接

"对接"是共建"一带一路"倡议的重要内容与核心概念,是贯彻落实共建"一带一路"倡议的重要外交政策工具。2017年5月14日,国家主席习近平在第一届"一带一路"国际合作高峰论坛开幕式上发表《携手推进"一带一路"建设》的主旨演讲,强调"一带一路"建设不是另起炉灶、推倒重来,而是实现战略对接、优势互补[1]。"一带一路"框架下的国际对接是中国主动的、进取的政策作为,也是国际政策协调与国际合作的重要内容。实践证明,共建"一带一路"倡议不仅为中国开放发展开辟了新天地,也为世界各国发展提供了新机遇。

第一节

共建"一带一路"倡议对接沿线国家

自共建"一带一路"倡议提出以来,中国政府主动采取一系列重大国家行动,与沿线国家共同努力,对接沿线国家发展战略,推动"一带一路"

---

[1] 习近平.习近平谈治国理政(第二卷)[M].北京:外文出版社,2017:509.

建设不断走深走实。共建"一带一路"倡议已经与印度尼西亚"全球海洋支点"战略、哈萨克斯坦"光明之路"新经济政策、巴基斯坦"2025愿景"、柬埔寨"四角"战略、土耳其"中间走廊"、英国"英格兰北方经济中心"、西班牙"亚洲发展战略"、匈牙利"向东开放"、波兰"负责任发展战略"、沙特"2030愿景"、越南"两廊一圈"构想、文莱"2035宏愿"、泰国"东部经济走廊"、蒙古国"草原之路"倡议、俄罗斯"欧亚经济联盟"、欧盟"容克计划"、非盟《2063年议程》、东盟"互联互通总体规划"等国家和地区战略规划形成对接。截至2022年4月，中国已同149个国家、32个国际组织签署200多份共建"一带一路"合作文件。

一、共建"一带一路"倡议对接印度尼西亚"全球海洋支点"战略

印度尼西亚（以下简称印尼）是世界上最大的群岛国家，扼守马六甲海峡、望加锡海峡、龙目海峡、巽他海峡四大海洋通道和重要航线，地理位置优越，是天然的海洋轴心国家和海上贸易枢纽。同时，印尼是古代"海上丝绸之路"的重要枢纽，也是"一带一路"建设的重点合作国家。

2014年10月，印尼总统佐科·维多多在就职演讲中指出，"我们必须努力恢复印尼作为海洋国家的地位。海洋、海湾、海峡是我们文明的未来。长期以来，我们的发展背离了海洋、海湾和海峡。现在是时候再次响起'海洋强国'的口号了"。佐科·维多多认为印尼的民族未来和国家希望取决于海洋，重建海洋强国势在必行。2014年11月，佐科·维多多在缅甸首都内比都举办的东亚峰会（EAS）上首次正式公开提出"全球海洋支点"战略，同时详细阐述了该战略的基本内涵。

"全球海洋支点"战略的主要内容包括以下五个方面，涉及政治、经济、文化、外交等多个领域。复兴海洋文化，树立海洋文化理念；加强渔业和海洋管理，建设海洋"粮食主权"与安全；构建"海上高速公路"，加强港口、海洋公路等海洋基础设施建设，发展海洋旅游及海洋运输；积极开

展海洋外交，妥善处理领海、领土争端等传统安全问题和海洋污染等非传统安全问题；加强海上防御力量建设，维护印尼领海主权，保障领海区域航行安全。

"全球海洋支点"战略的目标包括以下五个方面：发展印尼海洋经济，改善人民生活水平和质量，创造国家发展新机遇；加强海洋基础设施建设，实现海洋互联互通；打击海洋恐怖主义、偷渡、海盗等海上跨国犯罪活动，维护海洋安全；开展海洋外交，提升印尼的中等强国竞争力和影响力；建设海洋大国，重塑地区海洋秩序，提高印尼的国际战略地位。

印尼是沿线国家中的"顺畅型国家"。根据北京大学"一带一路"五通指数研究课题组的数据报告，印尼的五通指数总评分为41.22分，远高于五通指数平均分（27.94分），在63个国家和地区中排名第五，表明中印尼在"五通"领域合作进展良好[1]。

（一）政策沟通是中印尼合作的基础

2013年10月，国家主席习近平在访问印尼时首次提出共建"21世纪海上丝绸之路"的重大倡议。2015年3月发布的《中华人民共和国和印度尼西亚共和国关于加强两国全面战略伙伴关系的联合声明》中指出，"21世纪海上丝绸之路"倡议和"全球海洋支点"战略构想高度契合。中印尼双方应共同打造"海洋发展伙伴"，加强政策沟通与战略交流，积极推动海上基础设施互联互通，深化重大工程建设，推进海洋经济、海洋旅游、海洋文化等领域务实合作[2]。2018年10月，中印尼两国签署推进共建"一带一路"倡议和"全球海洋支点"战略建设的谅解备忘录，推动两国

---

1 北京大学"一带一路"五通指数研究课题组."一带一路"沿线国家五通指数报告[M].北京：经济日报出版社，2017：38.

2 中国和印尼关于加强两国全面战略伙伴关系的联合声明[OL].中国政府网，2015-03-27.

关系朝更加互利互惠的方向发展，进一步加强广泛领域合作。2019 年 6 月，国家主席习近平在日本大阪会见印尼总统佐科·维多多。习近平指出，构建新型国际关系和人类命运共同体与万隆精神一脉相承。在当前形势下，中国与印尼两国应加强协调与合作，推动共建"一带一路"合作提质升级[1]。

（二）中印尼务实合作成果丰硕

雅加达—万隆高速铁路项目（以下简称雅万高铁）是共建"一带一路"倡议和"全球海洋支点"战略对接的标志性成果，也是中印尼共建"一带一路"的旗舰项目。雅万高铁项目由中印尼企业成立的"印尼中国合资高铁公司"建设、管理、运营。雅万高铁全长 142.3 千米，是中国境外首条采用中国标准和技术合作建设的高速铁路，最高时速为 350 千米，建成后将使雅加达到万隆的车程由 3 个多小时缩短到 40 分钟。雅万高铁项目不仅能够便民、利民，也能够带动相关产业发展，促进就业，提升区域经济发展水平。2019 年 4 月，第二届"一带一路"国际合作高峰论坛举办期间，中印尼双方签署共建中印尼高铁技术联合研究中心谅解备忘录，共同推进雅万高铁建设。

（三）跨境合作园区是中印尼共建"一带一路"倡议的抓手

中印尼共建跨境园区有利于利用印尼区位优势和优惠政策，推动构建中国 – 东盟经济合作示范区。中印尼两国已共建泗水 – 马都拉大桥、加蒂格迪大坝、塔卡拉燃煤电站、印尼 – 深圳工业园区、中国印尼综合产业园区青山园区（以下简称印尼青山园区）、中国·印尼经贸合作区、中国·印尼聚龙农业产业合作区等跨境合作园区。其中，印尼青山园区是"一带一路"示范合作项目。印尼青山园区由上海鼎信投资（集团）有限公司投资

---

[1] 习近平会见印度尼西亚总统佐科［OL］.中华人民共和国驻印度尼西亚共和国大使馆网，2019-06-28.

建设，累计投资达 80 亿美元，现已发展成为拥有海、陆、空立体运输通道、生产和生活配套设施完备的现代化大型工业园区。印尼青山园区年产镍铁 200 万吨、不锈钢 300 万吨，现已建成世界级大型一体化不锈钢产业链。园区发电厂装机容量总和为 2 910MW，码头年吞吐量为 3 500 万吨。同时，园区建有 2 个 10 万吨级码头、1 个 5 万吨和 3.5 万吨码头、20 多个 5 000 吨码头。印尼青山园区大量雇佣当地工人，为印尼人民创造了 3 万多个直接就业岗位和 5 万多个间接就业岗位，为当地居民带来发展红利。

（四）资金融通为中印尼战略对接提供有力支持

中国国家开发银行、中国工商银行、中国银行、亚投行、丝路基金等银行和金融机构积极为中印尼合作提供资金援助和支持，助力两国基础设施建设和产业开发合作[1]。2017 年 8 月，中国国家开发银行与印尼曼迪利银行签署战略合作谅解备忘录，双方将建立多层次、全方位的银银合作体系，携手助力印尼基础设施建设及中印尼双边经贸合作。

共建"一带一路"倡议对接印尼"全球海洋支点"战略具有重要意义。中印尼战略对接不仅为两国经贸合作带来了发展新机遇，提供了更广阔的发展空间，也为东南亚地区提供了区域公共产品。同时，中印尼战略对接有利于提升印尼乃至东盟国家对中国的好感度，增进东盟国家对中国的信任，使中国与东盟国家的关系得到长期稳定发展。

二、共建"一带一路"倡议对接哈萨克斯坦"光明之路"新经济政策

哈萨克斯坦地处欧亚大陆的中间地带，是"世界岛"的核心，也是世界上最大的内陆国。哈萨克斯坦是独联体第二大经济体，是中亚地区经济

---

[1] 吴崇伯，张媛."一带一路"对接"全球海洋支点"——新时代中国与印度尼西亚合作进展及前景透视［J］.厦门大学学报（哲学社会科学版），2019(5):98-108.

实力最强、经济发展最快的国家，其经济总量相当于中亚四国之和，是世界银行分类中的中高等收入国家[1]。

2014年11月，时任哈萨克斯坦总统纳扎尔巴耶夫发表《光明大道——通往未来之路》的国情咨文并提出"光明之路"新经济政策。纳扎尔巴耶夫指出，"光明之路"新经济政策是哈萨克斯坦未来经济增长的引擎，旨在对国家经济进行结构性改革，建立统一经济市场，推进国内经济社会发展，加速国家现代化进程。

"光明之路"新经济政策的核心是"基础设施建设计划"，主要内容包括以下六个方面。建立放射状交通网络，建设交通物流基础设施；加快发展工业和旅游业基础设施；加强能源基础设施建设；重建公共住房、供暖、供水、排水等基础设施；为国民提供更多住房；加快教育基础设施建设。为落实"光明之路"新经济政策，哈萨克斯坦计划从国家基金、国家财政预算、地方财政预算、国际金融机构和组织、国企专项资金、个人投资和国有私有合作计划中获取77 519亿坚戈的投资资金[2]。

2013年以来，中哈两国围绕共建"丝绸之路经济带"及中哈战略合作积极挖掘合作潜能，开展务实合作，在政策沟通、设施联通等领域取得积极成果。

中哈两国政策沟通水到渠成。2013年9月，国家主席习近平首次访问哈萨克斯坦并提出共建"丝绸之路经济带"重大倡议。"丝绸之路经济带"得到了哈萨克斯坦的支持和响应。2014年12月，中哈两国政府签署《中华人民共和国国家发展和改革委员会与哈萨克斯坦共和国国民经济部

---

[1] 张辉，唐毓璇，易天.一带一路：区域与国别经济比较研究[M].北京：北京大学出版社，2017:272.

[2] 卢山冰，别克吉姆巴耶夫·梅伊拉姆·耶勒科那维奇."一带一路"与"光明之路"对接研究[M].林梅，译.西安：西北大学出版社，2018:38.

关于共同推进丝绸之路经济带建设的谅解备忘录》和《中哈产能合作框架协议》。2015 年 5 月，国家主席习近平访哈期间，两国元首明确提出将共建"一带一路"倡议与"光明之路"新经济政策进行对接。2015 年 12 月，中国国务院总理李克强与哈萨克斯坦总理卡里姆·马西莫夫签署《中华人民共和国政府和哈萨克斯坦共和国政府联合公报》并指出，中哈双方将尽快成立"丝绸之路经济带"建设与"光明之路"新经济政策对接联合工作组，尽快启动"丝绸之路经济带"与"光明之路"新经济政策对接合作的规划以及联合编制工作[1]。2016 年 9 月，中哈两国签署《"丝绸之路经济带"建设与"光明之路"新经济政策对接合作规划》，进一步明确合作原则、合作愿景与合作重点。

哈萨克斯坦中国工业园是共建"一带一路"倡议和"光明之路"新经济政策对接的重要载体。2014 年，中国政府宣布将在哈建设首个境外工业园——哈萨克斯坦中国工业园。哈萨克斯坦中国工业园项目位于阿克套海港经济特区，园区规划面积 400 公顷，由新疆三宝集团与开发区建设投资开发有限公司实施开发。该工业园区受哈萨克斯坦《经济特区法》保护，特区内注册企业享受 2028 年之前免征土地税、企业所得税、进口关税、财产税等税收优惠政策[2]。哈萨克斯坦政府通过"低税率"政策吸引中国企业落户哈萨克斯坦中国工业园，推动本国经济发展。同时，园区建设也将带动中国企业"走出去"，成为中国企业打开中西亚、欧洲市场的重要平台。

跨境物流运输合作是中哈合作的一大亮点。2013 年 9 月，中哈连云

---

[1] 中华人民共和国政府和哈萨克斯坦共和国政府联合公报（全文）[OL].外交部网，2015-12-14.

[2] 中国国际经济交流中心"一带一路"课题组."一带一路"：愿景与行动［M］.北京：中国经济出版社，2019:129.

港物流合作基地开始筹建。目前,该基地已成为中亚五国过境运输、仓储物流、往来贸易的重要国际经济平台。从该基地发出的亚欧跨境货物班列覆盖中亚五国200多个站点,延伸形成通往德国杜伊斯堡和土耳其伊斯坦布尔的两条通道[1]。2014年6月,中哈两国在连云港成立中哈物流公司,充分发挥哈萨克斯坦的出口和过境货物运输优势以及连云港港口的区位优势,加强国际运输合作。2017年6月,中哈两国以连云港和"霍尔果斯东门"无水港为重要枢纽节点开启中哈亚欧跨境运输,不仅惠及中哈两国,也为沿线国家带来了运输便利,创造了合作新机遇。

中信建设是践行中国共建"一带一路"倡议对接哈萨克斯坦"光明之路"新经济政策的领军企业。中信建设已与哈萨克斯坦签署多个项目合作文件,规划开展多领域合作。2017年6月,中信建设与哈江努尔-阿斯塔纳公司签署《25万吨小麦深加工厂建设项目框架合作协议》,与哈铁建公司签署《中信建设与哈"铁建"战略合作协议》。2018年5月,中信建设与哈国家公路公司签署卡拉干达—巴尔哈什公路改造项目总承包合同。2019年6月,中信建设与哈国家公路公司签署波德斯捷普诺耶费奥多罗夫卡俄罗斯边境A30公路改造项目总承包合同[2]。此外,依托中信集团在哈萨克斯坦开展投资项目过程中积累的品牌效应、渠道资源和业务资源,近年来,中信农业、中信环境、中信银行、中信资本等子公司也相继进入哈萨克斯坦市场[3]。

中哈发展战略高度契合,对接与合作符合两国发展利益。

---

[1] 李建民.上海合作组织基础设施互联互通及法律保障研究[M].北京:社会科学文献出版社,2019:257.

[2] 中信建设与哈萨克斯坦国家公路公司再签新公路项目总承包合同[OL].中信集团网,2019-07-01.

[3] 李永全."一带一路"建设发展报告(2019)[M].北京:社会科学文献出版社,2019:343.

第四章 | 共建"一带一路"倡议的国际对接

第一，共建"一带一路"倡议对接"光明之路"新经济政策有利于促进中国与哈萨克斯坦、俄罗斯及其他中亚国家的互联互通，深化更大范围、更高水平、更深层次的区域经济合作。

第二，共建"一带一路"倡议对接"光明之路"新经济政策有利于促进哈萨克斯坦产业发展和经济结构调整，促进投资和消费，创造需求和就业，推动哈萨克斯坦国内经济发展。

第三，共建"一带一路"倡议对接"光明之路"新经济政策有利于深化中哈全面战略伙伴关系，推动中哈关系进一步发展。

第四，共建"一带一路"倡议对接"光明之路"新经济政策有利于深化中哈及沿线其他国家间经贸合作，建立互联互通伙伴关系，构建中亚地区多层次互联互通网络，推进区域经济一体化进程。

第二节

共建"一带一路"倡议对接丝路相关国家

2015年10月21日，国家主席习近平在出席中英工商峰会时指出："'一带一路'是开放的，是穿越非洲、环连亚欧的广阔'朋友圈'，所有感兴趣的国家都可以添加进入'朋友圈'。"[1]自共建"一带一路"倡议实施以来，共建"一带一路"国家已由亚欧延伸至中东欧、拉丁美洲、非洲等区域。

一、共建"一带一路"倡议对接中东欧国家

中东欧国家位处连接亚欧大陆两端的"心脏地带"，地缘优势突出，

---

[1] 杜尚泽，黄培昭.习近平出席中英工商峰会并致辞[N].人民日报，2015-10-22.

是"一带一路"建设过程中重要的枢纽和支点地区。共建"一带一路"倡议与中东欧国家对接具有良好的合作机制基础。2011年,温家宝总理在匈牙利参加首届中国-中东欧国家经贸论坛时提出,中国和中东欧国家应加强在贸易、投资、基础设施建设、财政金融合作及人文交流等领域的合作,为中国-中东欧国家"16+1合作"机制奠定了基础。2013年,国家主席习近平提出共建"一带一路"倡议后,"16+1合作"机制成为增强中国与欧洲国家协同效应,构建中国与中东欧各国及欧盟各成员国之间更加稳定的合作框架,成为共建"一带一路"倡议通向欧洲的桥梁。2019年,希腊作为正式成员国加入中国中东欧国家合作机制,"16+1合作"升级为"17+1合作",标志着这一平台涵盖的领域和范围进一步拓宽,成为"一带一路"建设过程中的样板性、示范性平台。

在"17+1合作"机制下,中东欧17国作为整体加入"一带一路"建设项目,在贸易、金融、基础设施建设、财政金融合作及人文交流等领域取得了丰硕的合作成果。中东欧地区虽处于亚欧大陆"心脏地带",但第二次世界大战以来,由于冷战的阻隔和基础设施建设的落后,中东欧国家的地缘优势长期得不到发挥。中国的"一带一路"建设致力于通过横贯亚欧大陆的互联互通建设,把中东欧国家由相对封闭的内锁国变为陆联国,从而成为全球化网络中不可或缺的节点。

在基础设施建设方面,"一带一路"建设推动波兰和希腊成为亚欧大陆互联互通的陆海"枢纽"。波兰是中欧班列西进的"枢纽"国家,中欧班列超过九成通过波兰。中国和波兰借助中欧班列建设,推动两国在铁路、海关、检验检疫等方面合作,简化中欧班列过境手续,提升通关便利化程度[1]。希腊是地中海海运"枢纽"。按照"一带一路"建设规划,希腊是中

---

[1] 蒿琨."一带一路"与中东欧沿线枢纽国家发展战略对接思考[J].国际关系研究,2020(2): 145-146.

国倡导实施的"中欧陆海快线"项目核心国家。该项目南起希腊比雷埃夫斯港,经希腊、北马其顿、塞尔维亚抵达匈牙利布达佩斯,在布达佩斯连接通向东欧和西欧的铁路网络,构建一条联通海路、两翼齐飞的物流运输大动脉。此外,匈塞铁路、波黑泛欧 5C 走廊高速公路项目、克罗地亚佩列沙茨跨海大桥等一系列标志性工程陆续竣工,标志着中国与中东欧国家在基建、产能方面的合作潜能得到充分释放。由中国、白俄罗斯两国元首倡导,两国企业共同建设完成的中白工业园于 2019 年底建设完成,截至 2020 年 4 月,共引进投资项目 60 个,合同投资额近 12 亿美元,是迄今为止中国在海外兴建的规模最大的境外经贸合作区。

在体制机制建设方面,形成全方位、宽领域、多层次的合作格局。除了中国-中东欧国家首脑峰会外,"17+1 合作"机制还包含部长级会议、地方领导人会议、友城合作会议等政府间合作机制。这些机制包含的领域不仅涉及贸易与投资,还涉及文化、旅游、教育、卫生等方面。2014 年,在波兰华沙成立了中国-中东欧 16 国投资常设秘书处总部;2016 年,"中国-中东欧国家创新合作大会"召开,在中国南京启动了中国-中东欧国家技术转移中心;2017 年,中国-中东欧银行联合体正式成立,共有 14 家成员行,各成员行按照"自主经营、独立决策、风险自担"的原则,开展项目融资、同业授信、信息共享等领域合作,并配合开展中国-中东欧国家合作机制项下其他相关工作[1]。同时,中国与特定中东欧国家之间双边倡议也对"一带一路"建设起到了重要补充。中国的共建"一带一路"倡议与波兰的"负责任发展战略"、匈牙利的"向东开放"和希腊的"国际物流中转枢纽战略"等战略规划高度契合,中国与中东欧国家在多领域的双边协作,有力促进了共建"一带一路"倡议与中东欧国家长

---

[1] 中国-中东欧银行联合体正式成立 共有14家成员行[OL].中国一带一路网,2017-11-29.

远规划的对接。

新冠疫情暴发以来，欧洲在中国对外关系格局中的地位更加凸显，"17+1合作"机制充分挖掘潜力，中国-中东欧合作成为促进"一带一路"建设的推进器。首先，中国与中东欧国家的贸易总额快速增长。2020年，中国与中东欧17国贸易额达到1 034.5亿美元，首次突破千亿美元，增长8.4%，是中国对外贸易增速的三倍以上及中国与欧盟贸易增速的两倍以上。其次，中国-中东欧国家双向投资额不断扩大。截至2020年底，中国在能源、物流、基础设施等领域对中东欧17国累计直接投资达31.4亿美元。同时，中东欧17国累计对华投资增长至17.2亿美元。第三，中国-中东欧互联互通格局更加优化。中欧班列2021年共开行1.5万列，取得突破性增长，在中欧携手抗击疫情的过程中发挥了中流砥柱的作用，而中东欧国家已经成为中欧班列战略通道和主要目的地之一。同时，中国在中东欧地区投资兴建的大型工程项目顺利推进。2020年，中国在中东欧17国新签工程承包合同额54.1亿美元，同比增长34.6%。[1] 展望后疫情时代，中国必将与中东欧国家一道，进一步拓展合作领域，提升合作层次，释放合作潜力，推动"一带一路"建设迈上新台阶。

二、共建"一带一路"倡议对接拉美国家

拉美国家是发展中世界的重要组成部分，在世界政治、全球经济增长和全球治理中发挥着重要作用。同时，拉美国家是中国推动构建新型国际关系和人类命运共同体的重要伙伴，是延长中国战略机遇和共筑和谐世界的重要伙伴，也是中国对外经贸合作的重要对象。因此，中国从战略高度和长远角度高度重视同拉美各国的关系。

---

[1] 中国与中东欧17国贸易额首超千亿美元[N].人民日报，2021-02-05(3).

第四章 | 共建"一带一路"倡议的国际对接

自共建"一带一路"倡议提出后,拉美国家积极响应,墨西哥、乌拉圭、古巴、哥斯达黎加、委内瑞拉、智利等国都明确表示了参与"一带一路"建设的意愿。许多拉美国家认为,共建"一带一路"倡议将为中拉全面合作伙伴关系注入新活力,希望通过共建"一带一路"倡议实现中拉合作优化升级。中国政府也明确指出,拉美国家是"一带一路"建设不可或缺的重要参与方。

作为"21世纪海上丝绸之路"的延伸地区,拉美国家于2017年开始对接中国共建"一带一路"倡议。2017年5月15日发布的《"一带一路"国际合作高峰论坛圆桌峰会联合公报》指出,中国推动"一带一路"与南美洲区域基础设施一体化倡议互联互通,将为中拉合作带来发展新机遇。以2017年为起点,中拉双方的互动开始由以沟通为主转向以对接为主[1]。

(一)中拉发展规划对接成果突出

巴拿马是中拉对接共建"一带一路"倡议的亮点之一。2017年6月13日,中国与巴拿马建立外交关系。同年11月17日,中巴两国签署政府间关于铁路运输系统领域合作的谅解备忘录。同年12月7日,中巴两国签署《中华人民共和国商务部和巴拿马共和国外交部关于开展巴拿马铁路项目可行性研究的合作协议》及《中华人民共和国政府和巴拿马共和国政府关于落实两国经济技术合作协定的换文》[2]。2018年6月12日,中巴政府间经贸混委会第一次会议在北京召开,中巴两国签署谅解备忘录,宣布正式启动中巴自贸协定谈判,推进中巴经贸和投资合作,加强在人

---

1 袁东振.拉美黄皮书:拉美和加勒比发展报告(2017—2018)[M].北京:社会科学文献出版社,2018:2.

2 苏津.中国与巴拿马签署巴铁路项目可行性研究合作协议[OL].新华网,2017-12-09.

力资源培训等方面的合作[1]。党的十九大以来，中拉关系实现了新发展。2018年1月22日，国家主席习近平在中国－拉共体论坛第二届部长级会议的贺信中指出，中拉双方要描绘共建"一带一路"新蓝图，打造一条跨越太平洋的合作之路[2]。会议通过了《中国－拉共体论坛第二届部长级会议圣地亚哥宣言》和《中国与拉共体成员国优先领域合作共同行动计划（2019—2021）》，专门通过和发表了《中国－拉共体论坛第二届部长级会议关于"一带一路"特别声明》，标志着中拉共建"一带一路"倡议开启了新里程。

（二）中拉基础设施合作空间广阔

拉美资源丰富，但各国经济发展水平差异较大，基础设施建设相对滞后。中拉合作具有天然的互补性，产业对接和产能合作空间广阔。2015年8月发布的拉丁美洲和加勒比国家共同体（CELAC）《2020年议程》指出，拉美地区基础设施投资占国内生产总值的5.3%。根据中国商务部数据统计，2015年，中国企业在拉美地区签订承包工程合同金额180亿美金，2016年签订承包工程合同金额191.2亿美元。截至2017年底，中国企业在拉美地区累计签订承包工程合同额1 642亿美元，完成营业额1 129亿美元[3]。中国企业已在委内瑞拉、厄瓜多尔、阿根廷、巴西等30多个拉美国家开展工程承包业务。2014年2月，中国国家电网巴西控股公司与巴西国家电力公司、巴西福纳斯联营体成功中标巴西美丽山输电线路一期项目，成为中巴电力合作领域的重要里程碑。2014年7月，中国国家电网

---

[1] 中国和巴拿马召开经贸混委会第一次会议并宣布启动双边自贸协定谈判［OL］.商务部网，2018-06-13.

[2] 习近平.习近平致信祝贺中国-拉美和加勒比国家共同体论坛第二届部长级会议开幕［N］.人民日报，2018-01-23.

[3] 王优玲.中拉产能合作和基础设施合作具有广阔空间［OL］.中国财经网，2016-04-19.

公司与巴西国家电力公司签署了《巴西美丽山特高压输电项目合作协议》。2015年7月，中国国家电网公司独立中标巴西美丽山水电±800千伏特高压直流送出二期特许经营权项目，首次实现中国企业在海外独立开展特高压输电项目的投资、建设和运营，推动中国特高压输电技术"走出"国门[1]。2017年，中国国家电网巴西控股公司成功收购巴西最大私营电力企业——CPFL公司54.64%的股权，实现国家电网在拉美输电、配电、新能源发电、售电等业务领域的全面覆盖。

自共建"一带一路"倡议实施以来，中国投资正逐步与拉美发展战略相对接。"一带一路"框架下的中拉合作为拉美国家的经济发展提供了腾飞的翅膀，人民生活水平得到明显改善。同时，共建"一带一路"倡议与拉美国家对接有利于彰显新时代中国经济发展战略和气魄，有利于为拉美繁荣提供新的重大机遇，也能为深化中拉合作提供新思路、新理念，实现中拉合作优化升级和中拉共同发展，打造更好、更强、更优的中拉合作新局面。

三、共建"一带一路"倡议对接非洲国家

非洲是共建"一带一路"倡议的天然合作伙伴，是"一带一路"建设不可或缺的重要参与者。自共建"一带一路"倡议提出以来，越来越多的非洲国家认识到共建"一带一路"倡议将为非洲国家带来发展新机遇。南非希望借助共建"一带一路"倡议同中国开展海洋经济与产能合作；马达加斯加认为共建"一带一路"倡议能够更好地促进全球经济社会发展，希望促进马达加斯加与"21世纪海上丝绸之路"的对接合作；坦桑尼亚希望

---

[1] 郭凯，牛根源.冲出亚马孙——中国电建承建巴西美丽山特高压直流输电项目纪略［OL］.中国电建网，2017-09-05.

成为"一带一路"建设在非洲的重要节点[1]。共建"一带一路"倡议成为中非合作的新亮点。在中非双方的共同努力下，中非在"五通"领域合作成果丰硕。

（一）政策沟通为中非合作提供根本保障

中非合作论坛（FOCAC）作为引领中非合作的重要机制与有效平台，为中非开展"全方位、宽领域、多层次、多渠道"合作提供了契机。2015年12月3日，中非合作论坛第六届部长级会议审议通过了《中非合作论坛－约翰内斯堡峰会宣言》和《中非合作论坛约翰内斯堡行动计划（2016—2018年）》；2015年12月4日，中国政府发表第二份《中国对非洲政策文件》，明确中国对非合作的决心，指出巩固和夯实中非命运共同体的重要性；2018年9月2日，中非合作论坛第七届部长级会议通过了《关于构建更加紧密的中非命运共同体的北京宣言》和《中非合作论坛－北京行动计划（2019—2021年）》。会议召开期间，中国与马达加斯加、苏丹、摩洛哥等28个非洲国家签署了"一带一路"合作文件，并有超过一半的非洲国家支持中非在"一带一路"框架下开展合作。这些重要文件为中非各领域交流与合作，谋求可持续发展提供了重要指导，树立了南南合作的典范。此外，中非合作论坛北京峰会期间，中非领导人一致决定推动中非共建"一带一路"同非盟《2063年议程》对接，携手构建责任共担、合作共赢、幸福共享、文化共兴、安全共筑、和谐共生的中非命运共同体，共同实施中非合作"八大行动"[2]。中非双方出台和落实了诸多成果文件和行动计划，为深化中非各领域合作提供了保障。

---

1 杨民.在"南部非洲工业化及中国与南部非洲产能合作"国际学术研讨会上的致辞［M］//舒运国，张忠祥.非洲经济发展报告（2016—2017）.上海：上海社会科学院出版社，2017:19.

2 习近平向中非合作论坛北京峰会成果落实协调人会议致贺信［OL］.商务部网，2019-06-28.

（二）设施联通为中非合作提供广阔空间

设施联通与非盟《2063年议程》确定的重点发展领域吻合。近年来，中国企业在非洲铺路架桥，极大改善了非洲的交通基础设施。中国企业已承建了连接尼日利亚首都和重要城市的阿卡铁路、连接埃塞俄比亚和吉布提两国首都的亚吉铁路、连接肯尼亚首都内罗毕与东非第一大港蒙巴萨的蒙内铁路。其中，蒙内铁路是落实共建"一带一路"倡议与中非合作论坛第六届部长级会议"十大合作计划"的重要成果，是中非"三网一化"和产能合作的标志性工程。蒙内铁路由中国交通建设股份有限公司所属中国路桥承建，全部采用中国标准、装备、技术和管理理念，开启了中国铁路产业链和铁路技术标准境外合作新模式。蒙内铁路的开通对肯尼亚经济发展、非洲基础设施建设以及推动"一带一路"建设深入非洲腹地具有重要意义。此外，中国交通建设股份有限公司在非洲投资建设了亚的斯亚贝巴环城高速公路、亚的斯亚贝巴—阿达玛高速公路、赤道几内亚滨洞立交项目等基础设施项目，埃塞俄比亚Arerti建材家居工业园和莫桑比克贝拉国际建材工业园等境外产业园区项目。

（三）资金融通为中非合作提供重要支撑

中国已经成为非洲最大的基建融资来源国和第三大援助贷款来源国[1]。《中非合作论坛——北京行动计划（2019—2021年）》提出，中方将对国内企业承揽的铁路、电信、电力等重点项目提供出口信贷和出口信用保险支持，并设立50亿美元的自非洲进口贸易融资专项资金，提供200亿美元信贷资金额度，设立100亿美元的中非开发性金融专项资金[2]。近年来，

---

1 廖舟.对接"一带一路"建设与《2063年议程》，开启中非合作新篇章［OL］.光明网，2018-10-24.

2 中非合作论坛——北京行动计划（2019—2021年）［OL］.中非合作论坛网，2018-09-05.

中国工商银行、中国银行、中国农业银行等商业银行大力推进非洲分支机构建设，积极开展相关金融服务和国际合作。2015年7月，中国人民银行授权中行约翰内斯堡分行担任南非人民币清算行，为人民币在非洲的国际化提供了有力支持。2018年11月，尼日利亚中国非洲银行业务中心在尼日利亚拉各斯市成立。此外，中国进出口银行、国家开发银行以及中非发展基金、非洲共同增长基金等机构还对非洲提供商业性和政策性投融资服务；中国出口信用保险公司向中非对外贸易和对外投资提供保险支持[1]。截至2021年底，中非发展基金已累计对37个非洲国家投资近60亿美元，撬动中国企业对非投融资270亿美元。

中非发展战略高度契合，中非合作发展互有需要，互有优势。以"一带一路"建设为契机，中非双方将携手再谱发展新蓝图，共创互利共赢新格局。共建"一带一路"倡议对接非洲发展战略有利于优化产能结构，促进非洲经济发展、社会进步和民生改善，推进非洲国家一体化进程，也有利于构建中国产业资本海外发展平台，为中非合作搭建互利共赢新桥梁。中非双方全面深化"一带一路"与非盟《2063年议程》对接，能够促进中非各领域合作快速发展，最终实现合作共赢、共同发展。但是，中非合作也面临非洲部分国家经济发展落后、基础配套设施不完善、治理落后、法制不健全、财政金融体系薄弱、局部战争与冲突、恐怖主义威胁、政权更迭、外汇管制等诸多风险与挑战。中非互利合作的战略目标与非洲的现实情况还有一定差距，需要中非携手共同面对挑战，深化中国与非洲各国的合作。

---

1 智宇琛.中国企业在非洲：成就、问题与对策［M］// 张宏明.非洲发展报告（2015—2016）.北京：社会科学文献出版社，2016:10.

第三节
共建"一带一路"倡议对接国际组织

国际组织是推进"一带一路"建设的重要平台，是"一带一路"建设的利益相关方。共建"一带一路"倡议已同欧亚经济联盟、欧盟、联合国、东盟、非盟、世界卫生组织、国际刑警组织等国际和地区组织的发展和合作规划实现对接。共建"一带一路"倡议对接国际组织能够加深沿线国家及其他相关国家对中国的了解，有利于将"一带一路"纳入国际组织发展战略，将"一带一路"从"中国倡议"转化为会员国共同参与的"国际议程"，提升中国国际地位和国际话语权[1]。

一、共建"一带一路"倡议对接欧亚经济联盟

为应对北约东扩对俄罗斯地缘政治和经济空间的挤压，俄罗斯积极发展与独联体国家的双多边关系，推进其主导的空间一体化进程，同时以此作为俄罗斯外交事务的优先事项。

欧亚经济联盟是俄罗斯在独联体地区推进一体化的重要成果，也是凝聚独联体国家的一种战略。欧亚经济联盟的建立经历了四个发展阶段。第一阶段，2010年1月，俄罗斯、白俄罗斯、哈萨克斯坦三国成立了"关税同盟"。第二阶段，2012年1月，俄罗斯、白俄罗斯、哈萨克斯坦三国将"关税同盟"提升为"统一经济空间"。第三阶段，2014年5月，俄罗斯、白俄罗斯和哈萨克斯坦三国首脑签订《欧亚经济联盟条约》；2015年初，欧亚经济联盟正式启动。第四阶段，到2025年，欧亚经济联盟将实现区域内商品、资金、服务和劳动力的自由流动。欧亚经济联盟的

---

[1] 张贵洪.积极发挥国际组织在推进"一带一路"建设中的作用[N].青岛日报，2019-11-19.

成员国包括亚美尼亚、白俄罗斯、哈萨克斯坦、吉尔吉斯斯坦和俄罗斯。欧亚经济联盟拥有1.7亿人口以及4.5万亿美元国内生产总值的共同市场。

根据《欧亚经济联盟条约》规定，欧亚经济联盟是区域一体化国际组织，拥有国际法主体地位。欧亚经济联盟旨在保障货物、服务、劳动力和资本在各成员国之间的自由流动，在宏观经济、交通、工农业、能源、对外贸易投资、海关、技术监管、竞争和反垄断监管等领域制定共同政策，增强成员国之间的经济合作与竞争力，促进经济稳定发展，提高成员国人民的生活水平。欧亚经济联盟将以普遍一体化为原则，推动成员国经济融通，搭建欧洲和亚太地区之间的桥梁。

欧亚经济联盟的成员国均为"一带一路"建设的重要伙伴国。各成员国与中国经济互补性强，经贸合作潜力大。中国是欧亚经济联盟成员国的主要贸易伙伴。据欧亚经济委员会统计，2017年中国与欧亚经济联盟成员国的贸易额为1 094.0亿美元。中国与欧亚经济联盟第一大门户——俄罗斯的双边经贸合作尤为突出。据俄罗斯海关统计，2018年俄罗斯与中国的双边货物贸易额为1 082.8亿美元，同比增长24.5%。其中，俄罗斯对中国出口560.8亿美元，同比增长44.1%，占其出口总额的12.5%；俄罗斯自中国进口522.0亿美元，同比增长8.6%，占其进口总额的22.0%[1]。中国是俄罗斯第一大贸易伙伴，俄罗斯也是中国的主要贸易伙伴，是中国重要的石油供应国之一。

（一）"一带一盟"对接合作共识成果丰硕

2014年5月，国家主席习近平同俄罗斯总统普京发表《关于全面战略协作伙伴关系新阶段的联合声明》，积极寻求"丝绸之路经济带"与欧亚经济联盟战略契合点，深化双边合作。2015年5月，中俄共同发表《关

1　2018年俄罗斯货物贸易及中俄双边贸易概况［OL］.商务部网.

于丝绸之路经济带建设与欧亚经济联盟建设对接合作的联合声明》，开启了"一带一盟"对接之路。2016年6月，中国商务部与欧亚经济委员会签署《关于正式启动中国与欧亚经济联盟经贸合作伙伴协定谈判的联合声明》，对接从意愿转化为实际行动。2017年10月，中国与欧亚经济联盟签署《关于实质性结束中国与欧亚经济联盟经贸合作协议谈判的联合声明》，是"一带一盟"对接合作迈出的重要一步，也是对接合作共识的重要成果，为推进"一带一盟"贸易便利化，深化经贸合作提供了制度性安排。2018年5月，哈萨克斯坦阿斯塔纳经济论坛召开期间，中国与欧亚经济联盟签署了《中华人民共和国与欧亚经济联盟经贸合作协定》，为中国与欧亚经济联盟发展经贸关系建立了制度性保障，是"一带一盟"对接合作从项目带动阶段进入制度引领阶段的标志。2019年6月，中俄共同发表《关于发展新时代全面战略协作伙伴关系的联合声明》，强调双方将加强协调行动，推进"一带一路"建设与欧亚经济联盟对接，共同促进区域组织、双多边一体化进程，造福欧亚大陆人民[1]。

（二）"一带一盟"基础设施互联互通成果显著

欧亚经济联盟的成员国基础设施相对落后，亟须改善，中国则拥有丰富的基础设施建设经验。奥什医院、比什凯克热电厂改造项目、灌溉系统改造工程、"达特卡—克明"输变电线项目、北南公路和中吉哈、中吉乌跨国公路等项目是中吉共建"一带一路"倡议的精品工程，对促进吉尔吉斯斯坦社会经济的发展和改善民生具有重要意义。2016年11月，中俄双方召开中俄跨境基础设施工作组第三次会议，就"三桥一索"等中俄跨境基础设施重点项目进展情况交换意见，签署了《中俄跨境基础设施工作组第三次会议纪要》。2019年7月，中俄首条国际跨境索道——"黑河—

---

[1] 中华人民共和国和俄罗斯联邦关于发展新时代全面战略协作伙伴关系的联合声明（全文）[OL].中国政府网，2019-06-06.

布拉戈维申斯克跨黑龙江索道"正式开工,标志着中俄基础设施互联互通取得新进展。

(三)"一带一盟"能源合作取得突破进展

中俄能源合作空间巨大,前景广阔。近年来,中俄能源战略伙伴关系日益加强。2014年5月,中俄共同签署了《关于沿中俄东线管道自俄罗斯联邦向中华人民共和国供应天然气领域合作的备忘录》。中石油集团公司与俄天然气股份公司签署总价值超过4 000亿美元、年供气量380亿平方米、期限长达30年的中俄东线天然气购销合同[1]。中俄东线天然气管道投产能够促进俄罗斯能源出口多元化,增强能源安全,促进经济发展。同时,中俄东线天然气管道投产也有助于推动中国能源与经济转型,优化中国天然气结构,确保能源供应多元化与能源安全,加快能源转型,促进能源体制改革和天然气市场供需平衡。

(四)"一带一盟"资金融通水平不断提高

哈萨克斯坦是第一个进行人民币挂牌交易的中亚国家。2014年9月,哈萨克斯坦证券交易所启动人民币和坚戈的挂牌交易,并由中国银行作为唯一指定人民币清算行。人民币和坚戈的开盘交易扩大了人民币在哈萨克斯坦及中亚地区的使用交易范围。中资企业可以在哈萨克斯坦本地银行使用人民币进行贸易结算,同时哈萨克斯坦企业也可以选择人民币作为外币储备。2015年11月,俄罗斯央行宣布将人民币纳入其外汇储备,使人民币成为被俄罗斯官方认可的储备货币。2016年6月,中国人民银行与俄罗斯中央银行签署在俄建立人民币清算安排的合作备忘录[2]。2016年9月,

---

[1] 中俄签署东线天然气合作项目政府间备忘录和企业间购销合同[OL].国家能源局网,2014-05-24.

[2] 俄罗斯人民币清算行正式启动[OL].中国工商银行网,2017-03-22.

中国人民银行正式授权中国工商银行（莫斯科）股份有限公司担任俄人民币业务清算行，为双边贸易、投资使用本币结算提供便利，促进中俄在贸易、投资与金融领域合作。同时，中国还与俄罗斯、哈萨克斯坦和吉尔吉斯斯坦签订边境贸易本币结算协议，与塔吉克斯坦签订跨境贸易本币结算协议，与乌兹别克斯坦、哈萨克斯坦、塔吉克斯坦签署本币互换协议，有力推动了人民币与周边国家货币银行间的市场区域交易。

"一带一盟"致力于实现国家和地区发展振兴，致力于促进区域开放和包容合作，双方在诸多合作领域拥有广泛共同利益。"一带一盟"对接合作既符合经济全球化、地区一体化的发展要求，也符合欧亚一体化的诉求，二者相互补充，相得益彰。"一带一盟"对接合作是推动中俄全面战略协作伙伴关系的重要举措，有利于保障中国油气能源资源进口来源的稳定性，拓宽中国油气能源资源进口渠道；有利于将政治互信转化为经济领域的具体实践和成果，加强人文交流，促进民心相通；也有利于促进欧亚大陆稳定繁荣，形成新的地缘政治架构[1]。

二、共建"一带一路"倡议对接欧盟"容克计划"

受金融危机的影响，欧盟投资水平自2007年达到峰值以来下降了约15%，远低于历史平均水平，这种投资缺口对实现"欧洲2020战略"设定的目标构成极大威胁。2014年11月，时任欧盟委员会主席让－克洛德·容克提出欧洲投资计划，也称"容克计划"。"容克计划"是一项大规模投资计划，旨在推动欧洲克服欧债危机，振兴欧盟境内投资，促进经济增长，提升欧洲整体竞争力。

"容克计划"的具体内容包括以下三方面。2015—2017年，欧盟至

---

1 李兴，等."一带一路"与欧亚联盟对接合作研究[M].北京：红旗出版社，2018:256.

少应引入 3 150 亿欧元的投资,通过增加对实体经济的公共投资和私人投资,刺激经济发展,创造就业机会。采取针对性措施,确保投资满足实体经济需求,支持教育、基础设施、研发等领域投资。采取相关措施,消除投资壁垒,提升该计划的影响力。"容克计划"的主要实施途径是建立欧洲战略投资基金(EFSI)及欧洲投资咨询中心(EIAH)。通过 EFSI 和 EIAH 为欧盟相关项目开发和准备工作提供有力支持,使投资触及实体经济,改善欧盟的投资环境。

欧盟是中国最大的贸易伙伴、最大的技术引进来源地和重要的投资来源地。中国是欧盟第一大进口来源国、第二大贸易伙伴国和出口市场。然而,欧盟对华投资仅占其对外投资存量的 4%,中国投资只占欧盟吸收外资总额的 2%,双方在贸易投资、技术合作等领域仍有巨大合作提升空间。共建"一带一路"倡议与欧盟"容克计划"的对接主要体现在互联互通、基础设施建设、金融合作等方面。

(一)中欧加强互联互通合作

2015 年 6 月,中欧双方领导人在比利时布鲁塞尔举行第十七次中国欧盟领导人会晤并指出,中欧双方对彼此重大倡议抱有浓厚兴趣,支持共建"一带一路"倡议与欧洲投资计划进行对接[1]。同年 9 月,在第七次中欧经贸高层对话中,中欧双方决定成立工作组,并就共建"一带一路"倡议与"容克计划"的具体对接方案及合作方式进行探讨,签署《关于建立中欧互联互通平台的谅解备忘录》。

2016 年 11 月,中欧互联互通平台投融资合作专家组第一次会议在北京召开,双方就项目对接现状及合作路径进行了深入探讨。2017 年 6 月,中欧互联互通平台第二次主席会议指出,中欧双方要充分发挥好中欧互联

---

1 第十七次中国欧盟领导人会晤联合声明(全文)[OL].新华网,2015-06-30.

互通平台的作用，加强共建"一带一路"倡议与"容克计划"对接，深入各领域合作，不断取得务实成果。2018年7月，中欧互联互通平台第三次主席会议就深化中欧战略规划对接、提升基础设施和相关服务质量等多方面合作达成共识。这三次会议都是推动共建"一带一路"倡议与"容克计划"对接的实际举措，为深入推进中欧互联互通合作更加细化、实化创造了良好条件。

中欧班列是中欧战略合作落地落实的样板。2011年3月，"中欧班列"正式开通，成为"一带一路"运输线上的独特风景。截至2022年1月，中欧班列已经铺画出78条运行线路，通达欧洲23个国家的180个城市，创造出累计开行突破5万列、运送货物超455万标准集装箱、货值达2 400亿美元的好成绩。数据显示，中欧班列综合重箱率从2016年的77.2%提升至2021年的98.1%，回程班列占去程班列的比例由2016年的50.6%提升至2021年的81.7%，全程运输时间由开行之初的24天压缩至最短12天。作为国际陆路运输的新型组织方式，中欧班列已形成相对稳定的运营格局和贸易网络，为中国与沿线国家及欧洲相关国家"一带一路"建设提供了有力支撑，也为欧洲国家经济复兴带来了新机遇。

（二）中欧金融合作亮点频出

2016年1月，中国正式成为欧洲复兴开发银行（EBRD）成员。欧洲复兴开发银行的投资地区包括中欧、东欧和中亚，与共建"一带一路"倡议覆盖的国家高度契合。中国加入欧洲复兴开发银行有利于共建"一带一路"倡议与欧盟"容克计划"的对接，促进官方与私营部门合作，深化中欧产业、技术领域合作交流，同时也能够为中资企业及金融机构"走出去"提供有力支持。此外，中欧在绿色金融领域积极开展合作。2017年3月，中国人民银行与欧洲投资银行（EIB）联合发表声明，建立联合绿色金融倡议。同年11月，中国金融学会绿色金融专业委员会和欧洲投资银行联合发布《探寻绿色金融的共同语言》白皮书，为提升中欧绿色债券可比性和一致性提供了基础。2019年2月，中欧共同召开欧盟可持续金融分类标准研讨会并指出，中欧应共同推动国际绿色与可持续金融标准一致化，促进绿色金融领域跨国投资。中欧作为世界上最大的绿色金融市场，双方加强合作有利于降低绿色金融的识别成本，提升双方市场透明度。

共建"一带一路"倡议与欧盟"容克计划"发展理念高度契合，二者对接具有重要意义。中欧战略对接将为欧盟带来更多的投资和贸易机会，缓解欧洲市场投资不足的问题。中欧战略对接有利于中国企业"走出去"，实现中国产能与欧洲技术相互对接，搭建第三方市场合作新平台。中欧战略对接有助于全面深化中欧经济关系，推动构建开放型世界经济。但是，恐怖主义、极端势力、政治体制差异、经济制度差异、社会制度差异、合作机制差异、文化差异、认知差异等都是中欧次区域合作的潜在挑战，将会对中欧战略对接产生不利影响。因此，中欧应以"丝路精神"为引领，积极借助中欧共同投资基金、欧洲投资银行、亚投行等金融平台，切实解决中欧战略对接过程中遇到的问题。

三、共建"一带一路"倡议对接联合国《2030年可持续发展议程》

国家主席习近平指出，大家一起发展才是真发展，可持续发展才是好发展[1]。联合国秘书长安东尼奥·古特雷斯指出，"今后几年将是拯救地球，实现可持续和包容的人类发展的关键时期。"作为国际组织，联合国特别强调国际合作对发展问题的重要性，强调世界各国有义务进行合作以促进经济发展和社会进步。

联合国倡导的可持续发展理念已成为公认的国际规范，对世界各国和国际组织都产生了深远影响。2015年9月，193个会员国在联合国可持续

---

1 习近平.习近平谈治国理政（第二卷）[M].北京：外文出版社，2017:524.

发展峰会上通过了题为《改变我们的世界——2030年可持续发展议程》（以下简称《2030年可持续发展议程》）的成果文件。《2030年可持续发展议程》包括17项可持续发展目标和169项具体目标的纲领性文件，具体从经济、社会、环境三大领域巩固千年发展目标的成果。

该议程的主要内容包括：2015—2030年的15年间，在世界各地消除贫困与饥饿；消除各国间的不平等；建立和平、公正和包容的社会；保护人权，促进性别平等；保护地球及自然资源，遏制全球气候变化。《2030年可持续发展议程》呼吁世界各国在人类、地球、繁荣、和平、伙伴关系等五个关键领域采取行动，使可持续发展目标惠及世界各国，构建崭新的全球伙伴关系。时任联合国秘书长潘基文指出，《2030年可持续发展议程》有利于世界各国和所有利益攸关方在联合国框架下加强国际合作，团结一致，实现合作共赢。

目前，共建"一带一路"倡议对接联合国《2030年可持续发展议程》主要体现在政策互通、资金融通、设施联通等方面。

（一）以政策对接为出发点

2016年3月，联合国安理会通过了包括推进共建"一带一路"倡议内容的决议。同年9月，中国与联合国开发计划署签署了《关于共同推进丝绸之路经济带和21世纪海上丝绸之路建设的谅解备忘录》。这是中国政府与国际组织签署的第一份政府间共建"一带一路"倡议谅解备忘录，是国际组织参与"一带一路"建设的一大创新。2016年11月，联合国大会决议首次写入共建"一带一路"倡议，体现了国际社会对推进共建"一带一路"倡议的普遍支持[1]。

---

1 联合国大会一致通过决议呼吁各国推进"一带一路"倡议[OL].中华人民共和国常驻联合国代表团网，2016-11-07.

（二）以资金平台为着力点

2015年9月26日，国家主席习近平在联合国成立70周年发展峰会上发表了题为《谋共同永续发展，做合作共赢伙伴》的讲话。习近平指出，《2030年可持续发展议程》不仅是一份高标准的任务单，也是一份沉甸甸的承诺书，它为全球发展描绘了新愿景，为国际发展提供了新机遇。习近平承诺，中国将继续秉持义利相兼的原则，支持《2030年可持续发展议程》，同时宣布了一系列推进国际发展合作、帮助发展中国家实现可持续发展的具体规划。规划具体包括以下几个方面：

1. 提供20亿美元设立"南南合作援助基金"。

2. 继续增加对最不发达国家投资并争取在2030年达到120亿美元。

3. 免除对有关最不发达国家、内陆发展中国家、小岛屿发展中国家截至2015年底到期未还的政府间无息贷款债务。

4. 设立国际发展知识中心，同各国一道研究和交流适合各自国情的发展理论和发展实践。

5. 构建全球能源互联网，推动以清洁和绿色方式满足全球电力需求[1]。

2015年9月28日，国家主席习近平在第七十届联合国大会一般性辩论中发表题为《携手构建合作共赢新伙伴，同心打造人类命运共同体》的讲话并指出，中国将设立为期10年、总额10亿美元的中国–联合国和平与发展基金，支持联合国工作，促进多边合作事业，为世界和平与发展作出新的贡献。

---

[1] 习近平.习近平在联合国成立70周年系列峰会上的讲话[M].北京：人民出版社，2015:5-6.

（三）以基础设施建设为落脚点

设施联通是共建"一带一路"倡议的优先领域，也是"一带一路"建设与《2030年可持续发展议程》对接的核心内容。"一带一路"沿线地区是全球生态问题最为突出的地区之一，沿线国家面临严重的环境安全问题，应对能力薄弱。随着基础设施建设的不断推进，沿线国家将面临更严重的环境问题。共建"一带一路"倡议实施过程中应走资源节约型和环境友好型道路，这与《2030年可持续发展议程》目标7（确保人人获得负担得起的、可靠的和持续的现代能源）及目标9（建造具备抵御灾害能力的基础设施，促进具有包容性的可持续工业化，推动创新）及其分目标高度契合。因此，共建"一带一路"倡议实施过程中应坚持可持续发展理念，注重与联合国《2030年可持续发展议程》的对接。

共建"一带一路"倡议与《2030年可持续发展议程》目标一致、原则吻合、内容相通、路径类似。共建"一带一路"倡议对接联合国《2030年可持续发展议程》具有重要意义。

第一，两者对接有助于将中国对国际社会的承诺转换为实际行动，展示负责任的国家形象，加深各方对共建"一带一路"倡议的理解和支持。

第二，两者对接有助于进一步加强广大发展中国家间的合作，带动沿线国家经济发展和基础设施建设，突出中国在参与构建新型全球发展伙伴关系中的地位，提升中国在全球治理中的话语权。

第三，两者对接有助于中国企业落实可持续发展理念。贯穿落实可持续发展理念和目标能够促使中国企业在"走出去"的过程中贯彻科学发展观与生态文明理念，履行好社会责任，树立良好的企业形象。

"对接"是实现发展，共赢共享的方式，也是凝聚共识，互联互通的手段。2016年4月29日，习近平总书记在主持中共中央政治局第三十一次集体学习时强调，共建"一带一路"倡议应以中国发展为契机，推动各国共同发展，让更多国家搭乘中国发展的"顺风车"[1]。自共建"一带一路"倡议提出以来，中国政府主动采取一系列重大国家行动，积极推进共建"一带一路"倡议与沿线国家、相关国家及国际组织发展战略对接，推动"一带一路"建设走深走实，打造了开放共赢的合作模式，扩大了中国的国际影响力，促进了经济全球化。

---

[1] 习近平：让"一带一路"建设推动各国共同发展［OL］.中华人民共和国国务院新闻办公室网，2016-05-02.

第五章

地方政府参与"一带一路"建设的丰富实践

推进"丝绸之路经济带"和"21世纪海上丝绸之路"建设，是国家主席习近平统筹国内国际两个大局，顺应地区和全球合作潮流，契合沿线国家发展需要，立足当前、着眼长远提出的重大倡议。地方政府对于"一带一路"真正成果的落地具有举足轻重的作用。在"一带一路"建设推进过程中，地方政府要主动结合国家战略，发挥比较优势，找准突破口，促进区域内贸易、生产和人员要素的自由流动和优化配置。地方政府参与"一带一路"建设要注重统筹兼顾，将西部开发、东北振兴、中部崛起、东部率先发展有机融入推进"一带一路"建设中。树立全局观念，坚持稳字当头、保持定力、把握节奏、久久为功，稳妥有序推进"一带一路"建设。坚持创新驱动，通过创新对外合作机制、对外投融资模式、对外合作平台和对外技术合作，为"一带一路"建设注入新动力[1]。

---

[1] 地方推进"一带一路"建设工作会议在京召开［OL］.中国一带一路网，2017-07-13.

第一节

西北地区参与"一带一路"建设的现状及特色

自共建"一带一路"倡议提出以来,西北地区各省区紧紧抓住战略机遇,不断深化对外开放,推动"一带一路"建设高质量发展。长期以来,受区位和政策限制,西北地区一直是中国对外开放的"末梢"。共建"一带一路"倡议的提出和实施,为西北地区深化对外开放带来了难得的历史机遇。近年来,西北地区与沿线国家加强基础设施建设互联互通,提高贸易和投资便利化,不断提升"一带一路"建设水平,成为中国推进"丝绸之路经济带"建设的活跃地区。

一、新疆丝绸之路经济带核心区建设

新疆自古以来就是中国连接中亚、中东与欧洲的战略通道。在共建"一带一路"倡议下,"丝绸之路经济带建设"为相关国家共同发展带来了巨大机遇,也让新疆从对外开放的"口袋底"走到了对外交流的前沿。在国家"一带一路"建设蓝图中明确要发挥新疆独特的区位优势和向西开放重要窗口作用,深化与中亚、南亚、西亚等国家交流合作,形成丝绸之路经济带上重要的交通枢纽、商贸物流和文化科教中心,打造丝绸之路经济带核心区[1]。自共建"一带一路"倡议提出以来,新疆积极发挥特殊地缘、资源、人文优势,加快推进"丝绸之路经济带"核心区建设。新疆的"一带一路"建设重点为"一港""两区""五大中心""口岸经济带":"一港"即乌鲁木齐国际陆港区,"两区"即喀什和霍尔果斯经济开发区,"五大中心"即交通枢纽中心、商贸物流中心、文化科教中心、区域金融中心和医疗服

---

[1] 国家发展改革委、外交部、商务部.推动共建丝绸之路经济带和21世纪海上丝绸之路的愿景与行动[N].人民日报,2015-03-29(4).

务中心,"口岸经济带"即依托疆内出口加工区、综合保税区和边境合作区,建设并形成的经济区域。围绕这一蓝图,新疆人民描绘出一幅幅丝路建设的动人画卷。

(一)交通枢纽地位不断强化

在航空建设方面,新疆实现了由乌鲁木齐机场"一家独大"向全疆21个机场"雁阵齐飞"的华丽转变,以空前的速度和力度加快"空中丝绸之路"建设。截至2020年1月,全疆共开通航线264条,19个国家、22个国际(地区)城市、84个国内城市与乌鲁木齐国际机场通航。新疆已基本形成以乌鲁木齐区域性枢纽机场为核心,"疆内成网、东西成扇、东联西出"的开放性航线网络布局。截至2019年11月,新疆机场集团当年累计完成旅客吞吐量3 516.14万人次、货邮吞吐量19.84万吨、飞行起降40.7万架次,同比增长分别为13.3%、16.2%、12.7%[1]。在陆路建设方面,近年来,新疆交通运输基础设施网络规模大幅提升,横跨亚欧大陆的综合运输通道国内段已全线贯通,进出境、进出疆、南北疆之间交通更加便利,国际运输在新疆的集聚态势已经形成。截至2019年底,全疆铁路运营里程超过6 200千米,全疆高速公路突破5 200千米,所有地州市实现高速公路连通,所有乡镇、建制村通硬化路[2]。2019年全年,新疆中欧班列开行1 102列,同比增长10%。新疆中欧班列"集拼集运"模式在全国复制推广[3]。乌鲁木齐、伊犁、喀什等陆港口岸成为打通中国—中亚、南亚物流通道,对接亚欧大陆"两种资源、两个市场"的交通枢纽中心,为中巴经济走廊等共

---

[1] 马伊宁."空中丝绸之路"建设力度空前 新疆去年新建改扩建9个机场[N].新疆日报,2020-01-01(3).

[2] 郝玉,符晓波.新疆入选首批交通强国建设试点"一带一路"加速互联互通[OL].中国一带一路网,2019-12-15.

[3] 雪克来提·扎克尔.新疆维吾尔自治区2020年政府工作报告[N].新疆日报,2020-01-12(1).

建"一带一路"倡议重大项目的建设提供了有力支撑。展望未来,新疆将加快中欧班列乌鲁木齐集结中心和国际货物返程分拨中心建设,探索与"一带一路"沿线省市合作开行公共班列和阶梯班列,推动中欧班列集拼集运智能场站平台系统运营,推进陆港区与临空经济示范区联动发展,构建中欧班列大型集结中心[1],助力"丝绸之路经济带"和"21世纪海上丝绸之路"大贯通。

(二)经贸合作不断深入

作为丝绸之路经济带核心区,新疆不断拓展开放领域,利用口岸优势优化开放布局,深化对外开放。自共建"一带一路"倡议实施以来,乌鲁木齐、喀什、霍尔果斯、阿拉山口等新疆对外开放节点城市并肩携手,成立丝绸之路国际陆港联盟,旨在加强各方在政策、商贸、物流、产业等方面的合作,共建新疆陆港体系。霍尔果斯、喀什等重点口岸基础设施不断完善,产业聚集能力稳步提升。2019年,新疆口岸经济带建设迈出新步伐,通关便利化水平进一步提高,出口货物通关时间比全国同期快3.69小时。以丝绸之路经济带创新驱动发展试验区和乌昌石国家自主创新示范区为载体,开展了20项科技创新试点,推动科技创新和经济社会发展深度融合。截至2019年11月,新疆外贸出口1 144.7亿元,同比增长24%;进口347亿元,同比增长62%。[2] 展望未来,新疆将进一步发挥口岸优势,着力提升霍尔果斯、喀什经济开发区建设水平,完善重点鼓励发展产业企业所得税优惠目录,延续和优化优惠政策,加快推进外向型产业发展。调整和完善"五大中心"专项规划。加快推进口岸经济带基础设施建设和产业

---

[1] 雪克来提·扎克尔.新疆维吾尔自治区2020年政府工作报告[N].新疆日报,2020-01-12(1).

[2] 前11月新疆外贸进出口总值同比增长三成多[N].新疆日报,2019-12-26(1).

发展，促进"通道经济"向"口岸经济"转型[1]。必须进一步推动新疆19个对外开放口岸基础设施互联互通，培育口岸经济增长极。支持国家级经开区、高新区、新区开展自贸试验区相关改革试点，增强辐射带动作用，打造改革开放新高地。

（三）文化科教中心建设取得新进展

自共建"一带一路"倡议实施以来，新疆承担了中国与中亚地区开展教育合作的任务，建立了双边、多边的合作交流与协调机制，打造面向中亚"一带一路"教育核心区。"十三五"期间，新疆进一步扩大对外教育交流与合作战略，推动中外合作办学，加大对汉语国际推广中亚基地的资金支持。新疆高校在俄罗斯、吉尔吉斯斯坦、哈萨克斯坦、巴基斯坦等国家设立了10所孔子学院，逾2万留学生在新疆高校就读。新疆地区部分高校已经与中亚国家高校开展学生互换、学分互认等联合培养项目，对互换学生提供多项优惠政策，颁发双方学历证书，以促进优势互补及实质性合作办学，培养"一带一路"国际化人才[2]。"十三五"期间，新疆还面向中亚、南亚地区开展培训合作，培训对象为沿线国家的政府官员、智库学者、企业精英，积极开展高校、智库之间的"二轨交流"，筑牢与中亚国家开展对外务实交流合作的基础。此外，自共建"一带一路"倡议提出以来，新疆作为东西方多文明交汇之地，还承载了促进多元文化交流及民心相通的使命。新疆的演艺市场丰富多彩。新疆已经成功举办了五届中国新疆国际民族舞蹈节，为中国和沿线国家歌舞剧目交流提供平台，成为中国对外文化交流的品牌项目。新疆的体育赛事展现独特魅力，环塔汽车拉力赛、

---

[1] 雪克来提·扎克尔.新疆维吾尔自治区2020年政府工作报告[N].新疆日报，2020-01-12(1).

[2] 阿依努尔.新疆：打造面向中亚"一带一路"教育核心区[OL].中国一带一路网，2017-06-11.

"一带一路"国际乒乓球邀请赛、"一带一路"国际青年足球邀请赛等国际赛事的举办,吸引了众多国外体育爱好者前来新疆感受运动魅力,领略新疆风光。新疆举办的各种文艺展演促进了民心相通。在共建"一带一路"倡议的推动下,新疆积极举办中外文化周,与周边国家开展文化交流活动,涉及国家和地区达60多个[1]。新疆通过电影、美术、音乐等形式的文艺展演,广交朋友,在弘扬中华文化基础上,对外展现中国人民开放包容、自信文明的形象。

二、陕西内陆型改革开放新高地建设

根据国家战略部署,"一带一路"建设要发挥陕西经济文化综合优势,打造西安内陆型改革开放新高地[2]。按照习近平总书记对陕西的新定位新要求,陕西充分发挥科教、产业、交通等优势,强化自身在新一轮西部大开发中的战略支撑作用,以丝绸之路经济带建设为重点,坚持以创新、协调、绿色、开放、共享的新发展理念为引领,构筑全方位开放格局,积极打造"一带一路"交通商贸物流、国际产能合作、科技教育、国际旅游、区域金融五大中心,叫响做实"内陆型改革开放新高地"。

(一)交通商贸物流中心建设

陕西省政府支持西安咸阳国际机场打造国际航空枢纽,构建西安连接五大洲的客运航线网络和国际航空物流港,增开和加密国际航线航班,实现丝路沿线主要城市全覆盖。西安国际港务区将进一步完善陆路口岸功能,加快新筑铁路综合物流中心建设,扩建西安港铁路口岸监管区。同时,陕西省持续推进中欧班列线路建设,形成两干(西线、中线)、多支(莫斯科、

---

1 张蓓.文化架起丝路连心桥[N].新疆日报,2018-09-07(4).

2 国家发展改革委、外交部、商务部.推动共建丝绸之路经济带和21世纪海上丝绸之路的愿景与行动[N].人民日报,2015-03-29(4).

汉堡、华沙等)、两节点(西安枢纽节点、欧洲枢纽节点)的国际铁路物流网络,持续推进大通关体系建设,支持跨境电子商务发展,扩大进出口贸易规模。2019年全年,陕西新增国际客货运航线26条,西安航空口岸过境免签停留时间延长至144小时,陕西开通国际第五航权客货运航线,西安咸阳机场货运增速位居全国十大机场首位,西咸空港、宝鸡两个综合保税区获批,保税航油业务正式启动,中欧班列"长安号"开行2 133列,增长70%。自贸试验区12项创新案例在全国复制推广,国际贸易"单一窗口"主要功能覆盖率达到100%[1]。

(二)国际产能合作中心

陕西致力于加快构建具有陕西特色的现代产业体系,培育开放型经济新优势,推进国际产能合作,壮大特色产业规模,构筑国际竞争新优势,其主要着力点为鼓励和支持陕西企业"走出去"跨国经营、战略并购,在海外特别是中亚和非洲布局陕西产业园区,在全球范围内布局产业链和供应链,扩大"海外陕西"份额。发挥铁路和公路领域设计、建筑、配套等技术优势,支持相关企业组成产业联盟,抱团"走出去"。积极实施农业"走出去"战略,推进在哈萨克斯坦、吉尔吉斯斯坦等国的合作基地建设。鼓励省内物流企业与沿线国家合作建立物流服务基地,完善服务网络。推动能源技术和装备"走出去",加强与沿线国家在新能源资源开发、新能源技术交流、新能源贸易等方面合作。陕西国际产能合作的重点是持续建好中俄丝路创新园、中欧合作产业园、中韩产业园等国际合作园区,积极稳妥推进哈萨克斯坦爱菊粮油工业园和吉尔吉斯斯坦中大工业园等境外经贸合作区建设,有序推进延长华山国际、有色集团、高山流水集团等企业

---

[1] 刘国中.陕西省2020年政府工作报告[OL].陕西省人民政府网,2020-02-12.

对外投资项目等国际合作重点项目建设[1]。

(三) 科技教育中心建设

陕西是中国西部地区的教育重镇。依托境内众多的高校和科研机构,陕西着力规划建设国际科技合作产业基地,建设国际科学家协同创新研究及信息共享平台。支持国外机构在陕设立全球研发中心、实验室、企业技术研究院等新型研发机构,鼓励省内机构在海外设立研发中心[2]。同时,根据"一带一路"建设的实际需要,省内高校灵活调整学科及专业设置,加快培养"一带一路"建设急需的非通用语种人才和国别区域研究人才。国际教育合作层次和水平进一步提高,合作机构和智库联盟的国际影响力有效提升,陕西已成为沿线国家学生首选出国留学目的地之一,陕西正在成为国家西部国际学术交流合作高地。

(四) 国际旅游中心建设

陕西历史文化悠久,人文积淀深厚,拥有丰富的旅游资源。近年来,陕西面向境外积极拓展旅游产品,与沿线国家签订了多个旅游合作框架协议、合作备忘录,实施文化"走出去"战略,树立了"丝绸之路起点·兵马俑的故乡"这一旅游黄金品牌,全面展现了陕西对外新形象,吸引了大量境外游客来陕旅游。陕西未来将持续办好丝绸之路国际艺术节、西安丝绸之路国际旅游博览会、世界文化旅游大会、丝绸之路万里行等丝路旅游品牌项目。大力开发推广入境旅游产品,与北京、上海等国际航空枢纽城

---

1 陕西省人民政府办公厅.关于印发"一带一路"建设2020年行动计划的通知[OL].西安市人民政府网,2020-04-02.

2 吴绍礼,田立阳.陕西将建"五大中心"推进"一带一路"建设[N].人民日报(海外版),2017-05-12(10).

市达成入境旅游合作联盟，深入打造京沪陕中国入境旅游"金三角"，[1] 为培育金牌旅游品牌项目，打造世界一流特色旅游目的地而奋斗。

（五）区域金融中心建设

西安是中国西北地区重要的金融中心，近年来陕西依托这一区域金融中心，加快开展离岸金融业务和跨境双向人民币资金池业务工作，鼓励有离岸牌照的银行机构发挥优势，大力推介离岸业务，提升离岸业务知名度，扩大离岸业务客户群。创新国际化融资模式，深化投融资体制改革，挖掘民间资金和社会资本潜力，推广政府和社会资本合作模式，多渠道拓宽资金来源[2]，为"一带一路"建设注入金融支持。陕西未来将进一步为"一带一路"建设提供人民币国际化、跨境电子商务、综合物流保险和出口信用保险等金融服务，为互联互通基础设施重点项目建设和产能合作等提供金融支撑。

展望未来，陕西建设"内陆型改革开放新高地"的中远期目标是建成连通内外、便捷高效的海陆空国际综合大通道，形成领先西部、通江达海、连接世界的交通优势；建成具有陕西特色的现代产业体系，形成具有国际竞争力的产业高地；建成具有陕西特点和优势的创新发展体系，成为全国创新网络的重要枢纽；建成丝绸之路风情体验旅游核心区，成为彰显华夏文明的历史文化、自然生态旅游首选地；建成丝绸之路经济带上的金融聚集区，成为具有重要影响、特色鲜明、辐射西部和欧亚国家的区域性金融中心。陕西将紧紧围绕建设"一带一路"五大中心这一战略目标，全面建成"内陆改革开放新高地"，推动共建"一带一路"倡议高质量发展，积极发挥"一带一路"重要节点作用。

---

1 陕西省人民政府办公厅.关于印发"一带一路"建设2020年行动计划的通知［OL］.西安市人民政府网，2020-04-02.

2 吴绍礼，田立阳.陕西将建"五大中心"推进"一带一路"建设［N］.人民日报（海外版），2017-05-12(10).

第二节

西南地区参与"一带一路"建设的现状及特色

西南地区自古以来就是丝绸之路上的交通要道，拥有连接东西、贯穿南北的地理优势。西南地区是 21 世纪海上丝绸之路和丝绸之路经济带交汇的门户，为"一带一路"的发展提供了交通便利和支撑。西南地区与周边国家山水相连，文化相通，合作基础坚固。通过深度融入"一带一路"建设，西南地区已形成对外开放新的增长点，促进与南亚、东南亚国家互利共赢、共同发展，推动其释放发展潜力，形成我国全方位开放和区域协调发展新格局，构建开放型经济新体制，培育国际合作和竞争新优势。

一、广西"一带一路"有机衔接的重要门户建设

广西自古以来就在陆上、海上丝绸之路建设中发挥重要作用，由于地理区位上的优势，广西与南亚、东南亚各国保持密切的经贸文化往来。改革开放以来，广西一直是中国面向东南亚地区开放的重要门户。在"一带一路"建设中，国家赋予广西的使命是：发挥广西与东盟国家陆海相邻的独特优势，加快北部湾经济区和珠江西江经济带开放发展，构建面向东盟区域的国际通道，打造西南、中南地区开放发展新的战略支点，形成 21 世纪海上丝绸之路与丝绸之路经济带有机衔接的重要门户[1]。近年来，广西以中国－中南半岛国际经济走廊、中国－东盟港口城市合作网络、中国－东盟信息港建设（即"一廊两港"）为重点，大力构建国际大通道，打造多领域交流渠道，推动"一带一路"建设向纵深发展。

---

[1] 国家发展改革委、外交部、商务部.推动共建丝绸之路经济带和21世纪海上丝绸之路的愿景与行动［N］.人民日报，2015-03-29(4).

（一）中国-中南半岛国际经济走廊建设

中国-中南半岛国际经济走廊是《推动共建丝绸之路和21世纪海上丝绸之路的愿景与行动》中提出的中国与沿线国家规划建设的六大经济走廊之一。中国-中南半岛国际经济走廊以南宁和昆明为起点，以新加坡为终点，纵贯中南半岛的越南、老挝、柬埔寨、泰国、马来西亚等国家，是中国连接中南半岛的大陆桥，也是中国与东盟合作的跨国经济走廊。近年来，广西充分发挥"一带一路"有机衔接的重要门户优势，加快推进中国-中南半岛国际经济走廊广西境内段建设，加强与长江经济带综合立体交通走廊等衔接，积极推进西南地区由重庆经广西出海连通新加坡的"渝桂新"南向通道建设。以泛亚铁路东线、南宁—新加坡公路为纽带，推进沿线基础设施和跨国（境）经贸园区建设，推动沿线通关和投资便利化合作，加快形成优势互补、区域协作、联动开发、共同发展的区域经济体。优化口岸通关，推进中越、中马"两国一检"合作，积极推动商贸、装备制造业、产业园区、物流基地等方面合作，促进互联互通，打造国际陆海贸易新通道[1]。提升南宁国际化水平和辐射带动能力，通过举办高层论坛，提升泛北部湾经济合作论坛国际影响力，推动泛北部湾经济合作成为中国-东盟次区域合作机制，在南宁设立泛北合作机构。争取更多沿线国家在广西设立领事机构和商务办事机构，更多国际交流合作机制和平台落户广西[2]。

（二）中国-东盟港口城市合作网络加速互联互通

促进互联互通是"一带一路"建设的题中之义，按照战略规划，广西以北部湾港口为依托，推进北部湾区域性国际航运中心、中国-东盟港口

---

[1] 广西壮族自治区人民政府办公厅关于印发广西北部湾经济区升级发展行动计划的通知［OL］.广西壮族自治区人民政府网，2018-01-22.

[2] 广西壮族自治区人民政府办公厅关于印发西部大开发"十三五"规划广西实施方案的通知［OL］.广西壮族自治区人民政府网，2017-12-07.

城市合作网络建设，积极参与沿海港口合作建设，开通海上客货运"穿梭巴士"，加密航线航班，建设面向东盟的航运交易所、港口物流公共信息平台，加快建成千万标箱港口，形成中国内陆腹地的出海大通道。同时，推进中国–东盟重要航空中转枢纽建设。提升南宁、桂林两大干线机场能力，加快相关支线机场、通用机场建设，加密空中航线，培育航空货运，形成与"一带一路"国家高效对接的航空网络，打造中国与东盟的重要航空中转枢纽[1]。目前，广西已经打造了贯通南北的海铁联运国际贸易物流主干线，巩固提升连通中南半岛的跨境运输线；开行北部湾港—重庆班列和北部湾港—新加坡、北部湾港—香港班轮3个"天天班"；北部湾港集装箱年吞吐量超过300万标箱；在我国西部地区建成5个以上内陆无水港，初步形成连通北部湾与西部主要城市的陆向协作网络；建成南向通道多式联运综合信息平台[2]。广西互联互通建设近期的目标是全力推进西部陆海新通道建设。围绕北部湾港建成国际门户港的目标，开展集装箱业务全环节对标提升攻坚行动，建设多式联运全国先进港口。增开远洋集装箱航线，扩大海铁联运班列覆盖范围，力争北部湾港集装箱吞吐量达到500万标箱，海铁联运集装箱量超过20万标箱。新增跨境公路运输线路，开行中越（南宁河内）跨境班列超过150列。加快保税物流、冷链仓储、港航服务等业态发展。打造国际贸易"单一窗口"升级版"智慧湾"项目，实现全港通行"一卡通"，提升新通道核心竞争力[3]。到2025年，广西将基本建成面向东南亚的城市合作网络，形成开放包容、高效便捷的国际陆海贸易新通道。

---

1 广西参与建设丝绸之路经济带和21世纪海上丝绸之路的思路与行动［OL］.新华丝路网，2017-10-26.

2 广西壮族自治区人民政府办公厅关于印发广西加快推进中新互联互通南向通道建设工作方案（2018—2020年）的通知［OL］.广西壮族自治区人民政府网，2017-12-31.

3 陈武.广西壮族自治区2020年政府工作报告［N］.广西日报，2020-01-19(3).

（三）建设中国-东盟信息港，打造"网络丝绸之路"

近年来，广西积极引进大数据、云计算、跨境电商、互联网金融等新一代信息技术产业及信息服务企业，把中国-东盟信息港南宁核心基地建设成为数字经济基地，并向东盟国家及我国西南中南省份全面推介中国-东盟信息港。广西立足区位优势，重点推动面向东盟的数字经济产业集聚。发展面向东盟的大数据、人工智能、跨境电商、网络文化和北斗导航等数字产业，形成区域性的数字经济产业集聚高地[1]。具体措施包括：建设面向东盟的大数据和人工智能服务基地，加快整机柜服务器、规模化数据中心、绿色智能服务器等新型IT设备的部署应用，促进面向东盟的大数据产业集群式发展；建设面向东盟的跨境电商集聚地，建设一批中国-东盟电子商务特色产业园，培育一批服务跨境贸易的跨境电商平台；建设面向东盟的网络文化产品集中输出地，培育一批具有国际竞争力的互联网文化企业，打造以数字化产品、网络化传播、个性化服务为核心的数字内容文化产业集群，促进网络文化产品向东盟市场输出；建设面向东盟的北斗导航服务基地，加强北斗导航信息技术服务产品体系宣传和展示，让北斗导航更好地服务东盟市场。

二、云南面向南亚、东南亚的辐射中心建设

云南地处我国与南亚、东南亚的接合部，是唯一能够通过公路、铁路、水路进入环太平洋和环印度洋地区的省份，是共建"一带一路"倡议和长江经济带战略的重要交汇点，区位优势得天独厚。云南与周边国家地缘相近，人缘相亲，商缘相通，具有建设面向南亚、东南亚辐射中心的先天条件。在国家"一带一路"建设蓝图中，云南承担的使命是：发挥云南区位优势，

---

1 广西壮族自治区人民政府办公厅关于印发广西数字经济发展规划（2018—2025年）的通知［OL］.广西壮族自治区人民政府网，2018-08-29.

推进与周边国家的国际运输通道建设，打造大湄公河次区域经济合作新高地，建设成为面向南亚、东南亚的辐射中心[1]。建设面向南亚、东南亚辐射中心，是党中央着眼于"一带一路"建设全局，为云南确定的新坐标、明确的新定位、赋予的新使命。近年来，云南积极推进辐射南亚、东南亚地区的"四大中心"建设，取得了丰硕的成果。

（一）区域性国际经济贸易中心建设

围绕建设面向南亚、东南亚辐射中心的目标任务，云南统筹利用国际、国内两个市场两种资源，全面提升区域经济实力和辐射带动能力，构建全面开放新格局，打造多元合作新平台，完善对外交流新机制，培育产业竞争新优势，形成我国面向南亚、东南亚商贸要素高度聚合、经贸环境开放宽松、服务业高度发达的国际经济贸易中心[2]。在国家政策扶持下，云南大力发展自贸试验区，各自贸区片区根据发展定位和目标，加强协作，优势互补，错位发展，相互促进。其中，昆明片区加强与空港经济区联动发展，重点发展高端制造、航空物流、数字经济、总部经济等产业，建设面向南亚、东南亚的互联互通枢纽、信息物流中心和文化教育中心。红河片区加强与红河综合保税区、蒙自经济技术开发区联动发展，重点发展加工及贸易、大健康服务、跨境旅游、跨境电商等产业，全力打造面向东盟的加工制造基地、商贸物流中心和中越经济走廊创新合作示范区。德宏片区重点发展跨境电商、跨境产能合作、跨境金融等[3]。得益于区域性国际经济贸易中心的形成，云南近年外贸进出口形势始终保持稳中有进、稳中向好的发展态势。2019年，云南外贸进出口2 323.7亿元，同比增长17.9%。外贸额首次突破

---

1 国家发展改革委、外交部、商务部.推动共建丝绸之路经济带和21世纪海上丝绸之路的愿景与行动[N].人民日报，2015-03-29(4).

2 云南省人民政府关于印发云南省建设面向南亚、东南亚经济贸易中心实施方案的通知[OL].云南省人民政府网，2017-03-11.

3 中国（云南）自由贸易试验区管理办法[OL].云南省人民政府网，2020-03-05.

2 000亿元，进出口增幅位居全国第三。在主要外贸市场方面，云南与沿线国家份额超七成，多元化市场开拓效果明显。2019年，全省与沿线国家实现贸易额1 628.1亿元，增长14.9%，占同期全省外贸额的70.1%。云南与周边市场共同创造条件，推动人员、资本、技术、信息等生产要素自由流动，一个基础设施完善、成本优势突出、充满创新活力的区域性国际经济贸易中心已经形成。

（二）区域性科技创新中心建设

云南围绕创新资源"引进来"和面向南亚、东南亚"走出去"两大主线，对内促进区域协同创新和产业转型升级，对外强化与南亚、东南亚科技创新交流合作，在引进消化吸收再创新以及技术的转移、转化、扩散、服务等方面取得重大突破，基本建成创新要素集聚、创新活动活跃、创新合作领先的区域性科技创新中心。云南立足现有一批实力较强的高校、国家级科研院所、创新性大型企业集团，在生物医药、装备制造、电子信息、新材料、化工、特色农业等领域，加强与南亚、东南亚各国的合作交流，目前已成功搭建起一些开展科技合作交流的重要平台。展望未来，云南将继续深化科技对内对外合作，提高创新要素的开放性、流动性，促进科技要素资源汇聚，形成具有国际化水平、区域性特征的科技合作新格局，成为南亚、东南亚与国内创新资源交汇的枢纽，加快与南亚、东南亚国家科技信息服务、技术转移、人才交流等合作交流平台建设，提升服务水平，形成科技设施联通、人才交流畅通的合作格局，提高科技创新互惠往来的效能。云南省作为中国南亚技术转移中心、中国－东盟创新中心的地位将进一步强化，为南亚、东南亚科技创新合作和技术转移提供数据资源支撑。

（三）区域性金融服务中心建设

按照国家的战略部署，云南在"一带一路"建设中，应进一步深化与周边国家金融合作，创新开展人民币跨境业务，加大对重大项目的金融支持力度[1]。近年来，云南以沿边金融综合改革试验区建设为主线，以昆明区域性国际金融中心建设为引领，在确保跨境资金流动风险可控、监管有序的前提下，扩大人民币跨境使用，显著提升金融在资源配置、服务实体经济和促进投资贸易便利化等方面的支撑能力，基本建成机构集聚、设施完善、功能完备、环境优化的区域性金融服务中心。目前，云南已基本打通与南亚、东南亚国家的结算通道、实现互联互通，基本建成人民币与周边国家非主要国际储备货币交易及现钞调剂中心，已成为我国人民币周边区域化的重要区域，初步建成面向南亚、东南亚的区域性金融服务中心[2]。展望未来，云南将积极争取亚投行、丝路基金等金融机构支持，进一步扩大人民币跨境使用，推动市场主体在跨境贸易、投资中使用人民币计价结算，进一步畅通跨境人民币结算渠道，扩大跨境人民币结算范围，深化对外金融合作与交流，进一步夯实区域性金融中心地位。

（四）区域性人文交流中心建设

云南以"一带一路"建设为统领，丰富对外开放内涵，夯实周边国家民意基础。云南致力于推进文化、旅游、教育等领域合作"软辐射"方面的内容，打造区域性人文交流中心。按照国家的战略规划，云南大力开展教育科技文化医疗合作，充分发挥云南"中国-南亚技术转移中心""中国-东盟创新中心"作用，利用先进科技资源，与南亚、东南亚国家在生态环境保护、卫生与健康、现代农业、矿冶和新材料、科技成果转化应用等领域开展合作。依托云南既有资源，建设区域性国际疾病预防控制中心、国际诊疗保健合作中心，以及高水平国际联合实验室、医学中心和传统医

---

1 关于支持云南省加快建设面向南亚、东南亚辐射中心的政策措施［OL］.云南省发展和改革委员会网，2019-03-18.

2 云南省人民政府办公厅印发关于提升金融创新能力建设面向南亚、东南亚金融服务中心等5个实施方案的通知［OL］.云南省人民政府网，2016-11-04.

学交流中心[1]。此外，云南还积极发挥南边疆地域文化、民族文化、宗教文化和历史文化资源等优势，创新人文交流思路，完善人文交流机制，扩大人文交流领域，通过旅游带动、教育培训、文化贸易、卫生合作、媒体舆论、智力交流和艺术传播等方式，大力开展公共外交和民间交流，营造良好舆论环境，促进民心相通，努力形成相互支持、相互理解、相互尊重的人文氛围，基本建成公共服务平台完善、文化传播能力较强的区域性人文交流中心。

第三节

沿海地区参与"一带一路"建设的现状及特色

中国沿海地区开放程度高、经济实力强、辐射带动作用大，自共建"一带一路"倡议提出以来，沿海地区以扩大开放倒逼深层次改革，创新开放型经济体制机制，加大科技创新力度，形成参与和引领国际合作竞争新优势，成为"一带一路"特别是21世纪海上丝绸之路建设的排头兵和主力军。

一、福建21世纪海上丝绸之路核心区建设

福建地处中国东南沿海，自古以来就是海上丝绸之路的重要起点，是太平洋西岸航线南北通衢的必经之地，也是海峡两岸交往的前沿，地理区位极其重要。福建历史悠久，是海外侨胞和台港澳同胞的主要祖籍地之一，民营经济和海洋经济基础良好、实力雄厚，在中国对外开放格局中具有十分重要的地位。在国家"一带一路"建设规划中，明确表示支持福建21世纪海上丝绸之路核心区建设，充分发挥福建平潭开放合作区作用，推进福建海峡蓝色经济试验区建设，加强福州、厦门、泉州等福建沿海城市港

---

[1] 关于支持云南省加快建设面向南亚、东南亚辐射中心的政策措施［OL］.云南省发展和改革委员会网，2019-03-18.

口建设[1]。近年来，福建充分发挥比较优势，实行更加主动的开放战略，在互联互通、经贸合作、体制创新、人文交流等领域不断深化核心区的引领、示范、聚集、辐射作用[2]，成为21世纪海上丝绸之路建设的排头兵。

（一）21世纪海上丝绸之路互联互通建设的重要枢纽

福建充分利用优越的地理位置，强化港口和机场门户功能，完善铁路和干线公路网络，加强与海上丝绸之路沿线国家和地区在港口建设、口岸通关、物流信息化等方面的合作，构建以福建港口城市为海上合作战略支点，与沿线国家和地区互联互通、安全高效便捷的海陆空运输通道网络[3]。随着丝路海运、丝路飞翔等海丝核心区建设工程陆续建成，福建的交通基础设施水平迈上新台阶，2019年丝路海运突破1 800个航次，丝路飞翔空中航线近400条，平潭与台北、台中、高雄三大港口实现客货并行，马尾琅岐对台客运码头建成投用[4]。未来，福建还将持续推进数字丝路、丝路投资、丝路贸易、人文海丝、生态海丝、海丝茶道等八大工程，不断提升海丝核心区互联互通水平。

（二）21世纪海上丝绸之路经贸合作的前沿平台

近年来，福建充分发挥产业优势，以福建自贸试验区建设为契机，与海上丝绸之路沿线国家和地区广泛开展经贸合作，取得了丰硕成果。从2018年起，福建启动"百展万企"和"福建品牌海丝行"计划，推动企

---

1 国家发展改革委、外交部、商务部.推动共建丝绸之路经济带和21世纪海上丝绸之路的愿景与行动［N］.人民日报，2015-03-29(4).

2 福建省发改委、福建省外办、福建省商务厅.福建省21世纪海上丝绸之路核心区建设方案［N］.福建日报，2015-11-17(4).

3 同上。

4 唐登杰.福建省2020年政府工作报告［N］.福建日报，2020-01-21(2).

业参加境外展会获订单、拓市场,对进行对外贸易对企业给予强化信保障,提高对"一带一路"沿线高风险地区和新兴市场渗透率,鼓励企业开拓新兴市场。同时,福建还加强外贸主体培育,确定百家重点外贸企业,在参加境外展会、品牌建设、融资、出口信保、采购对接等方面给予重点扶持,推动海关、税务等监管部门加强对百个重点外贸企业的指导,帮助企业提升自身经营管理水平[1]。2019年,福建与沿线国家和地区贸易额增长16.3%,全年亿元以上外资大项目增长26.9%[2],与沿线国家和地区的经贸合作持续向好。

(三)21世纪海上丝绸之路体制机制创新的先行区域

福建以加快自贸试验区建设为突破口,在促进投资贸易便利化、推进金融创新、改进监管服务、规范法制环境等方面先行先试,探索体制机制创新。目前,福建自贸试验区总面积118.04平方千米,涵盖平潭、厦门、福州三个片区。平潭片区重点建设两岸共同家园和国际旅游岛,在投资贸易和资金人员往来方面实施更加自由便利的措施;厦门片区重点建设两岸新兴产业和现代服务业合作示范区、东南国际航运中心、两岸区域性金融服务中心和两岸贸易中心;福州片区重点建设先进制造业基地、21世纪海上丝绸之路沿线国家和地区交流合作的重要平台、两岸服务贸易与金融创新合作示范区[3]。自贸试验区内设立海关特殊监管区域和非海关特殊监管区域,分别探索贸易便利化制度创新和投资体制改革。

(四)21世纪海上丝绸之路人文交流的重要纽带

福建深度挖掘海上丝绸之路丰富的历史文化内涵,以海外华侨华人和

---

[1] 薛志伟.福建助力外贸企业开拓多元化市场[N].经济日报,2018-10-02(1).

[2] 唐登杰.福建省2020年政府工作报告[N].福建日报,2020-01-21(2).

[3] 国务院关于印发中国(福建)自由贸易试验区总体方案的通知[OL].中国政府网,2015-04-20.

台港澳同胞为桥梁，不断扩大与海上丝绸之路沿线国家的人员往来及文化交流，厚植民间友谊。以在闽高校为依托，深化国际教育合作，打造21世纪海上丝绸之路研究的高端智库和学术交流平台。支持有资质的企业和个人赴东南亚建设、经营医院，帮助东南亚国家培养卫生人才，与东南亚国家广泛开展医疗卫生交流与合作。支持福建城市与海上丝绸之路沿线国家城市缔结友好城市，不断增加友好城市数量。截至2020年1月，福建城市结成国际友城达109对。同时，以妈祖文化、闽南文化、客家文化等共同文化为基础，加强海峡两岸人民文化交流和人员往来，推动闽台人文与科技交流，鼓励台湾青年来闽就业创业。

二、广东"一带一路"重要枢纽、经贸合作中心和重要引擎建设

广东是中国海上丝绸之路最早的发祥地之一，也是中国两千多年以来唯一从未中断海上贸易的省份，为中华文明与世界文明的交流发挥着重要的窗口作用。改革开放以来，广东始终站在中国对外开放的前沿。参与"一带一路"建设，是新时代广东贯彻落实中央政府部署、开拓对外开放新格局的重要举措。近年来，广东紧密围绕建设"一带一路"重要枢纽、经贸合作中心和重要引擎三大定位要求[1]，充分发挥粤港澳大湾区的重要开放平台作用，不断提升"一带一路"建设的质量和成效，努力在形成全面开放新格局上走在全国前列。

（一）"一带一路"重要枢纽

广东港口、机场、铁路、高速公路、通信等基础设施发达，是著名的国际航运枢纽和国际航空门户。广东在推进"一带一路"建设过程中地理区位优势明显，战略枢纽地位突出。近年来，广东面向沿线国家构筑了联

---

1 广东省人民政府.广东省参与丝绸之路经济带和21世纪海上丝绸之路建设实施方案［OL］.中国一带一路网，2016-10-19.

通内外、便捷高效的海陆空综合运输大通道,结合沿线国家经贸和港口合作需求,积极参与沿线国家港口园区建设;联合国内主要港口城市与沿线国家港口城市举办港口城市发展合作论坛,建立沿线港口与物流合作机制,国际友城基本实现沿线主要国家全覆盖。此外,广东肩负着深入推进粤港澳大湾区建设,加快构建"一核一带一区"区域发展新格局的重要使命。按照党中央、国务院的规划,广东是大湾区合作、携手港澳共同参与"一带一路"建设的战略枢纽。广东要进一步优化珠三角九市投资和营商环境,提升大湾区市场一体化水平,全面对接国际高标准市场规则体系,加快构建开放型经济新体制,形成全方位开放格局,共创国际经济贸易合作新优势,为"一带一路"建设提供有力支撑[1]。为此,广东需进一步打造具有全球竞争力的营商环境,在投资便利化、人员货物往来便利化及贸易自由化等方面与港澳接轨,提升市场一体化水平,打造"一带一路"建设重要支撑区。

(二)"一带一路"经贸合作中心

经贸合作是"一带一路"建设的核心内容之一。近年来广东加快贸易便利化改革,扩大与沿线国家的经贸合作,与沿线国家基于比较优势建立了广泛的贸易合作关系。2013年至2018年,广东与沿线国家进出口累计超7万亿元,年均增长率约8%[2],增量与增速均稳居全国前列。2019年,面对世界经济下行、中美贸易摩擦的困境,广东坚定不移扩大开放,加大多元市场开拓和重大外资项目引进力度,多渠道开拓国际市场,对欧盟、东盟进出口分别增长11.1%和6.9%,加快发展外贸新业态,跨境电商进

---

[1] 中共中央、国务院印发《粤港澳大湾区发展规划纲要》[N].人民日报,2019-02-19(13-14).

[2] 广东与"一带一路"沿线国家进出口5年来累计超7万亿元 年均增长率约8%[OL].广东省人民政府网,2018-08-29.

出口增长 45.8%。"一带一路"建设进一步深化，对沿线国家进出口总额增长 6.3%。中欧班列实现每周 9 列常态化运行，出口货值增长 31.2%[1]。展望未来，广东将加快推进中国（广东）自由贸易试验区建设，利用 21 世纪海上丝绸之路博览会、广交会、高交会等经贸合作平台，持续扩大与沿线国家的贸易往来，加快境外园区建设发展，进一步推进与沿线国家之间的投资合作。

（三）"一带一路"重要引擎

十一届三中全会以来，广东一直是中国改革开放的排头兵、先行地、试验区。2014 年、2018 年全国两会期间，习近平总书记两次参加广东代表团审议，明确提出广东要做到"四个走在全国前列"，即在构建推动经济高质量发展体制机制、建设现代化经济体系、形成全面开放新格局、营造共建共治共享社会治理格局上走在全国前列。近年来，广东坚持把推进"一带一路"建设作为提升开放型经济水平、构建开放型经济新体制的重要抓手，创新对外开放体制机制、加快外贸转型升级、构建以"一带一路"建设为重点的对外开放新格局，成为探索"一带一路"建设经验的重要引擎。

凭借深圳建设中国特色社会主义先行示范区的历史机遇，广东加快形成全面深化改革开放新格局，高标准高质量建设自由贸易试验区，加快构建与国际接轨的开放型经济新体制[2]。通过牵头大湾区发展建设，广东进一步优化珠三角九市投资和营商环境，提升大湾区市场一体化水平，实现粤港澳开放资源融合、开放优势互补、开放举措联动，引领形成陆海内外联动、

---

[1] 马兴瑞.广东省2020年政府工作报告［N］.南方日报，2020-01-19(3).

[2] 中共中央、国务院关于支持深圳建设中国特色社会主义先行示范区的意见［N］.人民日报，2019-08-18(1).

东西双向互济的开放格局，打造"一带一路"建设重要支撑区[1]。展望未来，广东将进一步放宽市场准入，保护外资合法权益。完善省级政府领导联系跨国公司"直通车"制度，做好外资大项目跟踪服务；发挥驻外经贸机构、海外商协会、华侨华人等的桥梁纽带作用，招商引资力度，鼓励跨国公司设立总部型企业；充分发挥自贸试验区改革开放试验田作用，实施更具国际竞争力的开放政策和制度，完善跨境服务贸易负面清单管理；推进国际货物分拨集拼中心、国际贸易结算中心建设，更大范围复制推广自由贸易账户体系，推动广州期货交易所落地；加强知识产权海外护航，完善知识产权海外维权机制[2]。

凭借"一带一路"建设的东风，广东加大多元市场开拓和重大外资项目引进力度，加快建立与国际接轨的投资贸易规则体系，努力把开放的大门越开越大，成为探索"一带一路"建设新路径、新方法的发动机与试验田。

第四节

其他地区参与"一带一路"建设的现状及特色

中国内陆地区纵深广阔、人力资源丰富、产业基础较好，依托"一带一路"建设，郑州、成都、武汉、长沙、南昌、合肥等内陆开放型经济高地快速崛起。中欧通道铁路运输、口岸通关协调机制的落实，内陆城市航空港、国际陆港的大规模建设，为内陆口岸与沿海、沿边口岸通关合作，开展跨境贸易电子商务服务试点奠定了基础。港澳台地区国际化水平高、经济自由开放程度高，兼有紧密联系内地的地理优势，能够在共建"一带

---

[1] 省委省政府印发关于贯彻落实《粤港澳大湾区发展规划纲要》的实施意见[N].南方日报，2019-07-05(4).

[2] 马兴瑞.广东省2020年政府工作报告[N].南方日报，2020-01-19(4).

一路"倡议大背景下推动国际和区域合作方面扮演更加重要的角色。

一、河南丝绸之路经济带物流通道枢纽建设

河南地处我国中心地带,是中华民族和中华文明的重要发祥地,历史上长期是我国政治、经济、文化中心,在古丝绸之路发展繁荣过程中发挥了重要支撑作用。改革开放以来,河南综合经济实力显著提升,开放型经济加快发展,与沿线国家产业合作、经贸往来、人文交流日益密切。习近平总书记2014年考察河南时提出,希望河南建成连通境内外、辐射东中西的物流通道枢纽,为丝绸之路经济带建设多做贡献,打造国际陆港、空港、国际货运枢纽地位的大战略、大格局[1]。近年来,围绕习近平总书记重要指示,河南多措并举,全力建设"丝绸之路经济带物流通道枢纽"。

(一)"一带一路"重要的综合交通枢纽和商贸物流中心

河南地处中原,自古以来就是连接东西、沟通南北的战略要地。共建"一带一路"倡议提出以来,河南进一步完善、强化自身交通枢纽功能,密切与沿线国家联系,强力推进完善民航、铁路、公路"三网融合"和航空港、铁路港、公路港、出海港(国际陆港)"四港联动"体系,将空中、陆上、网上、海上4条"丝绸之路"协同发展,发挥出强大的辐射带动效应,全面打开了河南对外开放的大门。

郑州市作为河南省重点规划的"现代化国际商都",已经成为国际航空物流中心和亚欧大宗商品商贸物流中心,是实现空中、陆上、网上、海上四条丝绸之路"四路协同"的节点。2018年,郑州市"空中丝绸之路"越飞越广,郑州机场获批第五航权,已开通航线236条,横跨欧美亚三大

---

[1] 严萍,张建新.努力建设富强河南 文明河南 平安河南 美丽河南——习近平总书记河南考察侧记[N].河南日报,2014-05-12(1-2).

经济区的国际枢纽航线网络初步形成，成为全国第二个实现航空、铁路、轨道交通、高速公路一体化换乘的机场；"陆上丝绸之路"越跑越快，中欧班列（郑州）每周"去九回八"高频次运行，新开通中亚、东盟线路，2018年全年开行752班，主要指标继续保持全国前列；"网上丝绸之路"越来越便捷，EWTO（电子世界贸易组织）核心功能集聚区启动建设，2018年新签约项目45个，第二届全球跨境电子商务大会成功举办，跨境电商交易额增长25.1%；"海上丝绸之路"越来越顺畅，郑州至连云港、青岛、天津等港口海铁联运班列2018年全年累计开行206班。

2019年全年，郑州新郑国际机场客货吞吐量保持中部双第一，中欧班列（郑州）开行班次增长33%，跨境电商进出口增长20%以上，海铁联运城市和班列扩容加密[1]。

（二）新亚欧大陆桥经济走廊区域互动合作的重要平台

党的十九大报告提出，要赋予自由贸易试验区更大改革自主权，探索建设自由贸易港。创新对外投资方式，促进国际产能合作，形成面向全球的贸易、投融资、生产、服务网络，加快培育国际经济合作和竞争新优势[2]。在众多自由贸易试验区中，新亚欧大陆桥经济走廊涵盖地域范围最广、影响力最大，河南在新亚欧大陆桥经济走廊上处于连接东中西、沟通境内外、支撑经济走廊的核心发展区域。按照规划，河南将发挥市场规模优势和产业基础优势，提升郑州、洛阳等主要节点城市辐射带动作用，加快中原城市群一体化进程，推动与东部沿海城市群、西部沿线城市群协同互动，打造产业转移、要素集疏、人文交流平台，建设华夏历史文明传承创新和

---

1 尹弘.河南省2020年政府工作报告［N］.河南日报，2020-01-17(1).

2 习近平.决胜全面建成小康社会　夺取新时代中国特色社会主义伟大胜利［N］.人民日报，2017-10-28(1).

文化交流中心[1]。近年来，河南以新亚欧大陆桥为主轴，依托国家铁路和公路主通道，串联省内中心城市，形成连接"一带一路"的东西双向通道。向东重点连接山东、江苏、上海等兄弟省市海运港口，与21世纪海上丝绸之路无缝对接；向西密切联系西北、西南各兄弟省区市，发挥对新亚欧大陆桥经济走廊腹地的支撑作用，为中巴经济走廊、孟中印缅经济走廊等"一带一路"重点工程的建设提供战略支撑。

（三）内陆对外开放新高地

为全面落实党中央、国务院关于进一步扩大对外开放的重大战略部署，抓住新一轮对外开放机遇，河南以"一带一路"建设为统领，加快构建内陆对外开放新高地，推动形成全面开放新格局，其主要措施包括：营造一流营商环境，促进外商投资便利化，加快国际贸易"单一窗口"建设，持续提升涉外服务能力；提升开放通道优势，统筹推进空中、陆上、海上丝绸之路建设，完善多式联运体系，深化大通关改革；提升开放平台功能，发挥郑州航空港经济综合实验区开放门户功能，强化中国（河南）自由贸易试验区开放引领作用，加大郑洛新国家自主创新示范区开放合作力度，高标准建设中国（郑州）跨境电子商务综合试验区；提升招商引资质量和水平，扩大先进制造业和现代服务业开放，积极引进企业总部和功能性机构，推进金融资本与产业资本有效对接；加强创新人才开放合作，加强创新平台开放合作，加强技术创新开放合作；推进贸易强省建设，加快货物贸易优化升级，促进服务贸易创新发展，培育贸易新业态新模式等[2]。经过几年的不懈努力，河南与沿线国家的交流合作网络越织越密。随着东联西进大通道的日益完善，国际航空货运枢纽、四港联运枢纽优势的确立，河

---

1 河南省参与建设"一带一路"实施方案［OL］.中国一带一路网，2016-10-09.

2 中共河南省委、河南省人民政府.关于以"一带一路"建设为统领加快构建内陆开放高地的意见［N］.河南日报，2019-06-18(6).

南综合经济竞争力和文化影响力显著增强,在"一带一路"建设中的作用和地位明显提升,内陆对外开放新高地的地位进一步夯实,日益成为"一带一路"具有国际影响力的综合交通枢纽、商贸物流中心、区域互动合作平台。

二、香港"一带一路"超级联系人建设

香港是"一带一路"建设的重要节点,是国内大循环的参与者和国内国际双循环的重要通道。支持香港参与"一带一路"建设,是国家实行高水平对外开放的重要举措,也是促进内地和香港优势互补、共同发展的重要途径。共建"一带一路"倡议提出以来,香港特区政府在中央政府的支持下,凭借自身"超级联系人"的独有优势,积极联系内地与沿线国家和地区,在金融、经贸、人文交流等方面发挥互惠共赢的作用。

(一)瞄准国家所需,主动对接国家发展战略

十八大以来,党中央做出了加快建设创新型国家建设、实施区域协调发展战略、推动形成全面开放新格局、推进"一带一路"建设等一系列战略部署,为香港的发展提供了战略机遇。香港特区政府主动与中央政府有关部门搭建政策、项目信息对接平台,完善沟通协调机制,在积极融入国家发展大局的过程中,探索香港发展新路向,寻找发展新动力,拓展发展新空间。同时,香港特区政府还深化与内地省级政府合作,共同开辟"一带一路"市场。香港充分发挥多中心合一的功能优势,在专业服务和国际化人才培养方面深化与沿海省区市的合作,创新合作模式,提升合作水平;香港与内陆省区市拼船出海,构建高中低搭配的多层次合作格局,共同开发沿线市场[1]。

---

[1] 张德江.发挥香港独特优势共创"一带一路"美好未来——在香港"一带一路"高峰论坛上的讲话[OL].中国网,2016-05-19.

（二）发挥香港所长，合力提升优势互补效应

香港服务业门类全、人才资源多、国际化程度高，加之"两文三语"通用、市场和法制与国际接轨等有利因素，具有极强的国际竞争力。在"一带一路"建设中，香港的优势体现在：健全的普通法制度行之有效，大量法律专才拥有丰富国际经验，是亚太区主要的国际法律服务及争议解决中心，在仲裁及调解服务方面更是声誉卓著；开放的自由市场，让资金、货物和资讯自由流通，奠定香港国际金融、贸易、航运及物流中心的地位；为外资与本地企业提供公平的竞争环境及完善的防贪机制；拥有世界级的基建、交通与通信网络和优质的商业服务水平；熟悉内地文化和营商模式，兼具国际视野，同时具备广泛的国际经验和网络[1]。因此，香港的服务业优势可以与内地的制造业优势互补，携手建设"一带一路"，产生1+1＞2的协同效应。在"一带一路"建设中，香港服务业优势得到充分发挥。展望未来，香港除了进一步夯实金融服务、旅游、贸易及物流四大支柱产业外，还将把握粤港澳大湾区带来的机遇，为香港经济带来新的增长点，为香港企业和专业服务拓展更大的市场[2]。在维持自由市场经济的前提下，积极发挥"一带一路"建设"促成者"和"推广者"角色。

（三）增强创新意识，不断打造多元合作平台

"一带一路"建设本身就是一个创举，在"一国两制"下内地与香港共拓"一带一路"机遇，也需要推动体制机制创新，探索新型合作模式，打造多元合作平台[3]。自"一带一路"倡议提出以来，香港发挥高端服务业

---

1 香港特区政府的"一带一路"工作［OL］.香港特别行政区政府一带一路网，2020-04-08.

2 行政长官2019年施政报告［OL］.中央人民政府驻香港特别行政区联络办公室网，2019-10-16.

3 张德江.迈进新时代　共筑中国梦［OL］.国务院港澳事务办公室网，2018-02-04.

优势，打造了五大多元合作平台，分别是集资融资和财富管理平台、商贸物流促进平台、高端专业服务平台、多元旅游平台、新兴产业平台。集资融资和财富管理平台致力于利用香港的国际金融中心地位，为内地企业提供发债、上市、贷款、风险资本运作平台，同时利用香港全球最大的离岸人民币业务中心的地位，为"一带一路"投资者提供多样化的资产分配工具。商贸物流促进平台致力于利用香港的国际商贸中心地位，帮助中央政府和内地省级政府拓展丝路商业人脉网络，寻找合适的商业伙伴。高端专业服务平台致力于在法律、工程、管理、风险评估等领域的人才培养及机场、港口、供电等基础设施建设，为"一带一路"沿线地区提供顾问服务，参与已建成的重大项目的营运管理。多元旅游平台致力于利用香港成熟的旅游硬件软件设施，促进中西文化交融荟萃，促进民心相通。新兴产业平台致力于在人才培训、产品认证、文化产业等方面取得突破，与中央政府一道为"一带一路"有关国家提供丰富多样的公共产品。

（四）弘扬丝路精神，积极促进人文交流

近代以来，香港一直是东西方文化交流的重要窗口，多种文明在此交融，形成了独特的中西合璧的人文积淀。香港的现代都市文化在华语文化圈也有很大的影响力。同时，香港同东南亚、欧美等地的海外侨胞有着千丝万缕的联系，为深化"一带一路"人文交流奠定了深厚的基础。近年来，香港利用高度国际化和英语普及程度高的优势，搭建教育、文化及青年交流平台。香港特区政府向"一带一路"相关国家和地区提供奖学金，鼓励更多"一带一路"相关国家的学生来港学习，促进香港和内地学生与"一带一路"相关国家和地区青年学生之间的文化交流。香港大量的民间组织，包括商会、青年组织等，每年均举办大量高水平活动，配合国家"一带一路"建设，建立及加强与沿线国家相应组织的联通合作[1]。香港还与"一带

1　梁振英.2016年施政报告［OL］.国务院新闻办公室网，2016-01-14.

一路"沿线城市开展友好往来,加强人文交流,通过演出、展览、研讨会和论坛等活动,推广香港的多元艺术及文化,加强与沿线国家的体育交流和合作[1],助力"一带一路"民心相通建设。

---

[1] 梁振英.2017年施政报告[OL].中央人民政府驻香港特别行政区联络办公室网,2017-01-19.

第六章

共建"一带一路"倡议合作愿景

2017年5月14日,国家主席习近平在北京出席"一带一路"国际合作高峰论坛开幕式,并发表题为《携手推进"一带一路"建设》的主旨演讲,强调坚持以和平合作、开放包容、互学互鉴、互利共赢的丝路精神,推动"一带一路"建设行稳致远,将"一带一路"建成"和平之路、繁荣之路、开放之路、创新之路、文明之路"。五路理念为共建"一带一路"倡议指明了合作愿景,是对共建"一带一路"倡议发展思路的完整阐述,蕴含了新时代治国理政及参与全球治理理念,为破除和平赤字、发展赤字、治理赤字三大严峻挑战提供了中国智慧与中国方案。

第一节

建设合作共赢的"和平之路"

千百年来,古老的丝绸之路见证了财富与繁荣的奇迹,也见证了烽烟和杀戮的无情。如何分享财富,平衡利益,实现合作共赢、和平共处,这是丝绸之路试炼今人智慧的历史之问。

20世纪,人类经历了两场规模空前的世界大战。以共同发展促进世界和平,已经成为世界人民的共同愿望和共同福祉。《2019年全球和平指数》数据显示,全球和平程度总体呈下降趋势,自2008年以来全球平均和平指数下降了3.78%。当今世界和平仍存在很多不稳定因素,一些国家和地区暴力事件、内部冲突愈演愈烈,美国等大国推行单边主义和霸权主义,强化政治和军事干涉行动等现象依然比较复杂。为了缩小世界和平赤字,中国提出要将"一带一路"建成和平之路,通过共建共享安全格局来彰显公道正义,夯实维护世界和平的政治基础。

将"一带一路"建成和平之路,其核心内容为"各国应该尊重彼此主权、尊严、领土完整,尊重彼此发展道路和社会制度,尊重彼此核心利益和重大关切"[1]。一方面,建设合作共赢的"和平之路"是对丝绸之路千年兴衰历程的总结。历史经验证明,丝绸之路的兴替与沿线国家政治局势稳定与否息息相关。沿线国家国内政通人和,彼此和睦相处,丝绸之路畅通无阻,带来财富的增长、文化的交融和社会的进步。反之,沿线国家发生政治动荡或陷入战争,就会影响整条丝绸之路的通畅。历史上曾多次出现中国西北以及中亚地区处于战争、动乱而使陆上丝绸之路中断的情况[2]。同时,无论是陆上丝绸之路还是海上丝绸之路,对驿站、码头等基础设施及沿线治安状况都有极高的要求,只有在丝绸之路沿线保持和平,一些国家有能力提供区域性公共产品时,丝绸之路才能保持畅通。

另一方面,建设合作共赢的"和平之路"是对中国传统文化中"推己及人"思想的发扬,也是对中国外交坚持和平共处五项原则的继承。中国始终是维护地区和世界和平、促进共同发展的坚定力量,一直强调国家不分大小、强弱、贫富一律平等,不同制度、宗教、文明一视同仁,主张各国自主选择发展道路,尊重彼此核心利益与重大关切。改革开放以来的外

---

[1] 习近平.携手推进"一带一路"建设[N].人民日报,2017-05-15(3).

[2] 邹磊.中国"一带一路"战略的政治经济学[M].上海:上海人民出版社,2015:50.

交实践也证明，中国必须构建和平稳定的外部环境，才能实现自身的发展。中国的发展得益于外部环境的稳定与和平，中国的发展也将加强维护世界和平的力量。建设"一带一路"是时代要求，中国对于这个时代的最主流的要求就是持续发展、和平崛起，这是"一带一路"建设的根本目标[1]。中国建设和平之路秉承"共同、综合、合作、可持续"的安全观，为维护世界和平贡献更多的中国智慧和中国力量。

为了推进"和平之路"建设，中国外交积极谋篇布局，为"一带一路"建设争取和平安宁的外部环境。首先，构建以合作共赢为核心的新型国际关系。党的十九大报告指出，要"推动建设相互尊重、公平正义、合作共赢的新型国际关系"[2]。这是新时代中国对当今国际关系走向的重要主张，体现了我国外交政策宗旨，符合各国人民意愿和时代发展潮流。习近平主席指出，"一带一路"建设离不开和平安宁的环境。我们要构建以合作共赢为核心的新型国际关系，打造对话不对抗、结伴不结盟的伙伴关系[3]。新型国际关系的三大理念——相互尊重、公平正义、合作共赢是相辅相成的，只有在相互尊重、平等协作下构建更加广泛的新型伙伴关系，共同应对各种全球性挑战，才能走上一条共同繁荣与发展之路。

其次，夯实相互尊重的合作基础。当今世界各国社会制度和意识形态迥异，发展阶段和发展水平悬殊，历史背景和宗教、文化不尽相同。国与国之间在许多问题上不可避免地存在分歧。如何避免这些分歧引发矛盾乃至战争，是推进"一带一路"建设不可回避的问题。"和平之路"建设需要"一带一路"国家尊重彼此主权、尊严、领土完整，尊重彼此发展道路

---

1 张蕴岭.和平崛起是"一带一路"的根本目标[N].社会科学报，2015-03-12(3).

2 习近平.决胜全面建成小康社会 夺取新时代中国特色社会主义伟大胜利[N].人民日报，2017-10-28(1).

3 习近平.携手推进"一带一路"建设[N].人民日报，2017-05-15(3).

和社会制度，尊重彼此核心利益和重大关切。中国愿在和平共处五项原则基础上，发展同所有"一带一路"建设参与国的友好合作。中国愿同世界各国分享发展经验，但不会干涉他国内政，不会输出社会制度和发展模式，更不会强加于人[1]。最后，营造共建共享的安全格局。面对世界错综复杂的安全形势和日益增多的安全威胁，中国以"共同、综合、合作、可持续"的安全观、"先天下之忧而忧"的世界情怀和"以天下为己任"的历史担当，开创性地回答了人类应该"追求什么样的安全，如何实现安全"的重大问题，为"和平之路"建设提供了重要保障。"和平之路"强调"共同安全"，尊重和保障每一个国家安全；强调"综合安全"，统筹维护传统领域和非传统领域安全；强调"合作安全"，通过对话合作促进各国和本地区安全；强调"可持续安全"，发展和安全并重以实现持久安全。

中国积极倡导以和平方式解决国际争端，坚持在和平共处五项原则基础上同所有国家发展友好合作，努力为"一带一路"建设争取和平稳定的国际环境，促进参与"一带一路"建设各国内部的和平发展。自共建"一带一路"倡议实施以来，促进和平、推动互利合作、尊重《联合国宪章》宗旨原则和国际法，成为各参与国的共同责任；实现包容和可持续增长与发展、提高人民生活水平，成为各参与国的共同目标；构建繁荣、和平的人类命运共同体，成为各参与国的共同愿望[2]。建设合作共赢的"和平之路"反映了各国，特别是广大发展中国家对促和平、谋发展的愿望，得到了国际社会广泛支持。截至 2020 年 1 月，中国共建立了 80 多个战略性伙伴关系，其中 50 个是 2013 年以后建立的，"一带一路"建设在很大程度上提高了

---

[1] 习近平.携手推进"一带一路"建设[N].人民日报，2017-05-15(3).

[2] "一带一路"国际合作高峰论坛圆桌峰会联合公报[OL].中国一带一路网，2017-05-16.

伙伴关系的"含金量"[1]。仅2019年，就有15个国家加入共建"一带一路"大家庭，意大利成为首个与中国签署"一带一路"相关合作文件的七国集团国家。一些国家深刻认识到国际时局的变化，不再观望，更加坚定参与共建"一带一路"[2]。将"一带一路"建设为"和平之路"，意味着冷战思维和政治偏见的摒弃。习近平主席指出："共建'一带一路'是经济合作倡议，不是搞地缘政治联盟或军事同盟；是开放包容进程，不是要关起门来搞小圈子或者'中国俱乐部'；是不以意识形态划界，不搞零和游戏，只要各国有意愿，我们都欢迎"[3]。"一带一路"建设致力于搭建合作的纽带、和平的桥梁，中国将始终做世界和平的建设者，坚定走和平发展道路，为人类的和平与发展事业不断作出新的贡献。

第二节

建设共同发展的"繁荣之路"

中国七十多年的建设实践和经验表明，发展是解决一切问题的基础和关键。"一带一路"建设是我国在新的历史条件下实行全方位对外开放的重大举措、推行互利共赢的重要平台。中国是"一带一路"建设的倡导者和推动者，但建设"一带一路"不应仅仅着眼于中国自身发展，而是要以中国的发展为契机，让更多国家搭上中国发展快车，帮助他们实现发展目标[4]。因此，习近平总书记指出，发展不平衡是当今世界最大的不平衡。在

---

1 王晨光.中国的伙伴关系外交与"一带一路"建设[J].当代世界，2020(1):69-73.

2 国家发展改革委一带一路建设促进中心.共建一带一路这一年[N].人民日报，2020-01-17(17).

3 习近平出席推进"一带一路"建设工作5周年座谈会并发表重要讲话[OL].中国政府网，2018-08-27.

4 借鉴历史经验创新合作理念 让"一带一路"建设推动各国共同发展[N].人民日报，2016-05-01(1).

"一带一路"建设过程中,要始终从发展的视角看问题,将可持续发展理念融入项目选择、实施、管理的方方面面。我们要致力于加强国际发展合作,为发展中国家营造更多发展机遇和空间,帮助他们摆脱贫困,实现可持续发展[1]。

沿线国家市场规模和资源禀赋各有优势,互补性强,合作前景广阔。建设共同发展的"繁荣之路"就是要聚焦发展这个根本性问题,释放各国发展潜力,实现经济大融合、发展大联动、成果大共享[2]。各国凝聚共识,将共识转化为行动,形成更多可视性成果,实现优势互补,促进共同繁荣发展。

产业是经济之本。共建"一带一路"倡议被提出几年来,中国与沿线国家深入开展产业合作,共同办好经贸、产业合作园区,抓住新工业革命的发展新机遇,培育新动能、新业态,保持经济增长活力,取得举世瞩目的进展和成效。2019年4月25日,中国成功举办第二届"一带一路"国际合作高峰论坛,以此为契机,"一带一路"建设由谋篇布局的"大写意"阶段转入了精谨细腻的"工笔画"阶段。近年来,中国与沿线国家合作建成一大批工业园区,满足了沿线发展中国家的工业化需求。共建"一带一路"倡议所倡导的"繁荣之路"建设重视"授之以鱼",更重视"授之以渔"。

中国通过产业合作加强提高沿线发展中国家的工业生产能力,帮助这些国家融入全球产业链、价值链和供应链中,并提升在其中的地位,为这些国家经济的长期平稳有序发展提供动力,解决发展赤字问题。当前,以人工智能、大数据、机器人等新技术推动的第四次工业革命正在不断走向深入,人类的生产生活正在发生深刻变化。但是由于经济发展水平存在较

---

[1] 习近平.齐心开创共建"一带一路"美好未来[N].人民日报,2019-04-27(3).

[2] 习近平.携手推进"一带一路"建设[N].人民日报,2017-05-15(3).

大差异，各国接触和利用信息通信技术的能力差距悬殊，"数字鸿沟"对信息化落后的发展中国家来说是严峻挑战。在建设共同发展的"繁荣之路"过程中，加强全球数字基础设施互联互通，帮助发展中国家开展能力建设，缩小"数字鸿沟"，打造数字丝绸之路应当成为"一带一路"建设的重点。中国的信息化建设是在起点低、资金少的背景下发展起来的，在帮助发展中国家降低信息基础设施成本和利用信息基础设施催化经济增长方面，中国可以提供很多经验和技术。

设施联通是合作发展的基础。基础设施建设互联互通始终都是"一带一路"建设的重点。"一带一路"建设始终聚焦关键通道、关键节点、关键项目，着力推进公路、铁路、港口、航空、航天、油气管道、电力、网络通信等领域合作，与各国共同推动陆、海、天、网四位一体的互联互通。几年来，"一带一路"建设已经搭建了六大经济走廊框架，建设共同发展的"繁荣之路"要求参与项目的各国抓住新一轮能源结构调整和能源技术变革趋势，建设全球能源互联网，实现绿色低碳发展，完善跨区域物流网建设，促进政策、规则、标准三位一体的联通，为互联互通提供机制保障[1]。建设共同发展的"繁荣之路"要求"一带一路"建设重视项目质量，努力建设高质量、可靠、抗风险、可持续的基础设施，为打通全球产业链、价值链增添助力与动力。未来"一带一路"建设要树立品牌意识，加强品牌建设，树立各方的信心，解决利益攸关方的关切。基础设施品牌建设一方面要立足于促进参与国社会经济发展的根本需要，另一方面要打造一批具有示范效应的速效项目，让当地民众在短期内感受到"一带一路"合作带来的切实好处，提升获得感，树立"一带一路"项目的良好声誉[2]。"一

---

1 习近平.携手推进"一带一路"建设[N].人民日报，2017-05-15(3).

2 "一带一路"国际合作高峰论坛咨询委员会.共建"一带一路"：建设更美好的世界[OL].中国一带一路网，2019-04-24.

带一路"建设的前期项目以港口、高铁、核电、大坝等重资产项目为主，随着"一带一路"建设全面深化，应当进一步打造一批具有品牌价值的轻资产项目，如餐饮、民俗、教育、中医药等[1]。同时，要加强"一带一路"重大项目的海外宣介工作，避免抹黑与误解造成的合作障碍。

金融是现代经济的血液。金融保障体系稳固顺畅，经济增长才能后劲十足。"一带一路"建设需要大量的资金，仅靠中国注入资金远远不够，也不符合共建共享的原则。为了弥合基础设施投资存在的缺口，需要扩大和利用多元化融资渠道。沿线国家政府、金融机构、企业需要共同行动，本着"平等参与、利益共享、风险共担"的原则，推动建设长期、稳定、可持续、风险可控的融资体系[2]。建设共同发展的"繁荣之路"，一方面要重视公共资金在规划、建设重大项目上的引领作用，继续利用政府间合作基金、对外援助资金等现有公共资金渠道，协调配合其他资金渠道，共同支持"一带一路"建设。另一方面要认识到市场机制在金融资源配置中应发挥决定性作用[3]。为了给"一带一路"建设提供长期、可持续的金融支持，需要吸引商业银行，股权投资基金、保险、租赁和担保公司等国际和本地金融机构共同参与，通过共同融资、公私合营等方式分担投资，鼓励上述机构在符合其机构职能的情况下积极参与"一带一路"项目建设，并确保项目合规性，做到符合项目参与国法律法规，采用普遍接受的国际规则和标准。建设共同发展的"繁荣之路"要致力于建立长期、稳定、可持续、风险可控的金融保障体系，创新投资和融资模式，推广政府和社会资本合作，建设多元化融资体系和多层次资本市场，发展普惠金融，完善金融服

---

1 赵磊.尽快打造"一带一路"标志性项目[N].光明日报，2016-06-08(16).

2 中华人民共和国财政部."一带一路"融资指导原则[OL].中国一带一路网，2017-05-16.

3 同上。

务网络[1]。

第三节
建设相互包容的"开放之路"

1978年12月18日,中国共产党召开了具有重大历史意义的十一届三中全会,开启了改革开放的历史新阶段。四十多年来,中国社会主义现代化建设取得了举世瞩目的成就,中国共产党改革开放的决策厥功至伟。对外开放是我国的基本国策,是国家繁荣发展的必由之路,也是新时代坚定不移贯彻的五大发展理念之一。开放带来进步,封闭必然落后。习近平总书记指出,中国的发展离不开世界,世界的繁荣也需要中国。我们统筹国内国际两个大局,坚持对外开放的基本国策,实行积极主动的开放政策,形成全方位、多层次、宽领域的全面开放新格局,为我国创造了良好国际环境,开拓了广阔发展空间[2]。共建"一带一路"倡议是中国对外开放模式的新拓展和实施新一轮对外开放的重要举措。共建"一带一路"倡议为中国开放型经济与开放型世界经济的内外联动提供了中国方案,是落实陆海内外联动、东西双向互济开放格局的先手棋,是解决中国对外开放不平衡、不充分空间布局问题的重要抓手,打开了对外开放的新天地,充实了对外开放的新内涵,开创了对外开放的新境界[3]。

作为我国扩大对外开放的重大战略举措和经济外交的顶层设计,共建"一带一路"倡议蕴含的开放思路更加包容。共建"一带一路"倡议是构

---

1 "一带一路"国际合作高峰论坛咨询委员会.共建"一带一路":建设更美好的世界[OL].中国一带一路网,2019-04-24.

2 习近平.在庆祝改革开放40周年大会上的讲话[N].人民日报,2018-12-19(2).

3 门洪华.推动中国对外开放进入新时代——党的十八大以来中国对外开放战略的总结与前瞻[J].社会科学,2019(1):3-13.

建中国全方位开放新格局，构筑全球开放型合作网络，深度融入世界经济体系的重大部署，已成为中国扩大开放的新窗口[1]。共建"一带一路"倡议致力于建设相互包容的"开放之路"，它的开放对象正在扩展，开放区域更加平衡，通过不断降低对资金、人员、货物等流入流出的限制，推动要素资源在各国的优化配置，促进各国社会生产力和生产水平的显著提升。

建设相互包容的"开放之路"，要加强贸易和投资自由化、便利化，构建开放型世界经济。当前，世界经济持续低迷不振，经济全球化遭遇波折，"逆全球化"、单边主义和贸易保护主义抬头。"一带一路"建设始终坚持鲜明的开放导向，主张各国不断扩大开放、增进互信、互利共赢。新形势下各国推动"一带一路"经贸合作高质量发展，应进一步扩大市场开放，提高贸易和投资便利化程度，坚决反对保护主义，维护多边贸易体制主渠道地位，通过开放促进要素自由流动、资源高效配置、市场深度融合，为促进各国经济增长提供强劲动力和广阔空间[2]。开放、包容、联动的世界经济符合各国利益，必须坚定支持多边主义，维护以世界贸易组织为核心、以规则为基础的多边贸易体制，促进自由开放的贸易和投资，反对一切形式的保护主义，不搞排他性贸易标准、规则、体系，避免造成全球市场分割和贸易体系分化。

建设相互包容的"开放之路"，要搭建促进贸易和投资自由化、便利化的自由贸易区网络，协调各方共同参与项目，共享收益。截至2022年4月，中国已经与149个国家、32个国际组织签署了200多份共建"一带一路"合作文件。为世界经济发展带来了新的增长契机。但共建"一带一路"倡

---

[1] 韩保江，赵磊，文洋，等."一带一路"是扩大对外开放的重要举措[J].紫光阁，2017(4):42-43.

[2] 钟山.共创"一带一路"经贸合作高质量发展新局面[N].人民日报，2019-04-30(11).

议不是国际法意义上的国际协定,这使得建立长效合作机制成为"一带一路"建设中的重要议题。党的十七大把建设自由贸易区提升到国家战略的高度,党的十八大提出了加快实施自由贸易区战略。截至2021年2月,中国已经和30个国家和地区签署了20个自由贸易协定及优惠贸易安排,已建及在建的自贸区大部分处于"一带一路"沿线,而实施自由贸易区战略也有力地推动了"一带一路"建设。

习近平总书记指出,加快实施自由贸易区战略是一项复杂的系统工程。要加强顶层设计、谋划大棋局,既要谋子更要谋势,逐步构筑起立足周边、辐射"一带一路"、面向全球的自由贸易区网络,积极同沿线国家和地区商建自由贸易区,使我国与沿线国家合作更加紧密,往来更加便利,利益更加融合[1]。自由贸易协定是世界贸易组织规则下的合法例外机制,它允许世界贸易组织成员方之间在最惠国待遇基础上提供更为优惠的贸易和投资待遇,允许自由贸易协定缔约方采取较低关税和较少贸易限制措施。构建"一带一路"自由贸易区网络,以法律手段保证国际合作的稳定持续发展,有助于打造全方位对外开放的新格局和国际合作新架构,推动经济全球化健康发展。

2019年11月4日,在泰国曼谷举行的第二十二次东盟与中日韩(10+3)领导人会议上,区域全面经济伙伴关系协定15个成员国结束了全部文本谈判及实质上所有市场准入谈判。2021年11月15日,区域全面经济伙伴关系协定作为全球最大的自由贸易区成功启航,成为东亚地区区域经济一体化新的里程碑。区域全面经济伙伴关系协定无论在广度还是深度上都大大拓展了中国的自由贸易区网络,成为助力"一带一路"建设的重要战略支撑,大大提升了我国的区域影响力与国际形象。

---

[1] 习近平.加快实施自由贸易区战略 加快构建开放型经济新体制[OL].人民网,2014-12-06.

建设相互包容的"开放之路",要进一步拓展第三方市场合作形式,打造更广泛的伙伴关系。共建"一带一路"倡议源自中国,但属于世界。共建"一带一路"倡议是一个开放包容的合作平台,是各方共同打造的全球公共产品。"一带一路"建设植根于丝绸之路的历史土壤,重点面向亚欧非大陆[1]。"一带一路"建设着力解决发展失衡、治理困境、数字鸿沟、分配差距等问题,这些问题属于全球治理和公共产品供给范畴,仅凭一国之力不足以应对这些严峻挑战,必须创新合作形式,携手构建广泛的利益共同体,吸引更多国家参与"一带一路"建设。作为传统双边合作的有益补充,共建"一带一路"倡议应进一步拓展第三方市场合作,加强各施所长的专业合作,建设更好的项目[2]。2015年6月,国务院总理李克强在访问法国期间首次提出了"第三方市场合作"这一概念,开启了第三方市场合作的先河。第三方市场合作就是将中国的中端制造能力同发达国家的高端技术、先进理念结合起来,为第三国提供高水平、高性价比、更具竞争力的产品和服务,实现"三方共赢"。中国与发达国家联合开展第三方市场合作,有效地将中方的优质富余产能与发达国家的先进技术和核心装备相结合,从而使发展中国家获得更高性价比的装备与工业生产线,提升了本国工业化水平和经济社会发展水平。推动第三方市场合作,可以精确匹配不同发展阶段国家的供给和需求,推动全球产业链高中低端有机融合,为发达国家经济增长注入新动力,为各国企业拓展业务创造新机遇,是实现各方互利共赢的创新之举。同时,推动第三方市场还可以破除"一带一路"建设引起的来自他国的地缘政治忧虑,为深化中国与相关国家的政治

---

1 习近平.携手推进"一带一路"建设[N].人民日报,2017-05-15(3).

2 "一带一路"国际合作高峰论坛咨询委员会.共建"一带一路":建设更美好的世界[OL].中国一带一路网,2019-04-24.

互信与经贸合作提供了全新的路径和方案[1]。第三方市场合作给"一带一路"建设带来更大的灵活性和更广阔的空间,通过建设高质量、可靠、抗风险、可持续的合作项目,真正帮助发展中国家破解发展难题,助力其工业化进程和融入全球价值链,使项目成果与"一带一路"愿景相匹配。

第四节

建设发展驱动的"创新之路"

创新是发展的根本动力。"一带一路"建设本身就是一个创举,必然要向创新要动力。共建"一带一路"倡议之所以能够行稳致远,得到众多国家和国际组织的认同和欢迎,一个很重要的原因在于它不是对西方工业化、现代化模式的简单复制,而是向创新要动力,力图优化创新环境,集聚创新资源,加强科技创新合作,将科技与各国产业发展深度融合,为世界提供创新性治理方案,走出一条发展驱动的"创新之路"。

当前,新一轮科技革命和产业变革正在重塑世界经济结构和竞争格局,以人工智能、互联网、大数据为代表的新一轮科技革命正在加速演进,在新技术引领下,新产业、新业态不断涌现,并渗透到经济、社会各个领域,科技创新成为社会进步的第一驱动力。同时,科技创新合作也是应对气候变化、自然灾害等全球性问题的根本出路。习近平总书记指出,面对当前的挑战,我们应该创新发展方式,挖掘增长动能,要为世界经济开辟新道路,拓展新边界[2]。"一带一路"建设致力于打造发展驱动的"创新之路",就是要打造创新共同体,共建联合科研平台和技术转移平台,共建联合经贸

---

1 吴浩.第三方市场合作:"一带一路"的新动能[J].人民论坛·学术前沿,2019(1下):86-91.

2 习近平.构建创新、活力、联动、包容的世界经济[N].人民日报,2016-09-05(3).

合作区和科技园区，共建国际科技联盟与国际科技组织等合作平台和科技交流机制。同时引导创新主体积极参与"一带一路"创新之路建设，切实提升科技创新对促进民心相通和可持续发展的支撑引领能力[1]，实现各国联动发展，共同应对挑战，共享科技进步与经济全球化的成果。

建设发展驱动的"创新之路"，要加强全球数字基础设施互联互通，缩小数字鸿沟，打造"数字丝绸之路"。数字经济是继农业经济、工业经济之后的主要经济形态。进入21世纪，随着信息技术不断取得突破，数字经济蓬勃发展，掀起一场全球范围内的产业变革，各国的共同利益因数字化联系得更加紧密。2017年5月14日，国家主席习近平在"一带一路"国际合作峰会上，提出要建设21世纪的"数字丝绸之路"。2018年3月，中国政府制定了《推动共建"一带一路"的愿景与行动》，进一步细化了数字丝绸之路的落实与实施。数字丝绸之路以平等为基础，以开放为特征，以信任为路径，以共享为目标，与和平合作、开放包容、互学互鉴、互利共赢的丝路精神相通。打造"数字丝绸之路"就是通过以数字化知识、技术和商业模式作为生产要素，以建设信息网络及相关基础设施作为载体，促进沿线国家更高层次的互联互通，从而强化沿线区域的资源整合，优化经济发展模式和国际合作效能，为进一步落实共建"一带一路"倡议提供新的发展路径[2]。数字丝绸之路建设源自中国政府对全球科技发展态势的认识，着眼于世界经济发展未来，对接共建"一带一路"倡议及其他发展规划，倡导各国抓住新工业革命特别是新兴数字经济的机遇，从科技创新中获益。中国将同参与"一带一路"建设的各国一道加强在人工智能、纳米技术、量子计算机等前沿领域合作，推动大数据、云计算、智慧城市建设，连接

---

1 "一带一路"国际合作高峰论坛咨询委员会.共建"一带一路"：建设更美好的世界［OL］.中国一带一路网，2019-04-24.

2 方芳."数字丝绸之路"建设：国际环境与路径选择［J］.国际论坛，2019，21(2):57.

成 21 世纪的数字丝绸之路[1]。从经济角度而言，数字丝绸之路是带动区域多个产业的产能合作、促使区域经济结构更加优化的重要举措。从社会发展角度而言，数字丝绸之路可以覆盖经济、社会、文化等多个领域，提供多样化和长期性的公共产品供给[2]。随着数字丝绸之路建设的展开，"一带一路"建设涵盖的空间与范围将更加广阔，形成覆盖陆、海、空、网四大基础设施空间的大格局。

建设发展驱动的"创新之路"，要完善知识产权保护体系，以更大力度加强知识产权保护国际合作。没有创新就没有进步，没有知识产权保护就没有持久的创新，知识产权保护是保持持久创新的机制保障。在新时代，加强知识产权保护不仅是维护公民与企业合法权益的需要，更是推进国家治理现代化、推动高质量发展的内在要求；加强知识产权保护不仅是维护内外资企业合法权益的需要，更是推进创新型国家建设、推动高质量发展的内在要求。国家主席习近平在第二届"一带一路"国际合作高峰论坛开幕式上庄重承诺，中国将着力营造尊重知识价值的营商环境，全面完善知识产权保护法律体系，大力强化执法，加强对外国知识产权人合法权益的保护，杜绝强制技术转让，完善商业秘密保护，依法严厉打击知识产权侵权行为[3]。在"一带一路"建设中倡导知识产权保护与我国国家发展战略高度契合，是我国进一步扩大开放、深化改革的重要举措。为支持"一带一路"沿线国家知识产权能力建设，近年来中国国家知识产权局组织开展了多种形式的人员培训。截至 2019 年 3 月，共招收两期 47 名学员来华参加"一带一路"知识产权硕士学位教育项目，为近 30 个沿线国家的 94 名知识产

---

1 推进"一带一路"建设工作领导小组办公室.共建"一带一路"倡议：进展、贡献与展望［OL］.中国一带一路网，2019-04-22.

2 汪晓风.数字丝绸之路与公共产品的合作供给［J］.复旦国际关系评论，2015(1):171-184.

3 习近平.齐心开创共建"一带一路"美好未来［N］.人民日报，2019-04-27(3).

权官员提供短期培训，向沿线国家派出 4 批次授课专家。在中国的发展与推动下，世界知识产权格局已由欧美主导转变为欧美与东亚两足并立[1]。展望未来，中国将继续加强同世界各国的知识产权保护合作，营造良好营商环境和创新环境，共同建设创新之路，造福各国人民。

建设发展驱动的"创新之路"，要推动科技创新在沿线国家之间的共享、流动和重新组合，打造科技创新合作平台，助力沿线国家实现跨越式发展。打造"一带一路"科技创新平台要秉持和平合作、开放包容、互学互鉴、互利共赢理念，以全面发挥科技创新合作对共建"一带一路"倡议的支撑引领作用为主线，以增强战略互信、促进共同发展为导向，全面提升科技创新合作的层次和水平，推动政策沟通、设施联通、贸易畅通、资金融通、民心相通，打造发展理念相通、要素流动畅通、科技设施联通、创新链条融通、人员交流顺通的创新共同体，为开创"一带一路"建设新局面提供有力支撑[2]。科技创新合作平台以农业、能源、交通、信息通信、资源、环境、海洋、先进制造、新材料、航空航天、医药健康、防灾减灾等十二个领域为重点合作议题，它的最终目标是推动"五通"目标全面实现，建成"一带一路"创新共同体，形成互学互鉴、互利共赢的区域协同创新格局[3]。共建"一带一路"科技创新合作平台，将加强政府间科技创新合作，发挥企业创新主体作用，发挥沿线国家科技创新比较优势，促进各国创新协同发展及合作应对挑战，使不同国家、不同阶层、不同人群在开放型世界经济发展中共享经济全球化的成果。

---

[1] 冯飞，何志敏：推动"一带一路"知识产权合作走深走实［OL］.中国一带一路网，2019-03-14.

[2] 科技部.推进"一带一路"建设科技创新合作专项规划［OL］.中国一带一路网，2016-09-20.

[3] 同上。

第五节

建设互鉴互信的"文明之路"

丝绸之路是联通亚欧大陆的古代东西方文明的交汇之路,文明交流互鉴是古丝绸之路留下的精神财富。建设互鉴互信的"文明之路",是共建"一带一路"倡议对古丝绸之路精神的重要传承。"一带一路"建设展现了新的文明观,要以文明交流超越文明隔阂,建立多层次人文合作机制,搭建更多合作平台,开辟更多合作渠道,推动各国相互理解、相互尊重、相互信任。

近代以来,随着交通和信息的日益发达,不同文明之间的交往日趋紧密。随之而来的是不同文明之间思想意识、价值观念乃至行为习惯上的差异越来越清晰地呈现于人类面前。如何妥善地应对文明差异,成为人类社会向前发展绕不开的一个问题。部分西方学者对文明的对话持悲观态度,认为文明的冲突是不同文明实体之间的常态,信任和友谊则是罕见的。在地区或微观层面,冲突发生在属于不同文明的邻近国家及一个国家中不同的文明集团之间。在宏观层面,文明均势的变化可能导致核心国家的战争[1]。然而,20世纪的血腥战争带给人们沉痛的历史教训,暴力与对抗并不能消弭文明分歧,共识的达成必须通过和平状态下的对话。习近平总书记指出,文明因多样而交流,因交流而互鉴,因互鉴而发展。我们要加强世界上不同国家、不同民族、不同文化的交流互鉴,夯实共建亚洲命运共同体、人类命运共同体的人文基础[2]。为了推动各文明之间相互理解、相互尊重、相互信任,习近平主席提出四点主张,即:坚持相互尊重、平等相待;坚持美人之美、美美与共;坚持开放包容、互学互鉴;坚持与时俱进、

---

1 塞缪尔·亨廷顿.文明的冲突与世界秩序的重建[M].北京:新华出版社,2002:229-230.

2 习近平.深化文明交流互鉴 共建亚洲命运共同体[OL].新华网,2019-05-15.

创新发展[1]。通过"一带一路"建设,中国要建立多层次人文合作机制,搭建更多合作平台,开辟更多合作渠道,打造互鉴互信的"文明之路"。

建设互鉴互信的"文明之路",要建立多层次人文合作机制,搭建合作平台,全方位推进人文交流。媒体是人们了解外部世界的窗口,也是沟通各国的桥梁。建立渠道畅通的媒体合作,引导媒体客观报道"一带一路"建设进展,避免虚假歪曲报道,正确引导舆论,有助于[2]促进各国的理解与认同,促进人文交流又好又快发展。教育与科技是推动人类文明进步的重要力量,通过教育与科技交流可以培养大量掌握前沿学科知识又熟悉沿线国家国情的人才,为"一带一路"中长期建设储备面向未来、具备领导力的高素质人才。智库是生产思想产品、培养咨政建言人才和引导社会舆论的重要载体。新型智库合作要着眼于全球大变革的时代背景,通过深入调查研究、提供政策建议、加强相互交流等方式助推"一带一路"各领域合作向前发展。卫生领域合作是"一带一路"建设的重要内容。近年来,中国致力于打造以改善各国人民健康福祉为宗旨的"健康丝绸之路",为深化全球卫生合作提供了诸多公共产品。从传染病防控、卫生援助,到人才培养、中医药推广,中国与"一带一路"参与国家不断深化卫生交流合作,卫生领域合作成为民心相通的重要纽带。"国之交在于民相亲,民相亲在于心相通。""一带一路"建设推动科学、教育、文化、卫生、民间交往等领域广泛合作,为"一带一路"建设夯实了民意基础,筑牢了社会根基。

建设互鉴互信的"文明之路",要超越"文明冲突论"的历史观,为实现人类文明美美与共的愿景探索新共识。纵观人类几千年的文明史,不同文明相互临近的地区长时间相互影响、相互学习,文明迅速发展。相反,

---

1 习近平.深化文明交流互鉴 共建亚洲命运共同体[OL].新华网,2019-05-15.

2 同上。

缺乏外界促进的文明，其发展必然受到阻碍。1500年之前，亚欧大陆文明发展程度高，正是得益于不同文明的交流与融合[1]。文明多样性是世界的基本特征和人类进步的源泉，文明差异性为文明的发展提供了动力。习近平总书记指出，人类只有肤色语言之别，文明只有姹紫嫣红之别，但绝无高低优劣之分。我们应该秉持平等和尊重，摒弃傲慢和偏见，加深对自身文明和其他文明差异性的认知，推动不同文明交流对话、和谐共生[2]。全球化时代的国际政治实践证明，夸大文明之间的差异，鼓吹文明之间的冲突既荒谬又危险。当前，将全球化过程中遇到的问题透过于文明的差异，煽动民粹主义浪潮，尤其值得警惕。世界和平与文明的未来，取决于世界各大文明之间的理解和合作，各文明能够进行充分沟通并取得互信，建立合作共赢的信念，才是避免冲突的关键。"文明冲突论"会误导人们选择战争之路，而"文明互信互鉴"理念将不断促进不同民族、国家和文明的和谐共处。"一带一路"建设要以文明交流、互鉴和共存超越文明隔阂、冲突和优越，摒弃冷战思维和强权政治，秉持正确义利观，推动构建相互尊重、公平正义、合作共赢的新型国际关系。

建设互鉴互信的"文明之路"，要坚持和而不同、求同存异、互学互鉴的文明观，为推动构建人类命运共同体积淀人文基础。2014年3月27日，国家主席习近平在联合国教科文组织总部发表演讲时提出了"多彩""平等""包容"的文明观，主张世界各国要尊重文明的多样性，各种人类文明在价值上是平等的。文明没有高低、优劣之分，傲慢和偏见是文明交流互鉴的最大障碍。人类文明因包容才有交流互鉴的动力，一切文明成果都值得尊重，一切文明成果都要珍惜。只有交流互鉴，一种文明才能充满生

---

[1] 斯塔夫里阿诺斯.全球通史：1500年以前的世界[M].吴象婴，梁东民，译.上海：上海社会科学院出版社，1999.

[2] 习近平.深化文明交流互鉴 共建亚洲命运共同体[OL].新华网，2019-05-15.

命力。只要秉持包容精神，就不存在什么"文明冲突"，就可以实现文明和谐[1]。2019年5月15日，在亚洲文明对话大会开幕式上，国家主席习近平明确提出了增强文明互鉴互信的四点主张，即："坚持相互尊重、平等相待""坚持美人之美、美美与共""坚持开放包容、互学互鉴""坚持与时俱进、创新发展"。这四点主张为促进不同文明互鉴互信贡献了旗帜鲜明的中国方案。相互尊重、平等相待为对话构建了政治与安全上的基础，文明之间如果充满敌视，视对方为对手与敌人，那么对话是无法进行的。只有双方和平相处，才能在交往互动中建立信任，增进理解，避免冲突。美人之美、美美与共强调文明之间的平等与尊重，摒弃傲慢和偏见，加深对自身文明和其他文明差异性的认知。文明之间的对话要用海纳百川的宽广胸怀去打破文化壁垒，以兼收并蓄的态度汲取其他文明的养分，促进文明在交流互鉴中共同前进。开放包容、互学互鉴、与时俱进、创新发展强调文明之间的交往要善于创新，不断吸纳时代精华，激活文明进步的源头活水。只有推动文明之间不断增进开放包容，开拓文明视野，才能使各种文明在相互学习中增强自身发展水平，将文明之间的交往由平等对话转向互利互惠，为文明之间的互鉴互信贡献源源不断的动力。习近平提出的四点主张，推进了不同文明相互尊重、和谐共处，为文明之间的互鉴互信搭建了桥梁，为推动共建人类命运共同体提供了崭新思路。

共建"一带一路"倡议发扬和平合作、开放包容、互学互鉴、互利共赢的丝绸之路精神，把中国梦同沿线国家人民的梦想结合起来，赋予古代丝绸之路以全新的时代内涵。"一带一路"建设致力于为人类的均衡发展提供新的动力，消除"和平赤字""发展赤字"和"治理赤字"。"一带一路"前期建设致力于打造"政策沟通、设施联通、贸易畅通、资金融通、民心相通"的系统工程，强化沿线国家合作，共同打造开放共享平台，为

---

[1] 习近平.在联合国教科文组织总部的演讲[N].人民日报，2014-03-28(3).

地区和全球的可持续发展提供长期动力。在"五通"建设基础之上,中国提出将"一带一路"建成和平之路、繁荣之路、开放之路、创新之路和文明之路。五路理念是推进人类文明发展与进步的五个中心目标和具体途径,是一种打造新型全球秩序和构建多元一体的人类命运共同体的宏观设计。从"五通"到"五路"的理论和实践推进,其实质就是推动人类从塑造沟通共同体到构建命运共同体的过程。在这样一种文化和社会发展观的指导下,"一带一路"建设事实上正在成为人类21世纪的共同事业[1]。"五路"理念一头连接"丝路精神"的历史厚度,一头连接推动全球治理的创新思维,具有强大的生命力和广泛认可度,为"一带一路"中长期建设提供了系统性、方向性、指向性的理念指导,为构建新型国际关系和人类命运共同体提供了现实路径。

---

[1] 贾文山,刘宏宇.从"五通"到"五路"和"四同"——管窥习近平沟通思想理论体系[J].国际新闻界,2018,40(7):8.

第七章

共建"一带一路"倡议丰富了中国特色大国外交

2014年11月28日，习近平总书记在中央外事工作会议上提出，中国必须有自己特色的大国外交，要求我国外交在总结实践经验的基础上，丰富和发展对外工作理念，使我国对外工作具有鲜明的中国特色、中国风格、中国气派，关键是要坚持中国共产党领导和中国特色社会主义，坚持我国的发展道路、社会制度、文化传统、价值观念[1]。中国特色的大国外交是中国外交一个崭新的课题，其不仅聚焦中华民族的根本利益，更关注世界人民的根本利益，是中国向世界提供的公共产品，是中国参与全球治理的"中国方案"，"一带一路"是中国特色大国外交的重要组成部分[2]。共建"一带一路"倡议的提出，促进了中国与沿线国家互联互通伙伴关系的建立和加深，夯实了构建人类命运共同体的基础，提升了中国参与全球治理的制度性话语权，丰富了中国特色大国外交的内涵，使中国特色大国外

1　习近平.论坚持推动构建人类命运共同体[M].北京：中央文献出版社，2018:200.

2　吴建民.中国特色大国外交与"一带一路"[N].财经日报，2016-09-08.

交从理念变为现实，由思想体系转化为具体实践。

第一节
构建互联互通伙伴关系

　　构建互联互通伙伴关系是中国特色大国外交的重要内容，是实现共建"一带一路"倡议高质量发展的精髓，互联互通是开展中国特色大国外交的基础，而"一带一路"则为构建互联互通伙伴关系提供了新的平台，也凸显了其全球治理与公共产品属性。"一带一路"建设需要国际社会结伴齐飞，一个更加开放的中国，将同世界形成更加良性的互动[1]。2014年11月8日，国家主席习近平在"加强互联互通伙伴关系"东道主伙伴对话会上的讲话中引用"愚公移山"的故事，指出愚公的精神感天动地，在人和神的共同努力下，愚公的家乡同外界实现了互联互通[2]。这种精神反映了人类对于互联互通的不懈追求，阐明了互联互通对于推动人类发展的重要意义。

一、共建"一带一路"倡议助力政策沟通

　　"一带一路"建设为沿线国家提供了政治交流和政策沟通的新平台，"一带一路"框架下的互联互通是制度规章的互联互通。共建"一带一路"倡议涉及的国家数量庞大，各个国家的制度规章差异较大，各方需求千差万别，各类机制协调不尽如人意，这些问题的存在都阻碍着相关国家互联互通伙伴关系的构建。在基础设施互联互通的基础之上，只有实现制度规章的互联互通，才能够真正实现"一带一路"相关国家之间的互联互通。

---

[1] 赵磊.共建"一带一路"需要结伴齐飞[N].经济日报，2019-05-07(16).

[2] 习近平.论坚持推动构建人类命运共同体[M].北京：中央文献出版社，2018:165.

实现制度规章互联互通的当务之急是协商解决影响互联互通的制度、政策、标准问题，制度规章互联互通主要体现在制度、政策、标准的互联互通，基础设施建设为互联互通提供硬件基础，制度规章互联互通则是与之相匹配的软件，它规定了互联互通的方式、内容、速度、流量等，通过制度对接、政策沟通、标准统一来降低人员、商品、资金跨境流动的成本和时间，进而将互联互通落到实处。

世界面临百年未有之大变局，人类正处在大发展、大变革、大调整时期。世界多极化、经济全球化深入发展，社会信息化、文化多样化持续推进，各国相互联系、相互依存程度不断加深，同时国际性挑战层出不穷、风险日益增多，世界经济增长乏力，金融危机阴云不散，世界发展不平衡日益突出，局部战争时有发生，冷战思维和强权政治依然存在，恐怖主义、难民危机、气候变化、重大传染性疾病等非传统安全威胁日益蔓延，都为人类面对共同挑战提出了更高要求。

应对这些全球性问题的关键就在于世界各国深入合作，建立切实有效的合作机制，确保各国合作取得实效。参与共建"一带一路"国家一致支持着力构建全球互联互通伙伴关系，加强合作机制，提出将深入对接各国和国际组织经济发展倡议和规划，加强双边和第三方市场合作，建设中欧班列、陆海新通道等国际物流和贸易大通道，帮助更多国家提升互联互通水平。各国将坚持多边主义，推动形成以高峰论坛为引领、各领域多双边合作为支撑的架构，使"一带一路"框架下的合作既有理念引领、行动跟进，也有机制保障。

截至 2022 年 4 月，中国已与 149 个国家、32 个国际组织签署 200 多份共建"一带一路"合作文件，与 14 个国家签署第三方市场合作文件。共建"一带一路"的国家已由亚洲延伸至非洲、欧洲、美洲、大洋洲等地区，参与国家与地区的数量超过联合国会员国数量的三分之二，不但在战略层面实现与他国重大发展战略的对接，更将共建"一带一路"与构建人类命运共同体载入诸多国际组织重要文件，使其上升为区域性、国际性共识。

共商共建共享是"一带一路"建设的原则。共商，就是集思广益，好事大家商量着办，使"一带一路"建设兼顾双方利益和关切，体现双方智慧和创意。正如习近平总书记指出的，大家基于自身国情制定发展战略，它们各有特色，但目标一致，有很多联系点和相通之处，可以做到相辅相成、相互促进。我们要以此为基础，建立政策协调对接机制，相互学习借鉴，并在这一基础上共同制订合作方案，共同采取合作行动，形成规划衔接、发展融合、利益共享局面[1]。

推动构建互联互通伙伴关系需要做好双边和多边政策沟通，重点要加强四个层面的对接。第一个层面是发展战略对接，从宏观上寻求利益的最大公约数，找准共同的行动方向；第二个层面是发展规划对接，将发展战略确定的愿景细化到具体时间表和路线图，分步实现合作目标；第三个层面是机制与平台对接，促进各国执行机构有效衔接，建立顺畅的交流、沟通、磋商渠道和机制，及时解决规划实施及项目执行中面临的问题和困难；第四个层面是具体项目对接，通过基础设施、经贸、投资、金融、人文等各领域项目合作，实现共同发展[2]。

二、共建"一带一路"倡议助力设施联通

中国和周边国家发展面临的共同问题是基础设施建设落后以及互联互通合作不足，这些短板阻碍了中国与周边国家关系的进一步发展。共建"一带一路"倡议被提出以来，各国纷纷出台有利于互联互通合作的新政策、新规划，有力地促进各国互联互通建设，积极推动构建"一带一路"背景

1　熊丽.政策沟通：增进互信，凝聚共识[N].经济日报，2018-09-07.

2　何立峰.加强政策沟通需要重点做好四个对接[OL].财经界，2017-06-28.

下互联互通伙伴关系深入发展。共建"一带一路"倡议将中国与周边国家紧密联系在一起，使中国与周边国家的合作真正落地生根、发挥实效，表现出中国负责、务实的态度。在此背景下，共建"一带一路"倡议得到了越来越多国家的欢迎和支持，各国基础设施、制度规章、人员交流的互联互通逐渐加强，共同构建起互联互通伙伴关系。

"一带一路"框架下的互联互通是基础设施的互联互通。基础设施是互联互通的基石，也是许多国家发展面临的瓶颈。建设高质量、可持续、抗风险、价格合理、包容可及的基础设施，有利于各国充分发挥资源禀赋，更好地融入全球供应链、产业链、价值链，实现联动发展。基础设施建设是一个国家经济发展的基础性工程，基础设施是联通区域内各种要素的重要纽带，也是为经济发展运送人力和物资的重要通道，是经济发展的主要动力之一。基础设施的互联互通确保了该区域内生产要素能够充分发挥作用，为该区域内的生产和生活提供必要的基础性条件。

基础设施的互联互通为中国与沿线国家构建互联互通伙伴关系提供了新的契机，中国与沿线国家在基础设施建设领域具有很强的互补性，合作空间非常广阔，中国作为快速成长起来的世界第二大经济体，在基础设施建设领域取得了巨大的成就并积累了丰富的经验，中国帮助相关国家进行基础设施建设，不仅可以推动相关国家国内经济的发展，更可以促进该区域内各种生产要素的流动，实现共同发展，合作共赢。基础设施的互联互通如同血管一样为中国同沿线国家的联系提供了现实基础和物质保障，为互联互通伙伴关系的构建创造了现实条件。

共建"一带一路"倡议被提出的几年来，各方合作共识不断增强，取得了一系列历史性成就。尤其是设施联通，作为共建"一带一路"的优先方向，在中国与沿线国家的共同努力下，"一带一路"国家之间道路基础设施、铁路基础设施、港口基础设施、航空基础设施、信息基础设施等的联通都进一步提高了彼此之间互联互通水平。在各方共同努力下，"六廊六路多国多港"的互联互通架构基本形成,一大批合作项目落地生根,首届"一带一路"国际合作高峰论坛的各项成果顺利落实,共建"一带一路"倡议同联合国、东盟、非盟、欧盟、欧亚经济联盟等国际和地区组织的发展和合作规划对接,同各国发展战略对接。

截至2019年4月,中国与沿线国家所签署的双边或多边协定合作内容涉及铁路、公路、航运等各个方面,其中,中国与沿线15个国家签署了16个双多边运输便利化协定,与沿线47个国家签署了38个双边和区域海运协定。

铁路合作方面,以中老铁路、中泰铁路、匈塞铁路、雅万高铁等合作项目为重点的区际、洲际铁路网络建设取得重大进展。中欧班列开行规模快速增长,2011年中欧班列全年开行量仅17列;2017年,年开行量已达3673列;截至2018年底,中欧班列已经联通亚欧大陆16个国家的108个城市,累计开行超1.3万列,运送货物超过110万标箱。中国开出的班列重箱率达94%,抵达中国的班列重箱率达71%,与沿线国家开展口岸通关协调合作,提升通关便利,平均查验率和通关时间下降了50%。2019年,中欧班列开行8 225列,同比增长29%;发运72.5万标箱,同比增长34%,综合重箱率达94%。2020年中欧班列全年开行12 406列,2021年全年开行15 183列。中欧班列运输范围不断扩大,联通了包括欧盟、中亚、中东、东南亚、俄罗斯等在内的欧亚大陆不同地区和国家。(图7-1)

公路合作方面,中蒙俄、中吉乌、中俄(大连—新西伯利亚)、中越国际道路直达运输试运行活动先后成功举办。中吉乌国际道路运输实现常态化运行;中越北仑河公路二桥建成通车;中国正式加入《国际公路运输公约》;中国与15个沿线国家签署了包括《上海合作组织成员国政府间国际道路运输便利化协定》在内的18个双多边国际运输便利化协定;《大湄公河次区域便利货物及人员跨境运输协定》的实施取得积极进展。

港口合作方面，巴基斯坦瓜德尔港开通集装箱定期班轮航线，起步区配套设施已完工，吸引 30 多家企业入园；斯里兰卡汉班托塔港经济特区已完成园区产业定位、概念规划等前期工作；希腊比雷埃夫斯港建成重要中转枢纽，三期港口建设即将完工；阿拉伯联合酋长国哈利法港二期集装箱码头已于 2018 年 12 月正式开港；中国与 47 个沿线国家签署了 38 个双边和区域海运协定；中国宁波航交所不断完善"海上丝绸之路航运指数"，发布了 16+1 贸易指数和宁波港口指数。

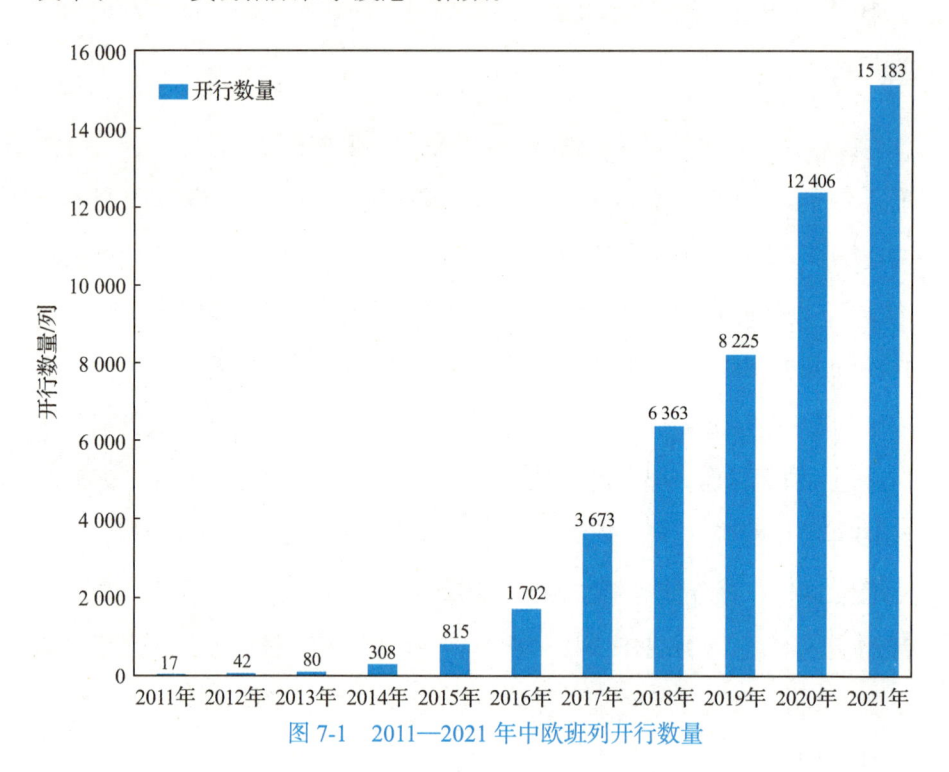

图 7-1　2011—2021 年中欧班列开行数量

（资料来源：中国一带一路网、新华丝路网）

航空合作方面，中国与 126 个国家和地区签署了双边政府间航空运输协定，与沿线国家新增国际航线 1 239 条，占新开通国际航线总量的 69.1%。

能源合作方面，中国与沿线国家签署了一系列合作框架协议和谅解备忘录，在电力、油气、核电、新能源、煤炭等领域开展了广泛合作，与相关国家共同维护油气管网安全运营，促进国家和地区之间的能源资源优化配置。中俄原油管道、中国—中亚天然气管道保持稳定运营；中俄天然气管道东线于 2019 年 12 月部分实现通气，2024 年全线通气[1]；中缅油气管道全线贯通。

此外，2016 年，中国提出建立"全球基础设施互联互通联盟"倡议在 G20 领导人峰会期间获得通过。在加快中欧陆海快线、中欧班列等区域和国际物流通道建设的同时，沿线国家开展口岸通关协调合作，提升通关便利，大大节省了物流时间与中间成本。

除了传统交通运输设施领域中的互联互通外，中国还与东非共同体、埃塞俄比亚和国际电信联盟签署了《共建东非信息高速公路合作文件》，并在 2017 年首届"一带一路"国际合作高峰论坛期间，与国际电信联盟签署了《关于加强"一带一路"框架下电信和信息网络领域合作的意向书》。加快了国家之间、区域和次区域之间的规划、政策、战略深度对接和高水平合作，赋予了经济全球化新的内涵。（表 7-1）

表 7-1　　　　　　　　　互联互通基础设施建设成果

合作内容	合作项目进展情况
铁路合作	中老铁路、中泰铁路、匈塞铁路、雅万高铁等合作项目取得重大进展
	泛亚铁路东线、巴基斯坦 1 号铁路干线升级改造、中吉乌铁路等项目正积极推进前期研究
	截至 2022 年 1 月，中欧班列累计开行突破 5 万列，通达欧洲 23 个国家的 180 个城市

---

[1] 推进"一带一路"建设工作领导小组办公室.共建"一带一路"倡议：进展、贡献与展望［OL］.新华网，2019-04-22.

(续表)

合作内容	合作项目进展情况
公路合作	中蒙俄、中吉乌、中俄（大连—新西伯利亚）、中越国际道路直达运输试运行活动先后成功举办
	中吉乌国际道路运输实现常态化运行
	中越北仑河公路二桥建成通车
	中国正式加入《国际公路运输公约》
	中国与 15 个沿线国家签署了包括《上海合作组织成员国政府间国际道路运输便利化协定》在内的 18 个双多边国际运输便利化协定
	《大湄公河次区域便利货物及人员跨境运输协定》实施取得积极进展
港口合作	巴基斯坦瓜德尔港开通集装箱定期班轮航线，起步区配套设施已完工，吸引 30 多家企业入园
	斯里兰卡汉班托塔港经济特区已完成园区产业定位、概念规划等前期工作
	希腊比雷埃夫斯港建成重要中转枢纽，三期港口建设即将完工
	阿拉伯联合酋长国哈利法港二期集装箱码头已于 2018 年 12 月正式开港
	中国与 47 个沿线国家签署了 38 个双边和区域海运协定
	中国宁波航交所不断完善"海上丝绸之路航运指数"，发布了 16+1 贸易指数和宁波港口指数
航空合作	中国与卢森堡、俄罗斯、亚美尼亚、印度尼西亚、柬埔寨、孟加拉国、以色列、蒙古国、马来西亚、埃及等国家扩大了航权安排
	中国与 126 个国家和地区签署了双边政府间航空运输协议
	中国与沿线国家新增国际航线 1 239 条，占新开通国际航线总量的 69.1%
能源合作	中俄原油管道、中国—中亚天然气管道保持稳定运营
	中俄天然气管道东线于 2019 年 12 月部分实现通气，2024 年全线通气
	中缅油气管道全线贯通

(续表)

合作内容	合作项目进展情况
通信合作	中缅、中巴、中吉、中俄跨境光缆信息通道建设取得明显进展
	中国与国际电信联盟签署《关于加强"一带一路"框架下电信和信息网络领域合作的意向书》
	中国与吉尔吉斯斯坦、塔吉克斯坦、阿富汗签署丝路光缆合作协议，实质性启动了丝路光缆项目

（资料来源：新华网）

从亚欧大陆到非洲、美洲、大洋洲，共建"一带一路"为世界经济增长开辟了新空间，为国际贸易和投资搭建了新平台，为完善全球经济治理拓展了新实践，为增进各国民生福祉作出了新贡献，成为共同的机遇之路、繁荣之路。事实证明，共建"一带一路"不仅为世界各国发展提供了新机遇，也为中国开放发展开辟了新天地[1]。

三、共建"一带一路"倡议助力贸易畅通

世界银行 2018 年 10 月的政策研究报告指出，共建"一带一路"倡议将世界货物运输的平均时间减少 1.2%~2.5%，将世界贸易的平均成本减少 1.1%~2.2%。在"一带一路"沿线地区，这一效应更加明显，货物运输时间减少 1.7%~3.2%，贸易成本降低 1.5%~2.8%，尤其推动中国—中亚—西亚经济走廊的货物运输时间减少 11.9%，贸易成本降低 10.2%。如果考虑到政策沟通可以进一步降低外贸货物跨境的滞留和进一步提升合作水平，这一效应还会被进一步放大。制度规章的互联互通便于进行统一管理，提高对"一带一路"建设相关项目的管理和运营效率，针对合作过程中出现的问题及时调整相关制度、政策和标准，确保互联互通伙伴关系

---

1 习近平.齐心开创共建"一带一路"美好未来[OL].人民网，2019-04-26.

行稳致远。2013—2018年中国对沿线国家贸易额及增长率除2015年、2016年较2013年有所下降外，其余年份都有较大提升，尤其是2017年和2018年，且增长幅度总体高于下降幅度。（图7-2）

图7-2 2013—2018年中国对沿线国家贸易额及增长率

（资料来源：中国一带一路网）

共建"一带一路"倡议聚焦发展这个根本性问题，破除阻碍国家发展的一系列障碍，激发各国发展活力，释放各国发展潜力，进而实现经济大融合、发展大联动、成果大共享。习近平总书记指出，亚洲国家必须积极作为，在亚洲资源、亚洲制造、亚洲储蓄、亚洲工厂的基础上，致力发展亚洲价值、亚洲创造、亚洲投资、亚洲市场，联手培育新的经济增长点和竞争优势。实现这些目标，互联互通是其中一个关键环节[1]。中国作为亚洲大国，以负责任的态度向全球发出共建"一带一路"倡议，就是为实现亚洲区域合作，促进全球共同发展提出的"中国方案"，中国与各国是志同道合的伙伴，中国希望与各国建立起互联互通的伙伴关系。"中国方案"已经得到了越来越多国家的认可和支持。

共建"一带一路"倡议为各国打造共商国际化平台与载体。2017年5月14日，首届"一带一路"国际合作高峰论坛在北京成功召开，29个国家的元首和政府首脑出席论坛，140多个国家和80多个国际组织的1 600

---

[1] 习近平.论坚持推动构建人类命运共同体[M].北京：中央文献出版社，2018:165.

多名代表参会。论坛形成了 5 大类、76 大项、279 项具体成果，这些成果已全部得到落实。2019 年 4 月 25 日，第二届"一带一路"国际合作高峰论坛继续在北京举办。"一带一路"国际合作高峰论坛已经成为各参与国家和国际组织深化交往、增进互信、密切往来的重要平台。2018 年 11 月 5 日，首届中国国际进口博览会在上海成功举办，172 个国家、地区和国际组织参加，3 600 余家境外企业参展，4 500 多名政商学研各界嘉宾在虹桥国际经济论坛上对话交流，发出了"虹桥声音"。中国还举办了丝绸之路国际博览会暨中国东西部合作与投资贸易洽谈会、中国—东盟博览会、中国亚欧博览会、中国阿拉伯国家博览会、中国南亚博览会、中国东北亚博览会、中国西部国际博览会等大型展会，都成为中国与沿线各国共商合作的重要平台[1]。

在"一带一路"框架下，中国与沿线国家的进出口贸易增长显著，增速高于中国的整体贸易增速。商务部统计数据显示，2018 年中国与沿线国家货物贸易进出口额达 1.3 万亿美元，同比增长 16.3%，高于同期中国外贸增速 3.7 个百分点，占外贸总额的 27.4%。其中对沿线国家出口额为 7 047.3 亿美元，同比增长 10.9%；从沿线国家进口额为 5 630.7 亿美元，同比增长 23.9%。从贸易的区域分布看，中国与亚洲、大洋洲的贸易额占中国与"一带一路"沿线地区贸易额的比重超过 50%；中国对中亚地区贸易额增速最快，其次是东欧。从贸易的国家分布看，韩国、越南、马来西亚、印度、俄罗斯、泰国、新加坡、印度尼西亚、菲律宾和沙特阿拉伯是中国的十大主要贸易伙伴，2017 年中国与这 10 个国家的贸易额占与沿线国家贸易总额的 68.9%[2]。

---

[1] 推进"一带一路"建设工作领导小组办公室.共建"一带一路"倡议：进展、贡献与展望[OL].新华网，2019-04-22.

[2] 李春顶.推动贸易畅通，促进"一带一路"贸易合作[OL].中国报道，2019-04-27.

四、共建"一带一路"倡议助力资金融通

"河海不择细流,故能就其深。"商品、资金、技术、人员流通,可以为经济增长提供强劲动力和广阔空间,如果人为阻断江河的流入,那么再大的海迟早都有干涸的一天。共建"一带一路"倡议要求各国促进贸易和投资自由化、便利化,旗帜鲜明地反对保护主义,推动经济全球化朝着更加开放、包容、普惠、平衡、共赢的方向发展。中国同更多国家商签高标准自由贸易协定,加强海关、税收、审计监管等领域合作,建立共建"一带一路"税收征管合作机制,加快推广"经认证的经营者"国际互认合作。中国制定《"一带一路"融资指导原则》,发布《"一带一路"债务可持续性分析框架》,为共建"一带一路"融资合作提供指南。

伴随着合作的不断深入,"一带一路"框架下的金融服务水平不断提升。2015年12月25日,中国倡议筹建的亚投行成立,成为"一带一路"资金融通的重要平台。截至2021年底,亚投行的成员数量由成立时的57个增至104个,覆盖亚洲、欧洲、非洲、北美洲、南美洲、大洋洲六大洲。截至2021年底,亚投行已批准了158个项目,累计投资总额超319.7亿美元。2018年6月,丝路基金与哈萨克斯坦阿斯塔纳国际金融中心签署战略合作伙伴备忘录,并通过中哈产能合作基金购买阿斯塔纳国际交易所部分股权。2018年7月16日,丝路基金与欧洲投资基金签署谅解备忘录,宣布中欧共同投资基金投入实质性运作。该基金主要投向对中欧合作具有促进作用、商业前景较好的中小企业。

截至2020年底,丝路基金已累计签约项目47个,承诺投资金额178亿美元。此外,中国着眼于推进新一轮高水平对外开放,作出召开中国国际进口博览会的重大决策。截至2021年11月,中国国际进口博览会已召开四届,为世界各方进入中国市场搭建了更广阔的平台[1]。在"一带一路"

---

[1] 习近平.齐心开创共建"一带一路"美好未来[OL].人民网,2019-04-26.

建设过程中,政策性、开发性金融机构贷款期限长,在支持境内外基础设施、基础产业和支柱产业的建设上发挥着独特作用;商业银行则在利用筹集资金渠道多元性吸收存款、发行理财、发行债券等方面具有优势。各家商业银行积极拓展"一带一路"市场,加大优质信贷项目储备力度,主动对接"一带一路"重大工程项目建设,并在资源配置、授信审批、信贷规模等方面给予支持。此外,在加大信贷投放的同时,各大商业银行积极创新产品和业务模式,探寻"一带一路"资金融通的可行途径。以中国银行为例,截至 2021 年 12 月,中国银行的境外机构覆盖全球 62 个国家和地区,包括 41 个 "一带一路" 共建国家;同时,在共建 "一带一路" 国家累计跟进重大项目逾 700 个,累计完成各类授信支持约 2 120 亿美元。

中国与沿线国家的贸易与投资自由化、便利化水平不断提升,中国与沿线国家和地区的贸易规模不断扩大,占中国贸易总额的比重达 27.4%,提升了 2.4 个百分点,中国对沿线国家和地区的直接投资不断上升,到 2018 年已占中国对外直接投资总额的 13%,共建"一带一路"将使"发展中的东亚及太平洋国家"的国内生产总值平均增加 2.6% 至 3.9%[1]。(图 7-3)

图 7-3 2013—2018 年中国对沿线国家直接投资额及增长率

(资料来源:中国一带一路网)

---

[1] 推进"一带一路"建设工作领导小组办公室.共建"一带一路"倡议:进展、贡献与展望[OL].新华网,2019-04-22.

"一带一路"框架下，各国支持金融资源服务于沿线国家和地区的实体经济发展，重点加大对基础设施互联互通、贸易投资、产能合作等领域的融资支持力度；各国将继续利用政府间合作基金、对外援助资金等现有公共资金渠道，协调配合其他资金渠道，共同支持"一带一路"建设；各国鼓励政策性金融机构、出口信用机构继续为"一带一路"建设提供政策性金融支持，呼吁开发性金融机构考虑为"一带一路"相关国家提供更多融资支持和技术援助；各国鼓励多边开发银行和各国开发性金融机构在其职责范围内通过贷款、股权投资、担保和联合融资等各种方式，积极参与"一带一路"建设，特别是跨境基础设施建设；各国期待商业银行、股权投资基金、保险、租赁和担保公司等各类商业性金融机构为"一带一路"建设提供资金及其他金融服务；各国鼓励基于"一带一路"建设需求和相关国家需求的金融创新[1]。

五、共建"一带一路"倡议助力民心相通

2012年，党的十八大报告首次将"互联互通"作为政策理念纳入其中，也与人类命运共同体意识、构建全球伙伴关系网络等大国战略一脉相承[2]。共建"一带一路"倡议作为一个国际发展合作的框架，其最基本的核心理念是通过实现基础设施和各领域的互联互通，推动相关国家聚焦相互发展进程，加强沿线国家经济合作。

一方面，共建"一带一路"倡议契合各国发展需求，为各国分享发展机遇提供新平台，降低发展成本，提高发展收益，增强发展效果，能为沿线国家带来切实的经济利益，使沿线国家可以搭上中国发展的快车，分享

---

[1] 袁勇.聚焦"一带一路"五周年——资金融通：形式多样成果斐然[OL].中国青年网，2018-09-10.

[2] 张茉楠."一带一路"：迈向全球互联互通伙伴关系[J].开发性金融研究，2020(02):46.

中国经济发展的成果。另一方面，共建"一带一路"倡议可以增加中国与沿线国家交流互动的频率，加深相互之间的政策沟通，带动彼此人文层面的交流互动，以经济合作助推人员往来和文化交流，真正做到心相近、民相亲，构建起互联互通的伙伴关系。

习近平总书记曾指出，自古以来，互联互通就是人类社会的追求。我们的祖先在极为艰难的条件下，创造了许多互联互通的奇迹。丝绸之路就是一个典范，亚洲各国人民堪称互联互通的开拓者[1]。历史上，无数有识之士为开辟与外部世界的互联互通之路进行了探索，哥伦布、达·伽马、麦哲伦、郑和、玄奘等都为人类互联互通之路做出了巨大贡献。"一带一路"是我们追寻先人的足迹，继往开来，进一步构建互联互通伙伴关系的深刻实践，对于人类的发展具有重要意义。

"一带一路"框架下的互联互通是人员交往和文化交流的互联互通，其出发点和落脚点都是人民。实现亚洲人民共同的幸福梦想，是每一个亚洲国家的不懈追求，互联互通也要坚持以人为本，围绕实现亚洲人民的幸福梦想展开建设。习近平总书记提出，我们要通过亚洲互联互通建设，开拓人民观察世界、放飞理想的窗口，拓宽人民脱贫致富的道路。我们要通过亚洲互联互通建设，拉近人民思想交流、文明互鉴的距离，让各国人民相逢相知、互信互敬，创造和享受和谐安宁的生活，共同编织和平、富强、进步的亚洲梦[2]。互联互通的伙伴关系归根结底就是人民之间相近相亲、合作发展的伙伴关系，共建"一带一路"倡议加深了各国人民对彼此的认识和了解。

共建"一带一路"倡议为不同文明互学互鉴架设了桥梁，中国与世界各国深入开展教育、科学、文化、体育、旅游、卫生、考古等各领域的人

---

1 习近平.论坚持推动构建人类命运共同体[M].北京：中央文献出版社，2018:165.

2 习近平.习近平谈"一带一路"[M].北京：中央文献出版社，2018:49-50.

文交流与合作，加强议会、政党、民间组织往来，密切妇女、青年、残疾人等群体交流，形成多元互动的人文交流格局。2019年4月26日，国家主席习近平在第二届"一带一路"国际合作高峰论坛开幕式上的主旨演讲中提出，未来5年中国将邀请共建"一带一路"国家的政党、智库、民间组织等1万名代表来华交流。中国鼓励和支持沿线国家社会组织广泛开展民生合作，联合开展一系列环保、反腐败等领域培训项目，深化各领域人力资源开发合作。我国持续实施"丝绸之路"中国政府奖学金项目，举办"一带一路"青年创意与遗产论坛、青年学生"汉语桥"夏令营等活动，还设立了共建"一带一路"国际智库合作委员会、新闻合作联盟等机制，汇聚各方智慧和力量。通过基础设施互联互通为各国人民创造了更多沟通互动的条件，为不同文化提供了更多交流互鉴的机会，整合了各国的利益诉求，强调共同利益，使各国真正能够做到"心往一处想，力往一处使"。

文化互联互通是共建"一带一路"倡议的灵魂，是推动我国与沿线国家全方位、多领域交流合作的重要渠道。沿线国家具有民族多样性的特点，各国的政治立场、宗教信仰存在着巨大的差异。我们应尊重理解并积极回应不同国家对我国共建"一带一路"倡议的疑虑与疑问，在与其他国家接触、交流、合作的过程中，应避免单方面以自我为中心，要贴近其他国家的现实情况和利益关切，明确合作对象的具体疑虑及担忧，求同存异，坦诚交换意见，找到双方共同关注的利益契合点，努力实现合作共赢。（表7-2）

表 7-2　　　　　　　　中国与沿线国家人文交流方式与合作成果

人文交流方式	合作成果
文化交流	打造"丝路之旅""中非文化聚焦"等文化交流品牌10余个
	在沿线国家设立中国文化中心17个
	丝绸之路沿线民间组织合作网络成员达310家
教育培训	与24个沿线国家签署高等教育学历学位互认协议
	在54个沿线国家设立孔子学院153个、孔子课堂149个

(续表)

人文交流方式	合作成果
旅游合作	与 57 个沿线国家缔结了涵盖不同护照种类的互免签证协定
卫生合作	与多个国家和国际组织签署了 56 个推动卫生健康合作的协议
	在 35 个沿线国家建立了中医药海外中心，建设了 43 个中医药国际合作基地
援助扶贫	在沿线国家实施"幸福家园""爱心助困""康复助医"等项目各 100 个
	向沿线发展中国家提供 20 亿人民币紧急粮食援助
	向南南合作援助基金增资 10 亿美元
	与 6 个沿线国家开展了 8 个援外文物合作项目，与 12 个沿线国家开展了 15 个联合考古项目

（资料来源：郭倩玉，刘曙光."一带一路"合作实践与人类命运共同体构建[M].北京社会主义学院.统一战线与"一带一路"：2019 统一战线前沿问题研究文集.北京：学苑出版社，2019：49-59.）

共建"一带一路"倡议是中国为推动全球治理、促进人类共同发展所提出的中国方案。各国普遍认为共建"一带一路"倡议为推动全球治理体系变革提供了重要的多边合作平台，为构建互联互通伙伴关系提供了切实可行的现实遵循和具体的实施方案。"一带一路"建设着力促进沿线国家政策沟通、设施联通、资金融通、贸易畅通、民心相通，推动了互联互通伙伴关系的建立和发展，丰富了中国特色大国外交的内涵。

第二节

夯实人类命运共同体基础

推动构建人类命运共同体是中国特色大国外交的重要目标，是中国国际责任观的生动体现。党的十八大以来，中国特色大国外交思想开始形成体系，也成为外交实践的指导原则，中国的世界秩序观、国际责任观和国家利益观是中国特色大国外交的重要思想内涵，突出表现了具有鲜明特色的外交理念，中国坚持以公平、平等、正义为基础，以合作共赢为原则，以关切发展中国家利益为重点，以建立人类命运共同体为目标的国际责任观[1]。从其内部结构看，人类命运共同体理念主要涵盖了五个领域的内容：文化共同体、政治共同体、经济共同体、安全共同体、社会共同体。"一带一路"建设推动构建以互联互通为基础的人类命运共同体，不断夯实人类命运共同体基础，丰富了中国特色大国外交的内涵。

一、共建"一带一路"倡议夯实文化共同体基础

人类命运共同体的理念是一种基于世界历史经验和时代发展的最新趋势提出的重要国际政治观念，是在人类共同价值、共同利益基础上树立起的一种崭新的全球观念，其中蕴涵的价值观念和原则对于改革当前国际政治经济秩序具有重要的理论意义，对于解决全球性问题、构建全球治理新模式具有重要实践价值[2]。习近平总书记在第七十届联合国大会一般性辩论时的讲话中指出："和平、发展、公平、正义、民主、自由，是全人类的共同价值"[3]。这些共同的价值共识，是全人类的共同利益，是顺应历史发展潮流、应对人类共同挑战、维护中国和平发展国际环境的需要。人类命运共同体理念根植于中国传统文化，继承和发展了马克思主义关于共同体的思想，是马克思主义与中国具体现实相结合的产物，具有丰富的理论内涵。

中国对于人类命运共同体的追求根植于中国深厚的传统文化之中，中国自古以来就有对于"大同社会"的追求，孔子所说的"天下大同""四

---

1 秦亚青.中国特色大国外交的思想内涵［N］.光明日报，2017-08-30.

2 周俊武.人类命运共同体理念的中国特色、理论内涵和价值取向［J］.湖南师范大学社会科学学报，2018，47(5):20.

3 习近平.携手构建合作共赢新伙伴 同心打造人类命运共同体——在第七十届联合国大会一般性辩论时的讲话［N］.人民日报，2015-09-25.

海之内皆兄弟"都反映了中国儒家所倡导的"天下为公"思想,儒家认为天下人应该亲如一家,情同手足。这种思想在国际关系领域的体现就是中国坚持推动构建人类命运共同体,表现为追求本国利益的同时兼顾他国的合理关切,在谋求本国发展的过程中促进各国共同发展。人类命运共同体观念超越了国际关系理论中零和博弈的观点,为人类社会的未来发展指明了新的方向。中国人对于人类命运共同体的追求根植于中国传统文化,这种追求已经深入到每一个中国人的文化基因之中,这种文化层面的追求使得中国推动构建人类命运共同体的实践呈现出连续、稳定的特点。

习近平总书记曾指出,丝路精神是人类文明的宝贵遗产,架起了不同文明、不同文化合作的纽带与和平的桥梁。"一带一路"跨越尼罗河流域、底格里斯河和幼发拉底河流域、印度河和恒河流域、黄河和长江流域,跨越埃及文明、巴比伦文明、印度文明、中华文明的发祥地,跨越佛教、基督教、伊斯兰教信众的汇集地,跨越不同国度和肤色人民的聚居地。不同文明、宗教、种族求同存异、开放包容,并肩书写相互尊重的壮丽诗篇,携手绘就共同发展的美好画卷。历史告诉我们:文明在开放中发展,民族在融合中共存[1]。

国家主席习近平在亚洲文明对话大会开幕式上的主旨演讲中指出,"一带一路""两廊一圈""欧亚经济联盟"等拓展了文明交流互鉴的途径,各国在科技、教育、文化、卫生、民间交往等领域的合作蓬勃开展,亚洲文明也在自身内部及同世界文明的交流互鉴中发展壮大[2]。应对共同挑战、迈向美好未来,既需要经济科技力量,也需要文化文明力量。共建"一带一路"倡议不仅推动了各国经济和科技领域的合作发展,还促进了各国人

---

[1] 习近平.携手推进"一带一路"建设——在"一带一路"国际合作高峰论坛开幕式上的演讲[OL].人民网,2017-05-14.

[2] 习近平.深化文明交流互鉴 共建亚洲命运共同体[OL].新华网,2019-05-15.

民沟通和文化交流的深入,为推动构建人类命运共同体提供了新的渠道,创造了新的平台。

共建"一带一路"倡议是习近平总书记深刻思考人类前途命运以及中国和世界发展大势,为促进全球共同繁荣、构建人类命运共同体所提出的宏伟构想和中国方案,是习近平新时代中国特色社会主义思想的有机组成部分,开辟了我国参与和引领全球开放合作的新境界,为推动构建人类命运共同体开创了现实路径,得到了世界各国的普遍认同,夯实了构建文化共同体的基础。

二、共建"一带一路"倡议夯实政治共同体基础

2013年3月,国家主席习近平在出访俄罗斯时在莫斯科国际关系学院发表演讲,向国际社会公开提出"命运共同体"这个概念。他在演讲中指出,任何国家或国家集团都再也无法单独主宰世界事务。各国相互联系、相互依存的程度空前加深,人类生活在同一个地球村里,生活在历史和现实交汇的同一个时空里,越来越成为你中有我、我中有你的命运共同体。中国一直通过实际的努力推动构建政治共同体,中国把推动构建人类命运共同体作为目标,贯穿于中国的政治发展过程之中。

2015年9月,国家主席习近平在纽约联合国总部出席第七十届联合国大会一般性辩论并发表题为《携手构建合作共赢新伙伴 同心打造人类命运共同体》的讲话,提出了打造人类命运共同体"五位一体"的路径和布局,实现了人类命运共同体思想的系统化、体系化。2017年1月,国家主席习近平在联合国日内瓦总部发表了题为《共同构建人类命运共同体》的演讲,进一步对"五位一体"行动方略的内容进行了充实和升华。

2017年10月,党的十九大报告把推动构建人类命运共同体作为新时代坚持和发展中国特色社会主义的基本方略之一。新修改的《中国共产党

章程》也将推动构建人类命运共同体的内容写入其中。

2018年3月，十三届人大一次会议通过《中华人民共和国宪法修正案》，并将推动构建人类命运共同体内容写入其序言部分。全球逐渐成为休戚相关、命运与共的共同体，中国一直致力于推动构建人类命运共同体。

党的十九大报告指出，没有哪个国家能够独自应对人类面临的各种挑战，也没有哪个国家能够退回到自我封闭的孤岛。人类发展的历史，就是人类从孤立走向联合，从个体走向共同体的历史。

在中国的努力推动下，共建"一带一路"倡议强化了多边机制在全球治理体系中的作用，夯实了构建政治共同体的基础。共建"一带一路"倡议顺应和平与发展的时代潮流，坚持平等协商、开放包容，促进沿线国家在既有国际机制基础上开展互利合作。中国充分利用二十国集团、亚太经合组织、上海合作组织、亚欧会议、亚洲合作对话、亚信会议、中国－东盟（10+1）、澜湄合作机制、大湄公河次区域经济合作、大图们倡议、中亚区域经济合作、中非合作论坛、中阿合作论坛、中拉论坛、中国－中东欧16+1合作机制、中国－太平洋岛国经济发展合作论坛、世界经济论坛、博鳌亚洲论坛等现有多边合作机制，在相互尊重、相互信任的基础上，积极同各国开展共建"一带一路"倡议实质性对接与合作[1]，推动构建人类命运共同体从理念向现实转化。

2016年11月，联合国193个会员国协商一致通过决议，欢迎共建"一带一路"等经济合作倡议，呼吁国际社会为"一带一路"建设提供安全保障环境。2017年3月，联合国安理会一致通过关于阿富汗问题的第2344号决议，强调应本着合作共赢精神推进地区合作，以有效促进阿富汗及地

---

[1] 推进"一带一路"建设工作领导小组办公室.共建"一带一路"倡议：进展、贡献与展望[OL].新华网，2019-04-22.

区安全、稳定和发展，构建人类命运共同体，呼吁国际社会通过"一带一路"建设加强区域经济合作。安理会的决议首次载入"构建人类命运共同体"重要理念，体现了国际社会的共识，彰显了中国理念和中国方案对全球治理的重要贡献。2019年3月，G7成员国之一的意大利也加入了共建"一带一路"国家的行列。共建"一带一路"倡议不再仅限于造福发展中国家，还将为经济复苏陷入停滞的发达国家提供更多的发展机遇。

在"一带一路"框架下逐渐发展起来的治理体系与治理机制，为世界各国携手应对风险挑战开辟了新的途径。世界各国参与"一带一路"建设形成的相关机制，为沿线国家进行政治交流和政策沟通创造了新的平台，进一步拓展了世界各国应对全球性问题的共识，增强了世界各国人民对于人类命运共同体的认同，夯实了构建政治共同体的基础。

三、共建"一带一路"倡议夯实经济共同体基础

推动共建"一带一路"倡议是中国落实推动构建人类命运共同体的具体举措。共建"一带一路"倡议将"人类命运共同体"从抽象的概念落实到具体的行动之中，它坚持最大限度的非竞争性与非排他性，向全世界愿意与中国合作、和平发展的国家敞开大门，顺应国际社会对全球治理体系公正性、平等性、开放性、包容性的追求。共建"一带一路"倡议及其所主张的构建人类命运共同体的理念越来越得到国际社会的认同。"一带一路"建设在发展成为世界经济合作平台的同时，为世界各国参与全球治理、推动世界共同发展提供了新路径、新抓手，也为构建人类命运共同体提供了新的实践平台。

共建"一带一路"倡议不仅仅是中国扩大对外开放、实现自身发展的重大外交举措，更是中国勇立潮头、把脉世界大势的历史担当，其初心和最高目标就是构建人类命运共同体。中国通过"一带一路"建设进一步扩大从贸易伙伴进口商品与服务，同时让世界分享中国市场的红利，促进生

产要素内外流动,在全球范围内整合资源,优化资源配置水平,在落实中国新一轮对外开放、实现中国经济转型升级和引领经济新常态的同时[1],拉动和促进其他国家经济发展,推动各国共同发展。

根据"一带一路"走向,陆上依托国际大通道,以沿线中心城市为支撑,以重点经贸产业园区为合作平台,共同打造新亚欧大陆桥、中蒙俄、中国－中亚－西亚、中国－中南半岛等国际经济合作走廊；海上以重点港口为节点,共同建设通畅、安全、高效的运输大通道。"一带一路"贯穿亚欧非大陆,一头是活跃的东亚经济圈,一头是发达的欧洲经济圈,中间广大腹地国家经济发展潜力巨大。"一带一路"建设正在成为和平之路、繁荣之路、开放之路、创新之路、文明之路,并不断朝着人类命运共同体的方向迈进。

"一带一路"建设可以更好统筹国内、国际两个大局,夯实走和平发展道路的基础。习近平总书记在主持十八届中共中央政治局第三次集体学习时的讲话中指出:"加强战略思维,增强战略定力,更好统筹国内国际两个大局,坚持开放的发展、合作的发展、共赢的发展,通过争取和平国际环境发展自己,又以自身发展维护和促进世界和平,不断提高我国综合国力,不断让广大人民群众享受到和平发展带来的利益,不断夯实走和平发展道路的物质基础和社会基础。[2]"中国发展的历史经验表明,只有开放、合作才能够实现自身发展,闭关锁国、故步自封都将阻碍自己前进的步伐,进入新时代,更不能作茧自缚,不能关起门来搞建设,要依托"一带一路"建设,统筹好国内国际两个大局,以开放合作推动自身发展。

从内部来看,"一带一路"建设能够释放我国西部地区经济发展的内在潜力,缩小我国东西部经济发展水平的差距,缓解我国区域发展不平衡

---

[1] 裴长洪,于燕."一带一路"建设与我国扩大开放[J].国际经贸探索,2015,31(10):10.

[2] 习近平.论坚持推动构建人类命运共同体[M].北京:中央文献出版社,2018:1.

问题。改革开放以来，依托我国东部沿海地区优越的地理、资源、交通、基础设施条件，我国形成了以东部沿海地区为引领的对外开放格局，东部地区已深度融入全球分工和价值链体系，而中西部地区由于地理、交通、自然条件等限制，其经济开放性水平、广度和深度与东部地区相比存在很大差距。"一带一路"建设面向东盟、中亚、南亚、中东欧等地区，使我国中西部地区可以充分发挥贴近内需市场、临近贸易伙伴的地缘优势，得益于共建"一带一路"倡议，我国过去对外开放东强西弱的局面得到了缓解，我国西部地区从对外开放的"后卫"变成了"前锋"。"一带一路"建设加强了我国西部地区与东盟、中亚、南亚、中东欧的交流与合作，为我国西部地区提供了大量的资金、技术、人才，为我国西部地区的产品、服务创造了更加广阔的市场，为我国西部地区发展迎来了更大机遇。

就外部而言，共建"一带一路"倡议能够为沿线国家带来更多发展机遇，更好地与各国分享中国发展红利，使各国搭上中国高速发展的列车，促进区域共同发展，夯实人类命运共同体基础。通过"一带一路"建设，完善沿线国家基础设施建设，推动构建沿线国家互联互通伙伴关系，为沿线国家经济发展战略与经贸政策相互协调对接、优势互补、资源共享、互利共赢创造合作平台，加强我国与沿线国家的合作与交流，加快对国内外资源、人才、要素的充分整合和利用，实现国内市场与国外市场的全面对接互通，进一步促进区域一体化和经济全球化进程，使中国梦与世界梦紧密衔接在一起，形成"一荣俱荣，一损俱损"的命运共同体。

"一带一路"建设实施以来，中国积极推动与各国之间的战略对接，通过沟通，共同制定区域合作规划、政策、具体举措，协商解决合作中出现的突出问题，为务实合作与具体项目实施提供政策和法律支持，形成共建"一带一路"倡议广泛的国际合作共识。共建"一带一路"倡议不仅为构建人类命运共同体搭建了新平台，更为构建人类命运共同体注入了新动力，提供了新保障，不断夯实经济共同体基础。

四、共建"一带一路"倡议夯实安全共同体基础

在安全上,中国始终倡导实现共同、综合、合作、可持续的国际安全观,倡导尊重和保障每一个国家的安全,统筹维护传统领域和非传统领域安全,通过对话促进本国和地区的安全,各国增加互信、弥合分歧、深化合作,坚持以对话解决争端、以协商化解分歧,反对一切形式的恐怖主义,走共建、共享、共赢、共护的安全新路[1]。

构建安全共同体的理念对于西方传统的零和博弈思想是一次激烈的交锋。受西方传统的零和博弈思想的影响,一些国家的国内政治及国际关系表现出了明显的"赢者通吃"的特点,在很多方面,它是西方矛盾观念的现实体现,只能二者选其一,因此双方之间的矛盾和冲突是必然的、无法避免的,这也是国际冲突发生的重要思想渊源,阻碍了安全共同体的构建。而共建"一带一路"倡议与中国的和平共处五项原则具有连续性,它包含了马克思主义对改善所有人的社会经济生活的基本需要的关注,它在具体层面揭示了"双赢"的真正含义[2]。共建"一带一路"倡议包含的"双赢"理念,更新了人们对于交往关系的理解,即交往双方并不都是输赢关系,那种习惯于将对方的发展视为一种潜在威胁的思路应当成为过去。国家主席习近平在纪念和平共处五项原则发表60周年大会上的发言中指出,要积极树立双赢、多赢、共赢的新理念,摒弃你输我赢、赢者通吃的旧思维,这种以双赢、多赢取代零和的思路,符合中国传统文化的基本理念,也有

---

[1] 周俊武.人类命运共同体理念的中国特色、理论内涵和价值取向[J].湖南师范大学社会科学学报,2018,47(5):21.

[2] 臧峰宇,罗兰·博尔.人类命运共同体的理论内涵与现实价值[J].中央社会主义学院学报,2019(4):14.

利于推动构建安全共同体[1]。

中国通过共建"一带一路"倡议等具体项目和具体实践来推动安全共同体基础走深走实并开花结果。面对越来越多、越来越复杂的全球性问题，诸如恐怖主义、宗教极端主义、民族主义、难民问题等，不同的国家做出了不同的选择，采取了不同的政策。美国选择"美国优先"，打着维护自身利益的旗号，粗暴干涉他国内政，自诩为"民主的灯塔"，却发布"禁穆令"、修筑高墙将需要帮助的难民拒之门外，滥用贸易调查、经济制裁、长臂管辖、双重标准等手段，损害其他国家合法权益，罔顾事实，忽视他国合理诉求，这无异于以邻为壑。

中国的做法与美国不同，中国致力于推动构建人类命运共同体，推动人类社会共同发展。中国为人类社会的未来发展提供富有建设性的"中国方案"，其中最有代表性的就是共建"一带一路"倡议。中国借助古代丝绸之路的历史符号，高举和平发展的旗帜，以共建"一带一路"倡议为抓手，秉承共商共享共建原则，把合作共赢的理念、人类命运共同体的思想、中国梦和世界各国梦融通的种子播撒到沿线国家，让它生根发芽、开花结果，共同打造政治互信、经济融合、文化包容的利益共同体、命运共同体和责任共同体，实现沿线国家乃至世界各国的共同发展和进步，夯实安全共同体基础。

五、共建"一带一路"倡议夯实社会共同体基础

国之交在于民相亲，民相亲在于心相通。"一带一路"建设不仅重视基础设施、经济贸易等物质方面的多边合作，各参与国同时非常注重弘扬丝绸之路精神，开展智力丝绸之路、健康丝绸之路等建设，在科学、教育、

---

[1] 臧峰宇，罗兰·博尔.人类命运共同体的理论内涵与现实价值［J］.中央社会主义学院学报，2019(4):17.

文化、卫生、民间交往等各领域广泛开展合作，为"一带一路"建设夯实民意基础，筑牢社会根基。中国政府每年向相关国家提供1万个政府奖学金名额，地方政府也设立了丝绸之路专项奖学金，鼓励国际文教交流。各类丝绸之路文化年、旅游年、艺术节、影视桥、研讨会、智库对话等人文合作项目百花纷呈，人们往来频繁，在交流中拉近了心与心的距离，使沿线国家民相亲、心相通，不断夯实社会共同体基础[1]。

夯实社会共同体基础，推动构建人类命运共同体，需要世界各国形成不同文明包容互鉴的新风尚，尊重世界文明多样性，以文明交流超越文明隔阂、文明互鉴超越文明冲突、文明共存超越文明优越，通过文化的交流与融合不断拉近各国、各民族人民的距离，形成世界人民一家亲的新局面。

共建"一带一路"倡议扩大了人类命运共同体理念的传播范围，促进了沿线国家对于人类命运共同体的认识和理解，使人类命运共同体理念得到了越来越多的认同和支持，使人类命运共同体理念深入人心，融入相关国家人民的文化基因之中，不断夯实构建文化共同体的基础。人类命运共同体理念融入了利益共生、情感共鸣、价值共识、责任共担、发展共赢等内涵。共建"一带一路"倡议主张守望相助、讲平等、重感情，坚持求同存异、包容互谅、沟通对话、平等交往，把别人发展看成自己机遇，推进中国同沿线国家乃至世界发展机遇相结合，实现发展成果惠及合作双方、各方。中国在四十多年改革开放中积累了很多可资借鉴的经验，中国无意输出意识形态和发展模式，但中国愿意通过共建"一带一路"倡议与其他国家分享自己的发展经验，与沿线国家共建美好未来[2]。

---

[1] 习近平.携手推进"一带一路"建设——在"一带一路"国际合作高峰论坛开幕式上的演讲[OL].人民网，2017-05-14.

[2] 推进"一带一路"建设工作领导小组办公室.共建"一带一路"倡议：进展、贡献与展望[OL].新华网，2019-04-22.

共建"一带一路"倡议在生态上坚持走可持续发展道路,倡导坚持环境友好,合作应对气候变化,保护好人类赖以生存的地球家园。坚持绿色、低碳、循环、可持续的生产生活方式,平衡推进2030年可持续发展议程,不断开拓生产发展、生活富裕、生态良好的文明发展道路,建设一个清洁美丽的世界[1]。通过推动保护人类共同的生态环境不断夯实社会共同体基础。

"一带一路"建设的成果也已融入中国普通百姓的衣食住行之中,如百姓可以在超市买到来自沿线国家物美价廉的产品,享受到更多来自沿线国家或地区的优质服务,与沿线国家人民的交流与沟通机会增多,相互之间的认识和了解进一步加深,彼此的友谊得到增进。"一带一路"建设成果惠及普通百姓,让广大人民群众享受到"一带一路"建设带来的利益,不断夯实推动"一带一路"建设、构建人类命运共同体的物质基础和社会基础。

随着"一带一路"建设深入开展,各国合作不断加深,沿线国家的基础设施建设水平有了明显提升,进而带动就业增长、缩小贫富差距、促进地区稳定繁荣。同时,"一带一路"建设有助于各国降低贸易成本,为全球经济增长注入新动能,有利于依托全球经济发展和人文交流,在互联互通伙伴关系的基础上,促成世界人民共同繁荣的新景象,进一步夯实社会共同体基础。

第三节

提升参与全球治理的制度性话语权

"十三五"规划总纲领中首次提到"制度性话语权"一词,在国际关

---

[1] 周俊武.人类命运共同体理念的中国特色、理论内涵和价值取向[J].湖南师范大学社会科学学报,2018,47(5):21.

系和国际政治领域内的话语权一般被称作国际话语权,国际话语权主要分为舆论性话语权和制度性话语权。舆论性话语权主要指一国话语内容的吸引力、影响力和感召力,主权国家通过外交、媒体传播、民间交流等渠道,将蕴含一定文化理念、价值观念等因素的话语传播到国际社会,并得到其他国家和民众的接受和认同[1],制度性话语权是中国实现国家利益的重要方式,是中国国家利益观的集中体现。中国的世界秩序观、国际责任观和国家利益观共同构成了中国特色大国外交的重要思想内涵,突出表现了具有鲜明特色的外交理念[2]。共建"一带一路"倡议为包括中国在内的广大发展中国家参与全球治理提供了更加广阔的平台,创设了一系列可以代表发展中国家利益的国际机制和国际制度,提升了我国和其他发展中国家参与全球治理的制度性话语权,丰富了中国特色大国外交的思想和实践内涵。

一、共建"一带一路"倡议充实了全球治理制度性话语权的内涵

联合国全球治理委员会对全球治理的明确定义为:"个人和制度、公共和私营部门管理其共同事务的各种方法的综合。"而国际话语权关系着一个国家解决国际事务的能力和效果,因此为使本国在处理国际事务中发挥最大能力,各国必须致力于提高自己的国际话语权,尤其是制度性话语权[3]。全球治理制度性话语权的理论内涵是不断发展的,其主要包含以下五个方面的主要内容:一是推动现有国际制度的改革进程;二是积极推动构建新型国际制度;三是夯实国际话语权的物质基础;四是完善全球治理理念,促进全球治理公平化;五是重视中国国际传播平台建设[4]。因此,提升

---

1 左凤荣.全球治理中的国际话语权[N].学习时报,2019-11-22(2).

2 秦亚青.中国特色大国外交的思想内涵[N].光明日报,2017-08-30.

3 程楠.全球治理下中国国际话语权管窥[J].国际公关,2020(6):1.

4 同上。

国家参与全球治理的制度性话语权在全球治理中的重要性不断上升。

2014年11月28日，习近平总书记在中央外事工作会议上的讲话中指出："要切实推进多边外交，推动国际体系和全球治理改革，增加我国和广大发展中国家的代表性和话语权。"[1] 全球治理与国际话语权紧密相关。在当今世界面临百年未有之大变局的背景下，国际话语权成为大国博弈的一个重要方面，因为国际话语权不仅是衡量一个国家实力、国际影响力和感召力的重要指标，也是国家参与全球治理的重要抓手，掌握了国际话语权意味着在全球治理中掌握更多的主动权、发言权和影响力[2]。一个国家经济实力的增长并不意味着其制度性话语权的自然提升，一个国家制度性话语权的塑造和提升需要进行缜密的规划和长期的努力。

历史上，我国对制度性话语权的认识和实践长期处于落后地位。《诗经·小雅·北山》有言："溥天之下，莫非王土；率土之滨，莫非王臣。"意思是说广袤无垠的天下，没有一处不是国君的封土；各处封土的尽头，没有一人不是国君的奴仆。受此"天下"思想的影响，我国从古代就认为自己处于世界的中心，在世界体系中没有对于自身话语权大小的认知，这种认知影响了我国在历史上对于制度性话语权的实践。近代以来，我国受战争的影响，没有足够的资源和能力来提升参与全球治理的制度性话语权，导致我国在全球治理中话语权处于弱势地位，这限制了我国国家利益的维护与拓展。

从2013年开始，中国政府对提升参与全球治理的国际话语权高度重视。2013年8月19日，在全国宣传思想工作会议上，习近平总书记指出，讲清楚中华优秀传统文化是中华民族的突出优势，是我们最深厚的文化软

---

[1] 习近平.论坚持推动构建人类命运共同体[M].北京：中央文献出版社，2018:201-202.

[2] 左凤荣.全球治理中的国际话语权[N].学习时报，2019-11-22(2).

实力。要精心做好对外宣传工作,创新对外宣传方式,着力打造融通中外的新概念新范畴新表述,讲好中国故事,传播好中国声音[1]。2013年12月30日,中共中央政治局就提高国家文化软实力研究进行第十二次集体学习。在学习中再次强调提高国家文化软实力,要努力提高国际话语权,要加强国际传播能力建设,精心构建对外话语体系,发挥好新兴媒体作用,增强对外话语的创造力、感召力、公信力,讲好中国故事,传播好中国声音,阐释好中国特色。当年在全国多个重要会议上均强调要提高我国在国际事务中的国际话语权,因此,2013年被认为是中国提升国际话语权的转折之年[2]。

共建"一带一路"倡议是中国首倡并自主设计的较为具体的全球治理方案。它的基底是中国经济政治元素,而不是像以往中国申请加入已有的国际或地区合作框架,需要调整自己去适应他者。共建"一带一路"倡议秉持和平共处五项原则,致力于建设国际政治经济新秩序,构建求同存异的和谐世界及公平公正、合作共赢的人类命运共同体等一系列中国主张,推动完善现有全球治理格局的不合理部分[3]。

党的十八大以来,我国日益重视参与全球治理的制度性话语权,在外交实践中将提升我国参与全球治理的制度性话语权作为重要内容,也是中国特色大国外交的重要目标之一。全球治理体系正在发生深刻的变革与转型,为中国参与全球治理提供了重要战略机遇,我们要紧紧抓住这一机遇,推动全球治理体系变革,提升我国参与全球治理的制度性话语权。

---

1 习近平.胸怀大局把握大势着眼大事　努力把宣传思想工作做得更好[OL].共产党员网,2013-08-21.

2 孙吉胜.中国国际话语权的塑造与提升路径——以党的十八大以来的中国外交实践为例[J].世界经济与政治,2019(3):23.

3 钮维敢.中国特色全球治理观视域下的"一带一路"倡议及其特点[J].宁夏社会科学,2020(3):115.

党的十九大报告明确指出，加强中外人文交流，以我为主、兼收并蓄。推进国际传播能力建设，讲好中国故事，展现真实、立体、全面的中国，提高国家文化软实力。随着中国日益走近世界舞台的中央，国际社会需要全方位认知中国，中国也需要国际社会的理解和支持，因此"讲好中国故事"，提升中国参与全球治理的制度性话语权，有利于增强国际社会对中国的文化认知、消除隔阂，对于在世界范围内打造全面真实的新时代中国形象具有重要意义[1]。

中国政府是共建"一带一路"倡议的提出者，也是"一带一路"话语权的基本主体，因此，中国在"一带一路"制度性话语权的构建中具有天然优势，主要体现为中国在"一带一路"建设中对于标准规则、议题设置、方案选择等方面的主导权和主动权，如共建"一带一路"倡议的官方思想、实施路径、治理理念、核心理论等，都带有明显的中国色彩和中国特色，体现出中国的文化内涵和民族品格。

"一带一路"建设完善了沿线国家基础设施建设的联通水平，推动了互联互通伙伴关系建立，促进了中国政府、社会、民众与沿线国家政府、国际组织、外国民众之间的沟通与交流，这种多层次、全方位的交流也在对外展现着中国的文化和思维，能够为全球治理制度性话语权注入中国元素，打上中国烙印，能够对提升中国在全球治理中的制度性话语权产生潜移默化的推动作用。

同时，共建"一带一路"倡议为塑造和提升我国的国家形象提供了新平台，这是塑造国家形象和改善外部环境的重要途径，"一带一路"建设可以作为国家形象传播窗口，肩负起传递中国理念和中国价值、提供中国方案、塑造身份认同、建构国家形象的重任。通过"一带一路"建设，中

1　徐平.讲好中国故事的典范［OL］.人民论坛网，2020-01-13.

国的国家形象、价值理念、利益诉求都得到了世界各国更好的理解和更多的认同，提升了中国参与全球治理的制度性话语权，丰富了中国特色大国外交的内涵。

中国在"一带一路"建设过程中，将自身的传统文化元素、话语权诉求等内容融入其中，通过国家形象塑造、国家故事外宣、国际文化交流、国际传播创新等手段，充实了全球治理制度性话语权的内涵，提升了中国参与全球治理的制度性话语权。

二、共建"一带一路"倡议为中国参与全球治理提供了现实路径

2014年11月28日，习近平总书记在中央外事工作会议上指出，要切实加强务实合作，积极推进"一带一路"建设，努力寻求同各方利益的汇合点，通过务实合作促进合作共赢。要切实落实好正确义利观，做好对外援助工作，真正做到弘义融利。要切实维护我国海外利益，不断提高保障能力和水平，加强保护力度[1]。在国际上，制度性话语权来自一国参与国际体系而获得的法律地位，如中国加入世界贸易组织后获得了参与全球经济治理的权力，中国与沿线国家签署双边或区域协定，将共建"一带一路"倡议写入《青岛宣言》等行动为我国构建"一带一路"制度性话语权创造了基础，为中国参与全球治理提供了新的现实路径。

共建"一带一路"倡议的提出，为我国参与全球治理创造了更多渠道，提供了更多平台。中国为全球治理体系变革贡献了中国方案，我们应正确认识沿线不同国家对共建"一带一路"倡议的具体认知，提高共建"一带一路"倡议话语主体的治理能力，积极构建共建"一带一路"倡议的话语

---

1 习近平.论坚持推动构建人类命运共同体[M].北京：中央文献出版社，2018:201-202.

平台，为我国参与全球治理争取更多的制度性话语权[1]。

中国创设了丝路基金和亚投行，其中亚投行法定资本为1 000亿美元，各意向创始成员同意将以国内生产总值衡量的经济权重作为各国股份分配的基础，其中中国初始认缴资本目标为500亿美元左右，中国出资占初始认缴资本的50%，2015年试运营的一期实缴资本金为初始认缴目标的10%，即50亿美元，其中中国出资25亿美元，为最大股东[2]。加之亚投行总部设在中国北京，行长由中国人担任，提升了中国在共建"一带一路"倡议中的话语权。

"一带一路"建设为世界提供公共产品。共建"一带一路"倡议用实践支撑把话语表达转换为现实效能，通过务实的态度和实际的行动提升我国在全球治理中的话语权。塑造和提升话语权的关键在于是否有高质量的话语内容以及能否将话语内容落实到现实中去，离开了有力的实践支撑，无论什么话语都是苍白无力的，话语权的构建也无从谈起。因此，在推动"一带一路"建设的过程中，中国特别重视有价值感召力的话语体系的构建，还以务实的态度与实际的行动创造现实效能，以产生的实际成效作为支撑，提升中国话语的感召力和吸引力，使中国在"一带一路"建设中的制度性话语权更具持久性和稳定性。在"一带一路"建设开始之初，国外总有一些不同的声音，有一些西方国家对共建"一带一路"倡议持观望和质疑态度，然而中国利用几年来的实际行动证明了这些西方国家的看法是错误的。

2017年5月14日，我国成功举办了第一届"一带一路"国际合作高峰论坛，29位外国元首、政府首脑及联合国秘书长、红十字国际委员会主席等重要国际组织负责人出席。2019年4月25日，中国举办了第二届"一

---

1 关雪凌.全球治理体系变革与"一带一路"话语权构建[J].人民论坛，2018(22):87.

2 王丽颖.亚投行路线猜想图[N].国际金融报，2014-11-24.

带一路"国际合作高峰论坛，世界各国政要及国际组织负责人共商合作大计，共享合作成果，吸引了世界的目光，受到世界各国的普遍欢迎和积极参与。

截至 2022 年 4 月，中国已与 149 个国家、32 个国际组织签署 200 多份共建"一带一路"合作文件，与 14 个国家签署第三方市场合作文件。在基础设施互联互通的基础上，中国将"一带一路"建设与他国发展战略和政策进行有效对接，使中国与沿线国家之间的硬件和软件联系更加紧密，为提升中国的制度性话语权提供了新渠道，创造了新平台。如中国将共建"一带一路"倡议与俄罗斯倡导的"欧亚经济联盟"进行对接，以及正在探索中的将共建"一带一路"倡议与欧洲的"容克计划"进行对接，进而形成多边对接的局面，使"一带一路"建设的参与国家不断增多；将共建"一带一路"倡议与哈萨克斯坦的"光明之路"、蒙古国的"草原之路"、波兰的"琥珀之路"、英国的"英格兰北方经济中心"等计划进行对接，进而提升"一带一路"建设的推进速度，使其成为"合作之路""共赢之路"。

世界各国对共建"一带一路"倡议的热烈反响和积极参与反映出"一带一路"建设给各参与国带来的实际效能和现实效益。借助共建"一带一路"倡议推动中国话语及其内涵的传播，为沿线国家带来可观的经济效益，在交往的过程中各国的思想和文化也得到很好的调适。中国通过实际行动来响应沿线国家和社会公众的利益期许，进一步巩固了中国在全球治理中的制度性话语权，丰富了中国特色大国外交的内涵。

三、共建"一带一路"倡议增强了世界对中国道路的认同

世界各国参与全球治理的道路选择受到国家意识形态的影响。在传统观念中，一个国家选择参与全球治理的道路时往往会选择与自身意识形态相近的国家所选择的道路，而会对不同意识形态国家所提供的道路选择产生疑虑甚至排斥。多年来，由西方发达国家主导建立的全球治理体系，一

直处于全球治理道路选择中的支配地位，垄断了世界其他国家对于全球治理体系道路的选择，尤其是发展中国家。旧的全球治理体系主要为西方发达国家服务，满足发达国家的利益诉求，不能够代表众多新兴发展中国家的利益。共建"一带一路"倡议作为中国参与全球治理的"中国方案"及中国向国际社会提供的公共产品，增强了世界对中国道路的认同。

在推进"一带一路"建设过程中，要统筹各种资源，采用多种形式和手段，努力阐释好中国道路、中国理论、中国制度、中国精神、中国力量，不断增强中国参与全球治理的文化话语权，提升我国的文化软实力和国际竞争力，使世界更加全面地了解中国[1]。要争取世界人民对我国文化和价值观的理解和认同，尊重我国的发展方式和发展道路，只有将我国文化和价值观的新内涵传播到世界各国的民众之中，才能真正增强世界人民对中国道路的理解和认同，提高中国参与全球治理的制度性话语权。

"一带一路"建设扩大了中国对外传播的主体、内容及对象的范围，增强了中国对外传播的影响力和有效性。在推进"一带一路"建设过程中讲好中国故事，一方面要拓宽思路，摒弃讲好中国故事只是新闻舆论和宣传工作者职责的观念，树立人人都是"讲解员"的思想自觉和行动自觉，确立全员讲好中国故事的"大宣传观。[2]""一带一路"框架下的政策沟通、设施联通、贸易畅通、资金融通、民心相通促进了中国与沿线国家的企业、金融机构、高校、学者、民众之间的沟通与交流，扩大了中国对外传播的主体范围，使中国对外传播的主体更加多元，让中国故事更有说服力、感染力，使中国的国际形象取得了国际社会的广泛认同。

另一方面，要创新中国话语的表达方式，贴近其他国家的文化背景及

---

1 郑少忠.讲好中国故事，既要"敢讲"，又要"善讲"[N].人民日报，2020-01-17.
2 同上。

接受习惯，避免单向强硬灌输[1]，防止引发误解和冲突。我们应推进中国与沿线国家的文化交流合作不断深入，发挥文化交流的导向力、感染力，增进人民之间的友谊，实现合作共赢。要消除沿线国家对我国的文化隔阂，要利用各国人民熟悉的语言和话语体系将"一带一路"建设秉承的共商共建共享原则表达清楚[2]，为当今世界的全球化发展提供可借鉴的价值观念和文化视角，提升中国参与全球治理的话语权。

"一带一路"建设有利于构建沿线国家的身份认同，提升沿线国家对中国参与全球治理的道路认同。共建"一带一路"倡议推动实现中国与沿线国家的共同利益，通过反映沿线国家的共同利益诉求提升发展中国家在全球治理中的话语权。中国作为发展中国家的一员，始终重视与其他发展中国家一起提升制度性话语权，为中国提升自身在全球治理中的制度性话语权营造良好的环境，使我国自身的制度性话语权诉求与他国的制度性话语权诉求相统一。在满足自身利益诉求的同时，也充分尊重他国利益诉求，照顾他国合理关切，为他国实现自身合理利益诉求创造更好条件，提供力所能及的帮助，真正做到合作共赢，有效提升沿线国家对中国道路的认同。

"一带一路"横跨亚欧非，涉及复杂的政治、宗教、文化、意识形态等方面的内容。中国要实现与沿线国家的深入合作，取得良好的合作效果，就必须依托"一带一路"平台，以跨文化传播为手段塑造良好的国家形象，破除其他国家对我国的刻板印象和偏见，构建其他国家对中国形象、中国话语、中国价值的理解与认同，彰显中国的大国风范，提升中国参与全球治理的制度性话语权[3]。

---

1 关雪凌.全球治理体系变革与"一带一路"话语权构建［J］.人民论坛，2018(22):89.

2 陈琳."一带一路"倡议助力中国话语权提升研究［J］.济宁学院学报，2019，40(1):62.

3 王雨，杨小明.一带一路：媒介生产角度下国家形象建构与跨文化传播［J］.科技传播，2019，11(22):194.

共建"一带一路"是中国的倡议,也是中国与沿线国家的共同愿望。中国与沿线国家一道,以共建"一带一路"倡议为契机,平等协商,兼顾各方利益,反映各方诉求,携手推动更大范围、更高水平、更深层次的大开放、大交流、大融合。"一带一路"建设是开放的、包容的,是面向世界各国和国际、地区组织的。共建"一带一路"倡议的途径是以目标协调、政策沟通为主,不刻意追求一致性,高度灵活,富有弹性,是多元开放的合作进程。中国以共商共建共享的方式不断充实完善与沿线国家共建"一带一路"倡议的合作内容与具体举措,共同制定时间表、路线图,积极对接沿线国家发展和区域合作规划[1]。这种共商共建共享的合作方式有利于构建共建"一带一路"国家的身份认同,强化共同利益。

以共建"一带一路"倡议为代表的中国对外开放政策从一开始就无关乎意识形态,在促进国家经济发展的对外合作中,并不设置某些特殊门槛以排除一部分开放对象。以共建"一带一路"倡议为代表的中国对外开放政策可以促进国家经济发展,处于体系边缘位置的发展中国家也可以搭上中国高速发展的列车,获得发展机遇,并且不用付出改变自身发展道路的代价。中国经历过因国际利益分配不均衡带来的困难,因此格外注重参与全球治理过程中的均衡、普惠和共赢[2]。共建"一带一路"倡议本身的特征也为它与传统的全球治理体系之间的共存和互补提供了空间,通过实践支撑增强了世界对中国道路的认同,提升了中国参与全球治理的制度性话语权。

---

1 国家发展改革委,外交部,商务部.推动共建丝绸之路经济带和21世纪海上丝绸之路的愿景与行动[N].人民日报,2015-03-29(4).

2 李晓霞.全球经济治理的"替代性"选择还是"另一种"选择?——基于"中国道路"理解"一带一路"倡议[J].社会主义研究,2019(2):136.

四、共建"一带一路"倡议为全球治理格局发展注入新动力

共建"一带一路"倡议作为中国参与全球治理的"中国方案",其与全球治理格局之间的关系和互动是双向的,中国在参与现有全球治理体系的过程中,也影响了全球治理格局的发展,主要体现为共建"一带一路"倡议为全球治理格局发展注入了新动力。作为一个发展中国家,中国与西方发达国家之间对于全球治理的理解和利益诉求不尽相同,但治理规制之间的彼此塑造和双向调整,能使治理规制、实践标准等方面的差距逐渐缩小并日趋接近[1]。

现行的国际秩序和全球体系主要是由发达国家主导建立起来的,长期以来,发达国家在国际秩序和世界体系中一直发挥着主导和支配作用,压缩了发展中国家在国际秩序和全球体系塑造中的活动空间,导致发展中国家在整个国际秩序和全球体系中难有作为。然而随着新兴市场国家和发展中国家的不断发展,发展中国家对国际事务的影响力不断增强,在全球治理中的重要性逐渐凸显,提升发展中国家在全球治理中的制度性话语权成为大势所趋。

一方面,中国主动融入现有的全球治理体系,调适共建"一带一路"倡议的相关机制、规则等以适应现有的全球治理格局;另一方面,中国并没有抛弃自身对于全球治理的独特理解,以及自身崇尚的治理价值和理念,反而在融入全球治理格局的过程中,注意保持其内部结构的稳定性,同时也为全球治理格局增添了中国色彩,为推动全球治理格局的发展注入了新动力。

2017年1月17日,国家主席习近平在瑞士达沃斯世界经济论坛

---

[1] 李晓霞.全球经济治理的"替代性"选择还是"另一种"选择?——基于"中国道路"理解"一带一路"倡议[J].社会主义研究,2019(2):136.

2017年年会开幕式上的主旨演讲中指出,每个国家都有发展权利,同时都应该在更加广阔的层面考虑自身利益,不能以损害其他国家利益为代价。国家不分大小、强弱、贫富,都是国际社会平等成员,理应平等参与决策、享受权利、履行义务。要赋予新兴市场国家和发展中国家更多代表性和发言权[1]。共建"一带一路"倡议以中国元素为基调,按照中华优秀传统文化中"和而不同"与"共同发展"境界的求同存异理念,为沿线的中国周边邻国及亚非拉等不发达地区打造出一个改变贫穷落后面貌、构建和谐关系的跨区域双边和多边合作平台[2]。

"一带一路"建设主要通过聚焦世界经济增长、围绕国际经贸投资、致力全球经济治理、关注民生福祉等经济发展领域,促进中国参与全球治理的现实建构。随着经济全球化持续发展及全球治理体系深刻变革,人民过上美好生活的愿望愈加强烈,各方期待"一带一路"建设的实施领域能够涵盖、惠及更广泛的内容,这将为中国提升自身参与全球治理的制度性话语权提供更为广阔的空间[3]。

"一带一路"建设已经发展成为中国与沿线国家的硬件与软件的综合互联互通,为中国提升参与全球治理的制度性话语权拓展了空间,搭建了平台,增强了实效,使中国负责任大国、文明大国、和平大国的形象深入人心,刻下了中国肩负历史使命、推动全球治理体系变革的丰碑。

共建"一带一路"倡议对全球治理体系的创新是对西方主导的传统全球治理体系的超越,更是对西方所信奉和维护的"一元"治理体系的质疑,它并不以替代传统全球治理体系而重新进入另一个"一元化"的循环为目

---

1 习近平.习近平谈"一带一路"[M].北京:中央文献出版社,2018:154-155.

2 钮维敢.中国特色全球治理观视域下的"一带一路"倡议及其特点[J].宁夏社会科学,2020(3):115.

3 秦龙,赵永帅."一带一路"让世界重新认识中国[J].前线,2019(6):14.

标。无论是西方主导的全球治理体系还是"一带一路"倡导的治理创新，本质上都是多元的全球治理体系的其中一种，共建"一带一路"倡议为全球治理提供了与西方治理方案不同的"另一种"选择[1]。

共建"一带一路"倡议不仅为中国国内改革发展提供了指引，更为全球治理发展注入了新的动力，成为中国向全世界提供的公共产品，是中国针对全球治理发展提出的中国方案，展现了中国共产党人的初心和使命。它促进了中国与共建"一带一路"国家互联互通伙伴关系的构建，推动了人类命运共同体的形成，提升了中国参与全球治理的制度性话语权，丰富了中国特色大国外交的内涵。（表 7-3）

表 7-3　　中国推动共建"一带一路"大事记

时间	项目内容
2013 年 9 月 7 日	首次提出"丝绸之路经济带"
2013 年 10 月 3 日	首次提出"21 世纪海上丝绸之路"
2013 年 11 月	推进丝绸之路经济带、海上丝绸之路建设写入《中共中央关于全面深化改革若干重大问题的决定》
2013 年 12 月	中央经济工作会议提出"推进丝绸之路经济带建设，建设 21 世纪海上丝绸之路"
2014 年 9 月 11 日	提出打造中蒙俄经济走廊的倡议
2014 年 11 月 8 日	宣布成立丝路基金（"一带一路"专项投资基金）
2015 年 2 月 1 日	"一带一路"建设工作领导小组亮相
2015 年 3 月 28 日	三部委联合发布《愿景与行动》文件（"一带一路"建设的"路线图"）

---

[1] 李晓霞.全球经济治理的"替代性"选择还是"另一种"选择？——基于"中国道路"理解"一带一路"倡议［J］.社会主义研究，2019(2):138.

(续表)

时间	项目内容
2015年4月20日	中巴经济走廊（"一带一路"建设的旗舰项目）正式启动
2015年5月8日	中国与俄罗斯签署丝绸之路经济带与欧亚经济联盟对接声明
2015年5月10日	提出重点打造中白工业园
2015年6月30日	法国成为首个与我国建立第三方市场合作机制的国家
2015年7月9—10日	上合组织表态支持共建"一带一路"倡议——共建"一带一路"倡议获得政府间合作组织的支持
2015年11月23日	匈塞铁路项目（"一带一路"建设和中国–中东欧国家合作的标志性项目）启动
2015年12月2日	中老铁路开工奠基
2015年12月25日	首个由中国倡议设立的多边金融机构亚投行成立
2016年6月20日	统一品牌的中欧班列首抵欧洲
2016年6月23日	签署首个"一带一路"框架下的多边合作规划纲要《建设中蒙俄经济走廊规划纲要》
2016年8月17日	推进"一带一路"建设工作座谈会召开
2016年9月2日	中国与哈萨克斯坦签署"丝绸之路经济带"建设与"光明之路"新经济政策对接合作规划（首份"一带一路"框架下双边合作规划）
2016年9月19日	联合国开发计划署与中国签署"一带一路"合作文件——联合国成为首个加入共建"一带一路"倡议的国际组织
2016年9月20日	首届丝绸之路（敦煌）国际文化博览会开幕
2016年10月	首个中欧班列建设发展的顶层设计——中欧班列建设发展规划印发
2016年11月17日	共建"一带一路"倡议首次写入联合国大会决议并得到国际社会广泛支持
2016年12月25日	中老铁路全线开工——推动中国与东盟铁路互联互通

第七章 | 共建"一带一路"倡议丰富了中国特色大国外交

（续表）

时间	项目内容
2017 年 1 月 8 日	国家主席习近平提出共建人类命运共同体
2017 年 1 月 17 日	国家主席习近平出席世界经济论坛 2017 年年会开幕式并发表主旨演讲
2017 年 1 月 18 日	中国与世界卫生组织签署"一带一路"合作协议，携手打造"健康丝绸之路"
2017 年 3 月 21 日	中国一带一路网上线
2017 年 3 月 27 日	中国与新西兰签署"一带一路"合作协议——首个西方发达国家加入共建"一带一路"倡议
2017 年 4 月 10 日	在缅实施的"先导项目"《中缅原油管道运输协议》签署
2017 年 4 月 20 日	中国、白俄罗斯、德国、哈萨克斯坦、蒙古国、波兰、俄罗斯七国铁路部门签署《关于深化中欧班列合作协议》，中欧班列受到周边国家认同
2017 年 5 月 10 日	发布《共建"一带一路"：理念、实践与中国的贡献》（"一带一路"三年工作总结）
2017 年 5 月 12 日	首个共建"一带一路"双边合作中心——"一带一路"中国捷克合作中心宣布成立
2017 年 5 月 13 日	中国与格鲁吉亚签署自贸协定——共建"一带一路"倡议提出后签署的首个自贸协定
2017 年 5 月 14—15 日	中国最大规模主场外交——首届"一带一路"国际合作高峰论坛举办
2017 年 5 月 31 日	海外首条采用"中国标准"的干线铁路——蒙内铁路正式通车
2017 年 6 月 8 日	"一带一路"标杆和示范项目——中哈亚欧跨境运输正式启动
2017 年 6 月 8 日	中巴经济走廊首个大型能源项目——萨希瓦尔电站投产

(续表)

时间	项目内容
2017年6月14日	建设郑州—卢森堡"空中丝绸之路"——首次提出"空中丝绸之路"
2017年6月19日	《"一带一路"建设海上合作设想》发布——首提"一带一路"海上合作中国方案
2017年7月4日	首次提出"冰上丝绸之路"——开展北极航道合作
2017年7月24日	亚洲金融合作协会(亚金协)成立——搭建亚洲金融机构交流合作平台
2017年9月30日	中央机构编制委员会办公室批复成立国家发展改革委"一带一路"建设促进中心(首个推进"一带一路"建设的专门机构)
2017年10月24日	"一带一路"写入党章——全党意志,长期坚持
2017年11月14日	中国与老挝签署政府间共建中老经济走廊的谅解备忘录
2017年11月17日	中国与巴拿马(首个加入共建"一带一路"倡议的拉美国家)签署"一带一路"合作文件
2017年11月26—29日	与爱沙尼亚、立陶宛、斯洛文尼亚三国签署合作文件——共建"一带一路"倡议实现与中东欧全面对接
2017年12月3日	中国、老挝、沙特阿拉伯、塞尔维亚、泰国、土耳其、阿拉伯联合酋长国七国共同发起《"一带一路"数字经济国际合作倡议》——数字经济合作开启新篇章
2017年12月8日	全球最大的北极液化天然气项目——中俄亚马尔项目首条LNG生产线投产
2017年12月21日	中泰铁路合作项目举行项目一期工程(曼谷—呵叻段)开工仪式
2018年1月22日	《"一带一路"特别声明》发布——共建"一带一路"倡议得到拉美国家广泛认同
2018年1月26日	发布《中国的北极政策》白皮书(中国政府发表的首份北极政策文件)

(续表)

时间	项目内容
2018年4月8日	中国与奥地利（首个加入"一带一路"建设的欧盟成员国）签署"一带一路"合作文件
2018年6月21日	中国与巴布亚新几内亚（首个加入"一带一路"建设的太平洋岛国）签署"一带一路"合作文件
2018年6月	"一带一路"国际商事争端解决机制和机构建立——针对国际商事争端解决机制和机构改革创新的重要探索
2018年7月21日	中国与塞内加尔（首个加入共建"一带一路"倡议的西非国家）签署"一带一路"合作文件
2018年8月27日	推进"一带一路"建设工作五周年座谈会召开——向高质量发展转变
2018年9月3日	中非合作论坛北京峰会召开——共建中非命运共同体
2018年9月9日	中国与缅甸签署政府间共建中缅经济走廊的谅解备忘录——中缅经济走廊建设迈出重要一步
2018年10月10日	"一带一路"国际商事调解重要文件——《罗马宣言》发布
2018年11月5—10日	世界上首个以进口为主题的大型国家级展会——首届中国国际进口博览会举行
2018年11月16日	国家主席习近平同太平洋岛国领导人举行集体会晤，深化共建"一带一路"倡议共识
2018年11月20日	中国与东盟10国全部签署共建"一带一路"倡议政府间合作文件
2018年12月18日	庆祝改革开放40周年大会召开
2019年3月23日	中国与意大利（首个加入共建"一带一路"倡议的G7成员国）签署"一带一路"合作文件
2019年4月22日	全面反映"一带一路"建设进展情况的官方报告——《共建"一带一路"倡议：进展、贡献与展望》发布
2019年4月23日	各国媒体交流合作的重要平台——"一带一路"新闻合作联盟成立

(续表)

时间	项目内容
2019年4月24日	"一带一路"国际智库合作委员会成立——"一带一路"国际智库合作迈上新台阶
2019年4月25日	第二届"一带一路"国际合作高峰论坛举行——擘画共建"一带一路"倡议新画卷
2019年6月27日	中非深化经贸合作重要平台——首届中国非洲经贸博览会开幕
2019年8月30日	中国自贸试验区增至18个——中国继续扩大开放
2019年9月11日	中国与哈萨克斯坦签署政府间关于落实"丝绸之路经济带"建设与"光明之路"新经济政策对接合作规划的谅解备忘录
2020年6月18日	中国政府举办"一带一路"国际合作高级别视频会议,国家主席习近平呼吁把"一带一路"打造成团结应对挑战的合作之路、维护人民健康安全的健康之路、促进经济社会恢复的复苏之路、释放发展潜力的增长之路。通过高质量共建"一带一路",携手推动构建人类命运共同体
2020年11月10日	国家主席习近平出席上海合作组织成员国元首理事会第二十次会议并发表重要讲话,强调要继续推动共建"一带一路"倡议同各国发展战略及欧亚经济联盟等区域合作倡议深入对接,畅通区域经济循环,加快实现复工复产
2020年11月27日	第十七届中国-东盟博览会和中国-东盟商务与投资峰会开幕。本届博览会以"共建'一带一路',共兴数字经济"为主题,致力于深化中国-东盟数字经济合作,推动共建"一带一路"高质量发展,为双方经济社会发展注入新活力
2021年8月19日	国家主席习近平向第五届中国-阿拉伯国家博览会致贺信,强调中国愿同阿拉伯国家一道,高质量共建"一带一路",推动中阿战略伙伴关系迈上更高水平,携手打造面向新时代的中阿命运共同体

(续表)

时间	项目内容
2021年11月19日	国家主席习近平出席第三次"一带一路"建设座谈会并发表重要讲话，强调以高标准、可持续、惠民生为目标，继续推动共建"一带一路"高质量发展
2021年12月3日	中老铁路全线开通运营
2022年7月26日	克罗地亚佩列沙茨大桥正式通车，该项目是在"一带一路"框架下首个在欧盟境内实施的，由欧盟提供资金、采取欧盟标准、全球招标而由中方中标的重大工程项目
2022年10月1日	由中柬两国共建的"一带一路"重点旗舰项目——金港高速公路迎来通车试运营，成为柬埔寨有史以来第一条高速公路
2022年10月16日	习近平总书记在党的二十大报告中指出，"共建'一带一路'成为深受欢迎的国际公共产品和国际合作平台"，并提出了"推动共建'一带一路'高质量发展"的要求
2022年11月16日	国家主席习近平在印度尼西亚巴厘岛同印度尼西亚总统佐科共同视频观摩雅万高铁试验运行并观看两国合作成果展示视频。雅万高铁是两国元首亲自推动的中印尼共建"一带一路"旗舰项目，是中国高铁首次全系统、全要素、全产业链在海外建设的项目，也是东南亚地区的第一条高铁

（资料来源：中国一带一路网）